高职高专汽车专业系列教材

汽车智能网联技术概论

刘志忠　杨　平　主　编

清华大学出版社
北　京

内 容 简 介

本书紧密结合汽车智能网联技术的研究成果,围绕基础技术、关键技术的发展,构建了比较完善的体系架构,组织了比较丰富的知识内容。

本书主要内容如下：第一章为汽车智能系统概述,第二章介绍智能汽车技术分级,第三章介绍感知与定位,第四章介绍智能驾驶计算平台架构,第五章介绍网联式自动驾驶技术应用,第六章介绍自动驾驶系统安全性,第七章介绍自动驾驶技术测试。此外,本教材还配备了较丰富的"知识拓展"和"技术案例"。

本书跟踪汽车智能网联技术的发展,概述了感知与定位、规划与决策、控制与执行、高精地图、网联式自动驾驶、自动驾驶汽车的安全性、自动驾驶汽车测试等关键技术。

本书通俗易懂,便于教学,可作为高等职业院校及应用型本科汽车类相关专业的教材,也可作为开放大学、成人教育、中职学校、培训班的有关课程的教材以及汽车工程技术人员的参考书。

本书封面贴有清华大学出版社防伪标签,无标签者不得销售。
版权所有,侵权必究。举报: 010-62782989, beiqinquan@tup.tsinghua.edu.cn。

图书在版编目(CIP)数据

汽车智能网联技术概论/刘志忠,杨平主编. —北京：清华大学出版社,2021.4
高职高专汽车专业系列教材
ISBN 978-7-302-57690-7

Ⅰ.①汽… Ⅱ.①刘… ②杨… Ⅲ.①汽车—智能通信网—高等职业教育—教材 Ⅳ.①U463.67

中国版本图书馆 CIP 数据核字(2021)第 045430 号

责任编辑：石　伟
封面设计：刘孝琼
责任校对：李玉茹
责任印制：刘海龙

出版发行：清华大学出版社
网　　址：http://www.tup.com.cn, http://www.wqbook.com
地　　址：北京清华大学学研大厦 A 座　　邮　编：100084
社 总 机：010-62770175　　邮　购：010-62786544
投稿与读者服务：010-62776969, c-service@tup.tsinghua.edu.cn
质量反馈：010-62772015, zhiliang@tup.tsinghua.edu.cn
课件下载：http://www.tup.com.cn, 010-62791865

印 装 者：三河市铭诚印务有限公司
经　　销：全国新华书店
开　　本：185mm×260mm　　印　张：19.25　　字　数：468 千字
版　　次：2021 年 5 月第 1 版　　印　次：2021 年 5 月第 1 次印刷
定　　价：59.00 元

产品编号：088248-01

前　言

汽车产业正经历着一场百年不遇的颠覆性变革。

从技术层面看,汽车正由人工操控的机械产品逐步向电子信息系统控制的智能产品转变。从产业层面看,汽车与相关产业全面融合,呈现智能化、网络化、平台化发展特征。从应用层面看,汽车将由单纯的交通运输工具逐渐转变为智能移动空间和应用终端,成为新兴业态重要载体。从发展层面看,一些跨国企业率先开展产业布局,一些国家积极营造良好发展环境,智能汽车已成为汽车强国战略选择。

智能汽车是指通过搭载先进传感器等装置,运用人工智能等新技术,具有自动驾驶功能,逐步成为智能移动空间和应用终端的新一代汽车。

美国、日本、欧洲等汽车产业发达国家或地区已经在推动智能网联汽车产业发展方面开展了大量探索性工作,形成一定先发优势。

中国特色社会主义制度和国家治理体系能够集中力量办大事,国家制度优势显著。发展智能汽车,有利于提升产业基础能力,突破关键技术瓶颈,增强新一轮科技革命和产业变革引领能力,培育产业发展新优势;有利于加速汽车产业转型升级,培育数字经济,壮大经济增长新动能;有利于加快制造强国、科技强国、网络强国、交通强国、数字中国、智慧社会建设,增强新时代国家综合实力;有利于保障生命安全,提高交通效率,促进节能减排,增进人民福祉。

我国汽车产业体系完善,品牌质量逐步提升,关键技术不断突破,发展基础较为扎实。互联网、信息通信等领域涌现一批知名企业,网络通信实力雄厚。路网规模、5G 通信、"北斗"卫星导航定位系统水平国际领先,基础设施保障有力。汽车销量位居世界首位,新型城镇化建设快速推进,市场需求前景广阔。

到 2025 年,中国标准智能汽车的技术创新、产业生态、基础设施、法规标准、产品监管和网络安全体系基本形成。实现有条件自动驾驶的智能汽车达到规模化生产,实现高度自动驾驶的智能汽车在特定环境下市场化应用。智能交通系统和智慧城市相关设施建设取得积极进展,车用无线通信网络(LTE-V2X 等)实现区域覆盖,新一代车用无线通信网络(5G-V2X)在部分城市、高速公路逐步开展应用,高精度时空基准服务网络实现全覆盖。展望 2035—2050 年,中国标准智能汽车体系将全面建成、更加完善。安全、高效、绿色、文明的智能汽车强国愿景逐步实现,智能汽车充分满足人们日益增长的美好生活需要。

目前,国内数十所高职高专院校、应用型本科院校开设了汽车智能技术专业,或结合机械工程类专业开设相关课程。

为适应智能汽车技术的快速发展,本教材紧密结合汽车智能网联技术的研究成果,围绕基础技术、关键技术的发展,构建了比较完善的体系架构,组织了比较丰富的知识内容,以满足汽车智能技术专业、机械工程类车辆专业方向课程教学的需求。

第一章为汽车智能系统概述,包括单车智能自动驾驶系统、网联智能自动驾驶系统、自动驾驶系统关键技术、智能汽车信息物理系统概述、智能汽车产业生态。第二章介绍智能汽车技术分级，包括中国智能汽车驾驶自动化分级、SAE 智能汽车技术分级、智能汽车自动驾驶技术应用、网联式自动驾驶技术路线、智能汽车的价值。第三章介绍感知与定位，包括车辆自主感知与定位、网联感知、网联定位、传感器信息融合。第四章介绍智能驾驶计算平台架构，包括智能驾驶功能软件平台架构、功能模块。第五章介绍网联式自动驾驶技术应用，包括网联式自动驾驶场景、典型自动驾驶场景分析、网联式自动驾驶技术标准。第六章介绍自动驾驶系统安全性，包括功能安全、预期功能安全、安全性原则、安全风险因素、安全策略、典型场景的安全策略、网络安全。第七章介绍自动驾驶技术测试，包括仿真测试、道路测试、场地测试。此外，本教材还配备了丰富的"知识拓展"和"技术案例"。

  本教材由刘志忠和杨平主编，负责教材的整体架构、内容安排、统稿。刘志忠编写第一章、第四章。刘颂笛编写第二章。杨平编写第三章、第六章、第七章，并做了大量的文字资料、图片整理工作。李富松编写第五章，并整理了部分图片。张华鑫参与了部分资料整理和第四章内容编写工作。

  本教材编写过程中，参考了一些文献、研究成果，在此向相关的作者、团队、机构表示感谢。

  由于编者水平有限，难免有疏漏之处，恳请专家、读者提出修改意见。

编　者

目　　录

第一章　汽车智能系统概述 1

第一节　单车智能自动驾驶系统 7
一、感知与定位 7
二、决策与规划 16
三、控制与执行 19

第二节　网联智能自动驾驶系统 32
一、车联网通信技术 32
二、车联网功能与应用场景 45
三、车联网主要网元 48

第三节　自动驾驶系统关键技术 58

第四节　智能汽车信息物理系统
概述 63
一、智能汽车信息物理系统的
定义 63
二、智能汽车信息物理系统的
组成 64
三、智能汽车信息物理系统架构
部署 68

第五节　智能汽车产业生态 73
复习题 78

第二章　智能汽车技术分级 81

第一节　中国智能汽车驾驶自动化
分级 82
一、驾驶自动化分级要素 83
二、驾驶自动化等级划分 83
三、驾驶自动化等级划分流程
及判定方法 84
四、驾驶自动化各等级技术
要求 85

第二节　SAE 智能汽车技术分级 90
一、SAE 技术分级标准 90
二、SAE 技术分级主要因素 91

三、SAE 自动驾驶系统与用户的
角色转换 93

第三节　智能汽车自动驾驶技术
应用 95

第四节　网联式自动驾驶技术路线 ... 100
一、乘用车自动驾驶技术路线 100
二、货车自动驾驶技术路线 101
三、城市出行车辆自动驾驶技术
路线 102

第五节　智能汽车的价值 103
复习题 105

第三章　感知与定位 107

第一节　车辆自主感知与定位 108
一、摄像机 109
二、激光雷达 113
三、超声波雷达 122
四、毫米波雷达 123
五、GNSS 与 INS 134
六、高精度地图信息 143

第二节　网联感知 153
一、基于车路协同的自动驾驶
系统组成 153
二、协同式感知 157

第三节　网联定位 162
一、网联定位技术指标 162
二、网联定位系统架构 163

第四节　传感器信息融合 165
复习题 182

第四章　智能驾驶计算平台架构 183

第一节　智能驾驶功能软件平台
架构 184

第二节　功能模块 185

一、传感器抽象功能 185
二、感知融合功能 186
三、定位功能 187
四、预测功能 187
五、决策规划功能 188
六、执行器抽象功能 188
复习题 192

第五章 网联式自动驾驶技术应用 193

第一节 网联式自动驾驶技术应用
场景 194
一、网联式自动驾驶场景 194
二、典型自动驾驶场景分析 197
第二节 网联式自动驾驶技术标准 200
复习题 217

第六章 自动驾驶系统安全性 219

第一节 自动驾驶汽车的安全性 220
第二节 功能安全基本概念 222
一、术语与定义 222
二、功能安全基本概念 226
第三节 自动驾驶系统功能安全 235
一、自动驾驶系统功能安全
原则 235
二、自动驾驶系统安全能力
与要素 237
三、最低风险状况和最低风险
策略 244
四、典型场景安全性分析 246

第四节 车联网系统信息安全 257
一、LTE-V2X 车联网系统安全
风险 257
二、LTE-V2X 车联网系统安全
需求 261
三、LTE-V2X 车联网系统安全
架构 262
复习题 269

第七章 自动驾驶技术测试 271

第一节 自动驾驶技术仿真测试
概述 272
一、自动驾驶仿真技术和方法 272
二、自动驾驶的仿真测试评价 276
第二节 自动驾驶车辆道路测试
规范 282
一、测试主体、测试驾驶人
及测试车辆 282
二、测试申请及审核 284
三、测试管理 285
四、交通违法和事故处理 285
第三节 自动驾驶车辆场地测试
规程 289
一、检测项目 289
二、测试通过条件 290
三、测试规程 290
复习题 300

参考文献 301

第一章　汽车智能系统概述

【知识要求】

- 掌握智能汽车的定义、车联网的定义。
- 了解汽车智能系统基本组成、基本原理。
- 掌握智能汽车自主感知与定位系统：摄像机、激光雷达、毫米波雷达、超声波雷达、全球卫星导航系统与惯性导航系统等的基本功能。
- 了解 SLAM 基本概念。
- 了解任务规划、行为规划、动作规划、线控(纵向、横向)执行机构、域控制器、网关等的基本概念。
- 了解 5G 移动通信网络的基本组成：无线接入网、传输网、核心网。
- 了解 5G 网络关键技术、应用场景。
- 熟悉车联网通信技术路线。
- 掌握车联网功能分级。
- 了解车联网基本应用场景。
- 掌握车联网主要网元(OBU、RSU)的基本功用。
- 熟悉云计算、边缘计算、车联网应用平台。
- 熟悉高精度地图三大功能。
- 了解自动驾驶系统九大关键技术。
- 了解智能汽车信息物理系统定义、基本组成。
- 了解智能汽车产业生态基本概念。

智能汽车(IV：Intelligent Vehicle)是指：通过搭载先进传感器等装置，运用人工智能等新技术，具有自动驾驶功能，逐步成为智能移动空间和应用终端的新一代汽车。智能汽车通常又称为智能网联汽车(ICV：Intelligent Connected Vehicle)、自动驾驶汽车(ADV：Auto-Drive Vehicle；AV：Autonomous Vehicle)等。

智能网联汽车亦指：搭载先进的车载传感器、控制器、执行器等装置，并融合现代通信与网络技术，实现车与人、车、路、云端等(V2X：车联网系统)智能信息交换、共享，具备复杂环境感知、智能决策、协同控制等功能，可实现"安全、高效、舒适、节能"行驶，并最终可实现替代人来操作的新一代汽车。

我国普遍采纳的车联网V2X(Vehicle to Everything)的定义为：借助新一代信息和通信技术，实现车内、车与车、车与路、车与人、车与服务平台的全方位网络连接，提升汽车智能化水平和自动驾驶能力，构建汽车和交通服务新业态，从而提高交通效率，改善汽车驾乘感受，为用户提供智能、舒适、安全、节能、高效的综合服务。其中V代表车辆，X代表任何与车交互信息的对象，X主要包含车、人等交通参与者、交通路侧基础设施和网络。V2X交互的信息模式包括：车与车之间(Vehicle to Vehicle，V2V)、车与路之间(Vehicle to Infrastructure，V2I)、车与人之间(Vehicle to Pedestrian，V2P)、车与网络之间(Vehicle to Network，V2N)的交互。

在美国，车联网又称为Connected Vehicle：The Connected Vehicle concept refers to the capability of the various elements of the modern surface transportation system (personal, transit, and freight vehicles, pedestrians, bicyclists, roadside infrastructure, transportation management centers, etc.) to electronically communicate with each other on a rapid and continuous basis。在欧洲，车联网用合作式智能交通系统C-ITS来指代，并且认为：Cooperative ITS is a group of technologies and applications that allow effective data exchange through wireless technologies among elements and actors of the transport system，very often between vehicles(vehicle-to-vehicle or V2V)or between vehicles and infrastructure(vehicle-to-infrastructure or V2I)(but also with)vulnerable road users such as pedestrians，cyclists or motorcyclists。

自动驾驶技术类似于人类的感知器官、大脑以及手脚，是对驾驶员长期驾驶实践中的"环境感知—决策与规划—控制与执行"过程的理解、学习和记忆的物化。

自动驾驶系统是在普通汽车的基础上增加摄像机、激光雷达、毫米波雷达、超声波雷达等先进的传感器以及控制器、执行器等装置，通过车载传感系统和信息终端实现车与X(人、车、路、云等)智能信息交换，具备智能的环境感知能力，能够自动地分析汽车行驶的安全及危险状态，按照人的意志到达目的地，最终实现自动操作行驶，如图1-1所示。

自动驾驶系统由感知、决策、控制系统组成，如图1-2所示。

自动驾驶系统的感知、定位、控制、执行设备在汽车上的布局如图1-3(a)、图1-3(b)、图1-3(c)所示。

自动驾驶系统的核心可以概述为三个部分：感知(Perception)、规划(Planning)和控制(Control)，这三部分的交互及其与车辆传感器硬件、环境的交互如图1-4所示。

第一章 汽车智能系统概述

由图1-4可知，自动驾驶软件系统是一个分层的结构，感知、规划、控制模块各自发挥不同的作用并相互影响。

感知是指自动驾驶系统从环境中收集信息并从中提取相关知识的能力。其中，环境感知(Environmental Perception)特指对于环境的场景理解能力，如障碍物的类型、道路标志及标线、行人和车辆的检测、交通信号等数据的语义分类。环境感知基本框架如图1-5所示。

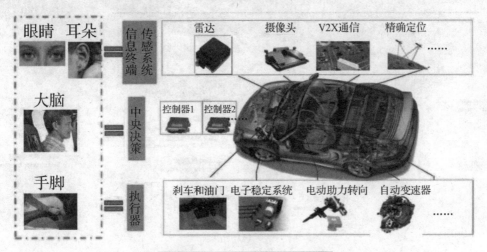

图1-1 智能汽车基本组成示意图

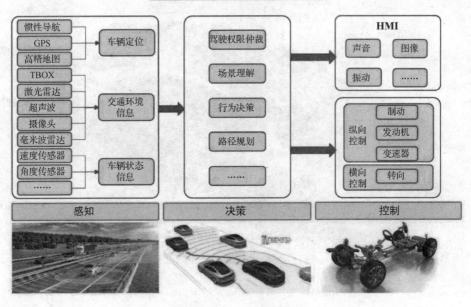

图1-2 自动驾驶系统组成

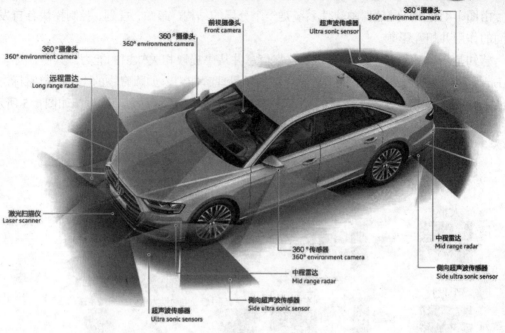

图 1-3　自动驾驶系统设备布局

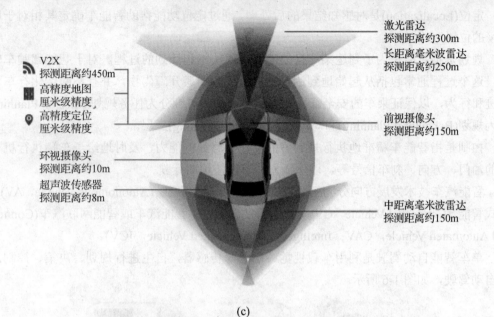

(c)

图1-3 自动驾驶系统设备布局(续)

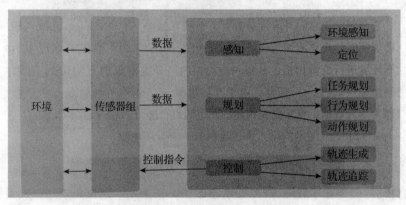

图1-4 自动驾驶系统基本框架

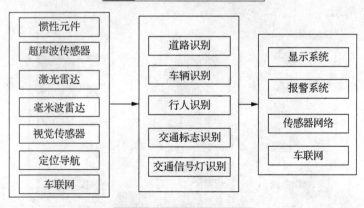

图1-5 环境感知基本框架

定位(Localization)是对感知结果的后处理,通过定位功能帮助智能车确定其相对于所处环境的位置。

规划是指智能车为了到达某一目的地而做出决策和计划的过程。对于智能驾驶车辆而言,这个过程通常包括从起始地到达目的地,同时要避开障碍物,并且不断优化行车路线轨迹和行为,以保证乘车的安全舒适。规划层通常又被细分为任务规划(Mission Planning)、行为规划(Behavioral Planning)和动作规划(Motion Planning)三层。

控制是指智能车精准地执行规划好的动作、路线的能力,及时地给予车辆执行机构合适的油门、方向、刹车信号等,以保障智能车能按预期行驶。

智能汽车技术发展方向分为三个方向:自主式单车智能(Autonomous Vehicle,AV)、网联式智能(Connected Vehicle,CV)及前两者的融合,即智能汽车或智能网联汽车(Connected and Automated Vehicle,CAV;Intelligent and Connected Vehicle,ICV)。

单车智能自动驾驶是利用车载视觉、定位等传感器,自主进行规划、决策、控制,实现自动驾驶,如图1-6所示。

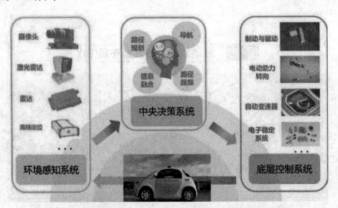

图1-6 单车智能自动驾驶示意图

网联式自动驾驶是在车联网V2X系统基础上,在感知、定位、规划、决策等层次融合车联网V2X(包括V2V、V2P、V2I、V2N)信息及边缘计算、云计算功能,实现车辆的自动驾驶,如图1-7所示。

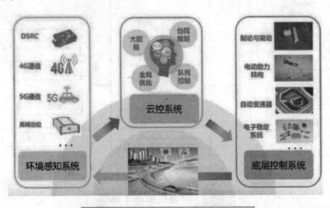

图1-7 网联智能自动驾驶示意图

第一章 汽车智能系统概述

　　智能网联式自动驾驶技术是单车智能系统结合车联网 V2X 系统，在感知、定位、规划、决策等层次融合单车智能系统信息和车联网 V2X 信息及云计算、边缘计算功能，实现车辆的自动驾驶。智能网联式自动驾驶技术亦称智能汽车自动驾驶技术，如图 1-8 所示。

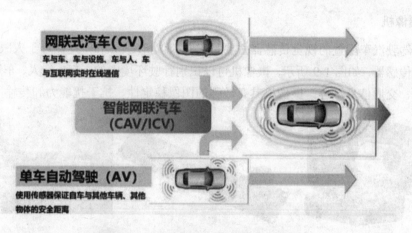

图 1-8　智能网联(即智能)自动驾驶示意图

第一节　单车智能自动驾驶系统

一、感知与定位

　　环境感知作为其他部分的基础，处于自动驾驶汽车与外界环境信息交互的关键位置，是实现自动驾驶的前提条件，起着人类驾驶员"眼睛""耳朵"的作用。

　　环境感知技术是利用摄像机、激光雷达、毫米波雷达、超声波等车载传感器，以及 V2X 和 5G 网络等获取汽车所处的交通环境信息和车辆状态信息等多源信息，为自动驾驶汽车的决策规划进行服务。其中，摄像机、激光雷达、毫米波雷达、超声波雷达等传感器属于智能型传感器(Intelligent Sensor)，即带有微处理机，具有采集、处理、交换信息的能力，是传感器集成化与微处理机相结合的产物。

　　自动驾驶汽车的基础是精准导航，不仅需要获取车辆与外界环境的相对位置关系，还需要通过车身状态感知并确定车辆的绝对位置与方位。

　　在城市复杂道路行驶场景下，定位的精度要求误差不超过 10cm，如果定位偏差过大，那么在城市道路行驶中，车辆轮胎就很容易在行驶过程中剐蹭到路牙、护栏等，甚至会引发爆胎等车辆驾驶安全问题和交通安全事故。尽管在车辆自动驾驶中会利用自动避障功能以辅助安全，但也不能保证百分百地避障成功，并且对于路牙这种道路障碍特征，在某些情况下，由于盲区、软件故障等，传感器也不一定能保证百分百检测到。

　　目前使用最广泛的定位方法包括融合全球定位系统(Global Positioning System，GPS)和惯性导航系统(Inertial Navigation System，INS)的定位方法。

　　地图辅助类定位算法是另一类广泛使用的自动驾驶定位算法，同步定位与地图构建

(Simultaneous Localization And Mapping，SLAM)是这类算法的代表，SLAM 的目标即构建地图的同时使用该地图进行定位，SLAM 通过利用传感器(包括摄像机、激光雷达等)已经观测到的环境特征，确定当前车辆的位置以及当前观测目标的位置。

1. 摄像机

自动驾驶汽车配置的视觉传感器主要是工业摄像机(Camera)，是接近于人眼获取周围环境信息的传感器，如图 1-9 所示。摄像机可以识别行驶环境中的车辆、行人、车道线、路标、交通标志、交通信号灯等。摄像机具有较强的图像稳定性、抗干扰能力和传输能力。

图 1-9　摄像机

摄像机可分为 CCD(Charge-Coupled Device) 摄像机和 CMOS(Complementary Metal Oxide Semiconductor) 摄像机两种。CCD 摄像机由光学镜头、时序及同步信号发生器、垂直驱动器及模拟/数字信号处理电路组成，具有体积小、重量轻、低功耗、低电压等特点。CMOS 摄像机集光敏元件阵列、图像信号放大器、信号读取电路、模/数转换电路、图像信号处理器及控制器于一体，具有传输速率高、动态范围宽、局部像素的可编程随机访问等优点。

2. 激光雷达

雷达是一种利用电磁波探测目标位置的电子设备，雷达的基本功能包括：搜索目标和发现目标，测量其距离、速度、角位置等运动参数，测量目标反射率、散射截面和形状等特征参数。

激光雷达(Light Detection And Ranging，LiDAR，即光探测与测量)是工作在光频波段的雷达，利用光频波段的电磁波先向目标发射探测信号，然后将其接收到的回波信号与发射信号相比较，从而获得目标的位置(距离、方位和高度)、运动状态(速度、姿态)等信息，实现对目标的探测、跟踪和识别。

传统的雷达是以微波和毫米波波段的电磁波为载波的雷达。激光雷达以激光作为载波，可以用振幅、频率、相位来搭载信息，作为信息载体。

激光雷达是以发射激光束来探测目标空间位置的主动测量设备。根据探测原理，激光雷达分为单线(二维)激光雷达和多线(三维)激光雷达，如图 1-10 所示。

激光雷达使用激光束进行探测和测距，如 Velodyne 公司的 64 线激光雷达，内部是机械式旋转结构，每秒向外界发送数百万个激光脉冲，能够实时地建立起周围环境的三维地图。通常来说，激光雷达以 10Hz 左右的频率对周围环境进行旋转扫描，其每一次扫描的结果为密集的点构成的三维图，每个点均具备空间坐标(X, Y, Z)信息，由于其扫描结果是激光点数据，并且数量巨大，所以又称为点云(Point Cloud)，点云数据构建的图叫点云图(Point Cloud Graph)，图1-11是激光雷达绘制的一个点云图示例。

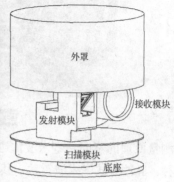

图1-10 激光雷达

图1-11 激光雷达点云图示例

目前，激光雷达因其测量的高度可靠性、精确性，是自动驾驶系统中最重要的传感器之一。但是在一些特殊场景中，如开阔地带，由于缺乏特征点，会存在点云过于稀疏，甚至丢失点的问题；对于不规则的物体表面，使用激光雷达也比较难辨别其特征模式；在诸如大雨、大雾这类天气情况下，激光雷达的精度和准确度也会受到很大影响。

3. 毫米波雷达

毫米波雷达(Millimeter Wave Radar)通过天线向外发射毫米波，波束在接触到目标物体后反射，被接收到以后，通过自动驾驶控制单元的处理，来获取目标的运动状态信息，包括位置、速度、运动方向、运动角度等，如图1-12所示。

毫米波雷达工作在毫米波波段(millimeter wave)，工作频段一般为30G～300GHz，波长1～10mm，介于微波和厘米波之间。从毫米波雷达的频段分布上来看，目前毫米波雷达主要分布在24GHz和77GHz两个频段。

图 1-12 毫米波雷达

根据测量原理的不同，毫米波雷达可分为脉冲方式毫米波雷达和调频连续波方式毫米波雷达两种。脉冲方式毫米波雷达，其基本原理与激光雷达相似，在硬件结构上比较复杂、成本较高，很少用于自动驾驶汽车，目前大多数车载毫米波雷达采用调频连续波方式，具有结构简单、体积小、成本低廉等物点，容易实现近距离探测。

根据毫米波雷达的有效射程，可分为长距离雷达(LRR)、中距离雷达(MRR)和短距离雷达(SRR)。LRR 和 MRR 一般布置在车辆前方，用于检测前方较远范围内的目标，SRR 一般布置在车辆四角位置，用于检测侧前方、侧后方范围内的目标。毫米波雷达的 24GHz 频段主要用于中短距离雷达，探测距离为 50～70m；77GHz 频段主要用于长距离雷达，探测距离为 150～250m。从应用上来看，目前 24GHz 毫米波雷达探测角度大，主要用于侧向，77GHz 毫米波雷达因为探测距离远，主要用于前向。77GHz 毫米波雷达由于其较小的体积更容易实现单芯片的集成，可以实现更高的识别精度、更高的信噪比以及更强的穿透能力等。

4. 超声波雷达

超声波雷达(Ultrasonic Radar)传感器是利用超声波的特性研制而成的，工作在机械波波段，工作频率在 20kHz 以上，如图 1-13 所示。

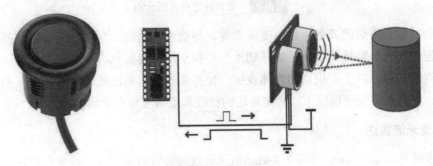

图 1-13 超声波雷达

车载超声波雷达主要分为 UPA 和 APA 两大类。UPA 是一种短程超声波，主要安装在车身的前部与后部，检测范围为 25cm～2.5m，由于检测距离大，多普勒效应和温度干扰小，检测更准确。APA 是一种远程超声波传感器，主要用于车身侧面，检测范围为 35cm～5m，可覆盖一个停车位。

超声波雷达的数据处理简单快捷，检测距离较短，多用于近距离障碍物检测。超声波具有频率高、波长短、绕射现象小、方向性好、能够成为射线而定向传播等优点。其缺陷在于距离信息不精准，检测距离越远，检测误差则越大。

5. 环境感知技术路线

环境感知技术有两种技术路线：①以摄像机为主导的多传感器融合方案，典型代表是特斯拉的自动驾驶系统；②以激光雷达为主导，其他传感器为辅助的技术方案，典型车型如 Waymo、Apollo 等的自动驾驶系统。随着第三代纯固态激光雷达产品即将量产面世，成本会大幅降低，激光雷达在自动驾驶汽车上的应用将更加普及。

6. 惯性导航

自动驾驶汽车的基础是精准导航，不仅需要获取车辆与外界环境的相对位置关系，还需要通过车身状态感知确定车辆的绝对位置与方位。

惯性导航系统由陀螺仪和加速度计构成，通过测量运动载体的线加速度和角速率数据，并将这些数据对时间进行积分运算，从而获得速度、位置和姿态。惯导元件外观如图 1-14 所示。惯性导航系统以牛顿力学定律为基础，工作原理是根据陀螺仪的输出建立导航坐标系并给出姿态角，再根据加速度计的输出解算出运动载体的速度和位置，实现惯性参考系到导航坐标系的转换。惯导属于推算导航方式，即在已知基准点位置的前提下根据连续观测推算出下一点的位置，因而可连续测出运动载体的当前位置。

7. 轮速编码器与航迹推算

可以通过轮速编码器推算出自动驾驶汽车的位置。通常轮速编码器安装在汽车的前轮，如图 1-15 所示，分别记录左轮与右轮的总转数。通过分析每个时间段里左右轮的转数，可以推算出车辆向前行驶多远，左右转向多少度等。由于在不同地面材质(如冰面与水泥地)上转数对距离转换存在偏差，随着时间的推进，测量偏差会越来越大，因此单靠轮速编码器并不能精准估计自动驾驶汽车的位置。

图 1-14　惯性导航传感器

图 1-15　轮速编码器

8. 卫星导航

全球导航卫星系统即 GNSS(Global Navigation Satellite System)，包括美国的 GPS、中国

的北斗 BDS、俄罗斯的 GLONASS 以及欧盟的 Galileo。

卫星导航系统的组成包括三个部分：空间星座部分、地面监控部分和用户设备部分。空间星座部分指导航系统的卫星，卫星占据着不同的轨道，卫星的数量、组成、通信等原理也不尽相同。地面监控中心接收、测量卫星信号，确定卫星的轨道信息并将其发送给卫星，对卫星进行监测。用户设备即接收机，包括专业的多频多系统接收机，以及手机中的卫星信号接收模块，通过信号解算出的卫星轨道信息等来确定用户的位置。

北斗卫星导航系统是中国自行研制的全球卫星导航系统。北斗三号空间段由 30 颗卫星组成，包括 3 颗静止轨道卫星、24 颗中圆地球轨道卫星、3 颗倾斜同步轨道卫星。30 颗卫星在离地面 2 万多千米的高空轨道，以固定的周期环绕地球运行，使得在任意时刻，在地面上的任意一点都可以同时观测到 4 颗以上的卫星。北斗全球卫星导航系统可在全球范围内全天候为各类用户提供高精度、高可靠定位、导航、授时服务，并具有短报文通信能力。定位精度 10m，测速精度 0.2m/s，授时精度 10ns。

卫星导航定位星座和地面接收单元如图 1-16 所示。

图 1-16　卫星导航定位星座和接收单元

9. SLAM 自主导航

SLAM(Simultaneous Localization And Mapping)即实时定位与地图构建，起源于机器人技术领域，SLAM 可以描述为：机器人在未知环境中开始启动，并尝试从一个未知位置开始移动，在移动过程中根据自身位置估计和地图匹配进行自身定位。然后在自身定位的基础上实现运动中拓展地图，最终实现全局机器人的自主定位和导航。

实时定位与地图构建是一个复杂的系统层次的概念，并不特指一个具体的算法，它包括图像匹配处理模块、滤波处理、回环检测、图优化理论、矩阵运算等，是一个复杂的系统工程，如图 1-17 所示。

图 1-17　SLAM 系统模块

SLAM 示意图如图 1-18 所示，黑色边界即激光雷达探测到的障碍物边缘，表示此路不通，白色域是可行驶的自由区域，放射线一样的线条表示此处可能有窗户或门，激光雷达将部分点散射了出去。通过扫描整个环境空间，可以形成一幅 2D 的激光雷达视角的地图。通过对环境的匹配对比，机器人或车辆就以此作为依据来判断目前在地图上所处的位置。线条是机器人和车辆规划和行驶的路线。

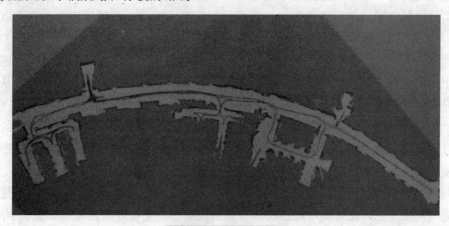

图 1-18　SLAM 示意图

SLAM 主要适用于机器人等领域，通过激光或视觉摄像机扫描环境数据点来构建地图，然后基于地图匹配的方式进行自身定位，在诸如无人清洁车、低速园区无人摆渡车、低速无人快递车等低速场景的自动驾驶应用。对于高速自动驾驶，由于 SLAM 基于网格(Grid)进行计算，其庞大的计算开销、时延、数据存储等问题，以及智能车辆对实时控制、安全的高性能要求，导致其目前并不适宜应用在大面积范围、高速自动驾驶场景中。高速自动驾驶在地图定位方面使用的是高精度地图技术。

目前主要有两种 SLAM 策略：①基于激光雷达的 SLAM，以 Waymo 汽车为例。车辆携带有 GPS，通过 GPS 对位置进行判断，并以激光雷达 SLAM 点云图与高精度地图进行坐标匹配，匹配后确认自身位置；②基于视觉的 SLAM，以 Mobileye 为例。Mobileye 提出一种 SLAM 的变种定位方法——REM。车辆通过采集包括信号灯、指示牌等标识，得到了一个简单的三维坐标数据，再通过视觉识别车道线等信息，获取一个一维数据。摄像机中的图像与 REM 地图进行匹配，即可完成定位。

10. 高精地图

数字地图是地理信息空间的载体，它是将客观现实世界中的空间特征以一定的数学法则(即模式化)符号化、抽象化，将空间特征表示为形象符号模型或者图形数学模型。

高精地图拥有精确的车辆位置信息和丰富的道路元素数据信息，起到构建类似于人脑对于空间的整体记忆与认知的功能，可以帮助汽车预知路面复杂信息，如坡度、曲率、航向等，更好地规避潜在的风险，是智能汽车的核心技术之一。

高精地图相比于 GPS 的传统地图而言，最显著的特征是其表征路面特征的精准性。传统地图只需要做到米量级的精度就可以实现基于 GPS 的导航，而高精地图需要至少十倍以上的精度，即达到厘米级的精度才能保证自动驾驶汽车行驶的安全性。同时，高精地图还需要有比传统地图更高的实时性。由于道路路网经常会发生变化，如道路整修、标识线磨损或重漆、交通标识改变等。这些改变都要及时反映在高精地图上，以确保自动驾驶汽车的行车安全。

高精度地图可以将车辆位置精准地定位于车道之上、帮助车辆获取更为准确、有效、全面的当前位置交通状况，并为智能汽车规划制定最优路线。高精度地图主要有以下三大功能。

(1) 地图匹配：由于存在各种定位误差，电子地图坐标上的移动车辆与周围地物并不能保持正确的位置关系。利用高精地图匹配可将车辆位置精准地定位在车道上，从而提高车辆定位的精度。

(2) 辅助环境感知：对传感器无法探测的部分场景进行补充，进行实时状况的监测及外部信息的反馈；传感器作为自动驾驶的眼睛，具有局限性，如易受恶劣天气的影响，此时可以使用高精地图来获取当前位置精准的交通状况。

(3) 路径规划：对于提前规划好的最优路径，由于实时更新的交通信息，最优路径可能也在随时发生变化，此时高精地图在云计算的辅助下，能有效地为智能车提供新的路况，帮助智能车重新制定最优路径。

自动驾驶汽车实现了自身与外部环境的互联互通，使得自动驾驶汽车变成了一个移动终端，而产生这一变革的关键就在于车联网技术的成熟。车联网技术使得自动驾驶汽车通过云端的高精地图实现路径规划，同时将实时上传路况，更新高精地图，从而实现车与车、车与道路基础设施的实时通信，更好地感知车、人、路的状态；并且通过本地决策与云端决策并重的方式分析传感器获取的海量数据，然后通过执行器控制车辆。

11. 环境感知

为了确保智能车辆对环境的理解和把握，自动驾驶系统的环境感知部分通常需要获取大量的周围环境信息，具体来说包括行人、车辆的位置和速度，以及下一时刻可能的行为、可行驶的区域、对交通规则的理解等。智能车通过融合激光雷达、摄像机、毫米波雷达等多种传感器的数据来获取这些信息。

激光雷达以 10Hz 左右的频率进行旋转扫描，由其扫描的点云数据构建点云图。对于激光点云数据的处理，通常进行两步操作：分割(Segmentation)和分类(Classification)。其中，分割是为了将点云图中离散的点使用聚类算法重新分组，使其聚合成一个个整体；分类是区分出这些整体属于哪一种类别，如属于行人类、车辆类或者其他障碍物类等。

在完成了对点云的目标分割以后，分割出来的目标还需要被正确地分类。在这个环节中可以借鉴机器学习的分类算法，如支持向量机(Support Vector Machine，SVM)、决策树、K 均值(K-means)等算法，以对聚类的特征进行分类。近年来由于深度学习的发展，开始使用卷积神经网络(Convolutional Neural Network，CNN)来对三维的点云聚类进行分类，然而，无论是基于提取特征的 SVM 方法还是基于点云的 CNN 方法，由于激光雷达点云解析度低，对于反射点稀疏的目标(如行人、自行车等)，基于点云的分类并不可靠，所以在实践中往往融合激光雷达和摄像机传感器，既利用摄像机的高分辨率来对目标进行分类，又利用激光雷达的可靠性对障碍物进行检测和测距，融合两者的优点完成环境感知。

在自动驾驶系统中，通常使用视觉传感器来完成对道路的检测，以及车辆、交通标志等的检测、识别和分类。道路的检测包含对车道线的检测(Lane Detection)、可行驶区域的检测(Drivable Area Detection)。检测任务还包括对其他车辆的检测(Vehicle Detection)、行人检测(Pedestrian Detection)、交通标志和信号的检测(Traffic Sign Detection)等，以及对所有交通参与者的检测、识别和分类。

车道线的检测涉及两个方面：第一是识别车道线，对于弯曲的车道线，能够计算其曲率，即弯曲的弧度，以决定方向盘的控制角度；第二是确定车辆自身相对于车道线的偏移(即智能车自身在车道线的哪个位置)。一种方法是提取一些车道的特征，包括边缘特征(如索贝尔算子，通常是通过求取边缘线的梯度，即边缘像素的变化率来检测车道线)、车道线的颜色特征等，然后使用多项式拟合车道线的像素，最后基于多项式以及当前摄像机在车上挂载的位置，确定前方车道线的曲率和车辆相对于车道的偏离位置。

对于可行驶区域的检测，目前的一种做法是采用深度学习神经网络对场景进行像素分割，即通过训练一个像素级分类的深度神经网络，完成对图像中可行驶区域的分割。

12. 定位

在智能车技术的发展过程中，无论是从硬件层面还是软件层面，定位精度的提高都具有很重要的意义。

智能车辆定位方法包括融合全球定位系统和惯性导航系统的定位方法，其中，GPS的定位精度由器件成本决定，一般在几十米到几厘米级别之间，精度越高，GPS和惯性导航等传感器的价格也就相对越昂贵。融合 GPS/INS 的定位方法在 GPS 信号缺失、微弱的情况下，如地下停车场、密集高楼的市区等场景，也不容易做到高精度定位，因此也只能适用于部分场景(如开阔、信号良好环境下)的自动驾驶定位任务。

地图辅助类定位算法是另一类广泛使用的智能车定位算法，同步定位与地图构建(SLAM)是这类算法的代表，SLAM 构建地图的同时使用该地图进行定位，SLAM 通过利用传感器(包括摄像机、激光雷达等)已经观测到的环境特征，确定当前车辆的位置以及当前观测目标的位置，这是一个利用以往的先验概率分布和当前的观测值来估计当前位置的过程，通常使用的方法包括贝叶斯滤波器(Bayesian Filter)、卡尔曼滤波器(Kalman Filter)、扩展卡尔曼滤波器(Extended Kalman Filter)以及粒子滤波器(Particle Filter)等，这些方法都是基于概率和统计原理的定位技术。

在特定场景下的低速自动驾驶定位的应用过程中广泛使用了 SLAM 技术。实际上，在此类特殊场景的应用中，并不是在定位的同时实时建图，而是事先使用传感器如激光雷达、视觉摄像机等对运行环境区域进行地图的构建，然后在构建好的 SLAM 地图的基础上实现定位、路径规划等其他进一步的操作。

在有了一部分点云地图之后，还可以通过程序和人工处理的方法将一些"语义"元素添加到地图中(如车道线的标注、交通信号标志标线、红绿灯位置、当前路段的交通规则等)，这个包含了语义元素的地图就是自动驾驶领域常说的"高精度地图"。在实际定位的时候，使用 3D 激光雷达的扫描数据和事先构建的高精度地图进行点云匹配，以确定智能车辆在地图中具体位置的这类方法被统称为扫描匹配(Scan Matching)方法，其中最常见的方法是迭代最近点(Iterative Closest Point，ICP)，该方法基于当前扫描和目标扫描的距离度量来完成点云配准。除此以外，正态分布变换(Normal Distributions Transform，NDT)也是进行点云配准的常用方法，是基于点云特征直方图来实现配准的一种算法。基于点云配准的定位方法也能实现 10cm 以内的定位精度。

虽然点云配准能够给出较高精度的智能车辆相对于地图的全局定位，但是这类方法过于依赖事先构建好的高精度地图。另外，由于高精度地图构建成本较高，并且点云匹配计算开销也非常大，以及车辆在高速行驶的过程中对计算、控制的实时性要求较高，因此，在高速行驶自动驾驶场景中使用点云匹配的方法相对来说成本过高。

二、决策与规划

自动驾驶汽车的行为决策与路径规划是指依据环境感知和导航子系统输出信息，通过一些特定的约束条件如无碰撞、安全到达终点等，规划出给定起止点之间多条可选安全路径，并在这些路径中选取一条最优的路径作为车辆行驶轨迹。

1. 路径规划

自动驾驶规划系统分为三层结构：路径规划、行为规划和动作规划。其中，路径规划通常也被称为路由规划(Route Planning)或者任务规划，其对应着相对顶层、全局的路径规划，如起点到终点的路径选择。

把道路系统简化成有向图网络(Directed Graph Network)，有向图网络能够表示道路和道路之间的连接情况、通行规则、道路的路宽等各种信息，有向图网络也被称为路网图(Route Network Graph)，如图 1-19 所示。

路网图中的每一条有向边都是带权重的，因此，路径规划问题就转化为在路网图中，为了让车辆达到某个目标(通常是从 A 地到 B 地)，基于某种方法选取最优(即代价最小)路径的过程，那么规划问题就演变成了一个有向图搜索问题。传统的算法如迪可斯特朗算法(Dijkstras Algorithm)、A*算法(A* Algorithm)、D*算法等，主要用于计算离散图的最优路径搜索，被广泛应用于搜索路网图中代价最小路径的场景中。

2. 行为规划

行为规划有时也被称为决策制定(Decision Maker)，其主要任务是根据任务规划的目标和对当前环境的感知(如其他车辆、行人的位置和行为，当前的交通规则等)，做出下一步自动驾驶车辆需要执行的决策和动作，可以把这一层模块所起的作用理解为车辆驾驶员的决策系统，驾驶员根据目标和当前的交通情况决定是跟车还是超车、是停车等行人通过还是绕过行人等。

第一章 汽车智能系统概述

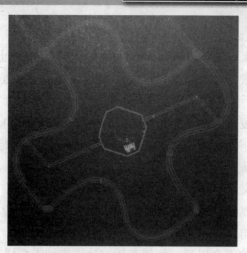

图1-19 一个简单的路网图

行为规划实现的一种方法是使用包含大量动作短语的复杂有限状态机(Finite State Machine, FSM)。有限状态机即从一个简单的起始状态出发,根据不同的驾驶场景跳转到不同的动作状态,同时将要执行的动作传递给下一个动作规划层。图1-20是一个简单的有限状态机。

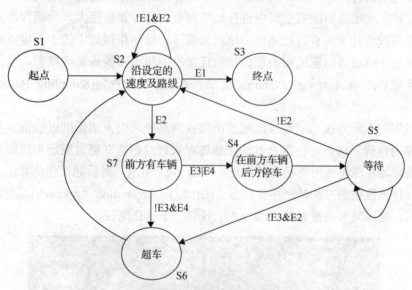

图1-20 简单的有限状态机

每个状态都是对车辆动作的一个决策过程,状态和状态之间存在一些跳转条件,某些状态可以自循环(如图中的循迹状态和等待状态)。虽然FSM是目前智能车上采用的主流行为决策方法,但FSM仍然存在着很多局限性:首先,要实现复杂的行为决策,需要人工设计大量有效的状态;其次,车辆有可能会碰到有限状态机没有考虑过的状态,因此状态机的扩展也成为问题;最后,如果有限状态机没有设计死锁保护,车辆甚至可能陷入某种死锁状态。

3. 动作规划

通过规划一系列的执行动作以达到某种目的(如避障)的处理过程被称为动作规划。通常来说，有两个指标可用来考量动作规划算法的性能：计算效率(Computational Efficiency)和完整性(Completeness)。所谓计算效率，即完成一次动作规划的计算处理效率，动作规划算法的计算效率在很大程度上取决于配置空间(Configuration Space)。如果一个动作规划算法能够在问题有解的情况下在有限时间内返回一个解，并且能够在无解的情况下返回无解，那么称该动作规划算法是完整的。

配置空间：一个定义了机器人所有可能配置的集合，它定义了机器人所能够运动的维度，对于最简单的二维离散问题，它的配置空间就是 $[X, Y]$，智能车的配置空间可以非常复杂，这取决于所使用的运动规划算法。

在引入了配置空间的概念以后，智能车辆的动作规划就变成了：在给定一个初始配置(Start Configuration)、一个目标配置(Goal Configuration)以及若干约束条件(Constraint)的情况下，在配置空间中找出一系列的动作以到达目标配置，这些动作的执行结果就是将智能车辆从初始配置转移至目标配置，同时满足约束条件。在智能车这个应用场景中，初始配置通常是智能车的当前状态(当前的位置、速度和角速度等)，目标配置则来源于动作规划的上一层——行为规划层，而约束条件则是车辆的运动学限制(最大转角、最大加速度等)。

显然，若在高维度的配置空间中进行动作规划，其计算量巨大，为确保规划算法的完整性，不得不搜索几乎所有可能路径，这就形成了连续动作规划中的"维度灾难"问题。目前动作规划中解决该问题的核心理念是将连续空间模型转换成离散模型，具体可归纳为两类：组合规划(Combinatorial Planning)方法和基于采样的规划(Sampling Based Planning)方法。

动作规划的组合方法通过连续地配置空间找到路径，而无须借助近似值。基于这个属性，可被称为精确算法。一种组合方法是通过对规划问题建立离散表示来找到完整的解，使用路径规划器生成备选的路径和目标点，如图 1-21 所示，然后通过优化算法选择最优的路径；另一种离散化的方法是网格分解方法(Grid Decomposition Approach)，在将配置空间网格化以后，使用离散图搜索算法(如 A*等)找到一条优化路径。

图 1-21　动作规划中的组合方法

三、控制与执行

1. 控制系统

作为自动驾驶系统的最底层,控制系统层旨在将规划好的动作在车辆控制层面实现,所以控制模块的评价指标即为控制的精准度。控制系统内部会存在测量反馈,控制器通过比较车辆的测量和预期来输出相应的控制动作,这一过程称为反馈控制(Feedback Control)。

反馈控制被广泛地应用于自动化控制领域,其中最典型的反馈控制器当属 PID 控制器(Proportional Integral Derivative Controller),PID 控制器的控制原理基于一个单纯的误差信号,这个误差信号由三项构成,即误差的比例(Proportion)、误差的积分(Integral)和误差的微分(Derivative)。PID 控制器实现简单、性能稳定,因此目前仍然是最广泛使用的控制器,但是作为纯反馈控制器,PID 控制器在智能车控制中(特别是高速运动的过程中)存在一定的问题:PID 控制器是单纯基于当前误差反馈的,由于制动机构的延迟性,在高速运动场景下会给控制本身带来非常大的延迟影响,而由于 PID 内部不存在系统模型,故其不能对延迟建模,为了解决这一问题,引入基于模型预测的控制方法。

模型预测控制(Model Predictive Control,MPC)是指借助车辆运动模型来预测未来一个时间段的运动,并通过不断优化控制参数来拟合这一系列运动的方法,通常模型预测的时间段较短。模型预测控制由四部分组成,具体如下。

(1) 预测模型:基于当前的状态和控制输入来预测未来一段时间内状态的模型,在智能车系统中,通常是指车辆的运动学/动力学模型。

(2) 反馈校正:对模型施加了反馈校正的过程,使预测控制具有很强的抗扰动和克服系统不确定性的能力。

(3) 滚动优化:滚动地优化控制序列,以得到与参考轨迹最接近的预测序列。

(4) 参考轨迹:设定的轨迹。

图 1-22 所示是模型预测控制的基本结构图,由于模型预测控制基于运动模型进行优化,PID 控制中的控制时延问题可以在建立模型时考虑进去,所以模型预测控制在智能车控制中具有较高的应用价值。

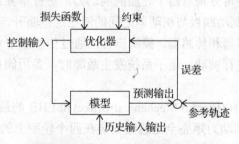

图 1-22 模型预测控制基本结构

智能车控制的另外两个问题是轨迹生成(Trajectory Generation)和轨迹跟踪(Trajectory Tracking)。轨迹生成是指找到一组控制输入 $u(t)$,使得预期的输出结果为目标状态的轨迹

$x(t)$，其中，车辆的运动学/动力学约束是整个轨迹生成的约束条件，当一条轨迹 $x(t)$ 不存在对应的控制输入 $u(t)$ 使其能够满足车辆动力学约束时，称这个轨迹是不可达的。目前在智能车领域中使用的轨迹生成方法通常是基于车辆动力学模型。

轨迹跟踪主要分为两类方法：基于几何路径跟踪方法和基于模型的跟踪方法。基于模型的方法通常使用车辆的运动学和动力学模型来实现，其中，运动学模型在低速状态下效果好，而基于动力学模型的控制器在高速场景下跟踪效果更好，但是在较大加速度以及路径曲率过大的情况下效果一般。几何路径跟踪方法使用简单的几何关系来导出转向控制规则，这类方法利用前视距离(Look Ahead Distance)来测量车辆前方的误差，其复杂度也是从简单的圆弧计算到更复杂的几何定理，如向量跟踪法。

2. 线控执行机构

线控技术是将传统的汽车机械操纵系统变成通过高速通信总线与控制器相连的电气系统。线控技术包括线控换挡系统、线控制动系统、线控悬架系统、线控增压系统、线控油门系统及线控转向系统。

智能车的自动驾驶系统中，通过各类具体控制算法的设计实现纵向、横向控制，并由底盘线控与车身电气控制等系统实现各类控制指令的执行。执行控制是自动驾驶系统的动作执行环节，前面所描述的环境感知、路径规划、行为决策，都需要执行控制的具体实现，才能达到车辆自动驾驶、完成各项智能化任务的目标。

控制器通过线束将指令传递给转向或制动系统执行机构来实现车辆的操控，因此，线控转向和线控制动是两项至为关键的技术。

1) 线控纵向执行机构

自动驾驶汽车采用油门和制动综合控制的方法来实现对预定车速的跟踪，各种电机—发动机—传动模型、汽车运行模型和刹车过程模型与不同的控制算法相结合，构成了各种各样的纵向控制模式。

(1) 线控制动机构(BBW：Brake By Wire)。

EHB(Electro-Hydraulic Brake)即线控液压制动器，用一个综合的制动模块来取代传统制动器中的压力调节器和ABS模块等，综合制动模块包含电机、油泵、蓄电池等部件，可以产生并储存制动压力，并可分别对四个轮胎的制动力矩进行单独调节。

EHB正常工作时，制动踏板与制动器之间的液压连接断开，备用阀处于关闭状态。电子踏板配有踏板感觉模拟器和传感器，控制器可以通过传感器信号判断驾驶员的制动意图，并通过点击驱动液压泵进行制动。电子系统发生故障时，备用阀打开，EHB系统变成传统的液压系统。

线控机械制动器EMB (Electro Mechanical Brake)和EHB的最大区别就在于，它不再需要制动液和液压部件，制动力矩完全是通过安装在四个轮胎上的由电机驱动的四个执行机构产生。因此取消了相应的制动主缸、液压管路等，大大简化了制动系统的结构。

制动工况：当踩下制动踏板，踏板压力传感器将信号传递给控制器，控制器通过计算，给电动机输入相应的电流使电机转动，电机通过行星轮系进一步减速增矩，再通过电磁离合器将动力输出给丝杠，由丝杠螺母带动制动钳轴向做相应的位移，达到与压力信号相应的制动力时，停止给电机供电，使制动钳位置锁止，以此达到减速、制动的效果；当松开制动踏板时，控制器接收到压力传感器信号后，对电动机反向供电，使电动机反转以提供反向转矩，以此带动丝杠反向旋转，使制动钳做反向位移，放松制动。

EMB 将最终取代传统的液压制动器，成为未来车辆的发展方向。

【本段技术案例】

博世 iBooster 简介

博世公司推出"机电伺服助力机构 iBooster"，如图 1-23、图 1-24 所示。

图 1-23 iBooster 的外形

1—安装螺栓；2—踏板行程传感器；3—油壶(储油罐)；
4—制动主缸(给车轮上制动器刹车提供压力)；
5—电机和控制器；6—输入杆

图 1-24 为 iBooster 的部分构件。

图 1-24 iBooster 构件

1. 技术参数

助力器助力：5.5kN，电压范围：9.8~16V，重量：5kg，耗电量：小于1A/1MPa（产生1MPa液压时电流小于1A），电机功率：300W。

2. 工作原理

驾驶员踩刹车踏板，输入杆6产生位移，踏板行程传感器2探测到输入杆6的位移，并将该位移信号发送至控制器5，控制器5计算出电机应产生的扭矩，再由传动装置将该扭矩转化为伺服制动力。伺服制动力、输入杆6的源自踏板的输入力，在制动主缸4内共同转化为制动液压力。

3. 失效模式

采用双安全失效模式。

第一，两种故障情况考虑在内。

(1) 如果车载电源不能满负载运行，那么 iBooster 则以节能模式工作，以避免给车辆电气系统增加不必要的负荷，同时防止车载电源发生故障。

(2) iBooster发生故障，ESP会接管并提供制动助力。ESP和ABS不同，ABS要有踏板输入才能起作用，ESP不用踏板输入也能起作用。

在上述两种情况下，制动系统均可在200N踏板力作用下，提供0.4g的减速度。

第二，如果车载电源失效，即断电模式下，驾驶员可以通过无制动助力的纯液压模式对所有四个车轮施加车轮制动，使车辆安全停止。

(2) 线控动力机构。

线控油门通过用线束来代替拉索或者拉杆，在节气门处装一只微型电动机，用电动机来驱动节气门开度。增减油门就是指通过油门踏板改变发动机节气门开度，从而控制可燃混合气的流量，改变发动机的转速和功率，如图1-25所示。

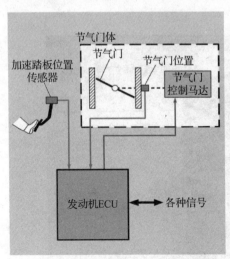
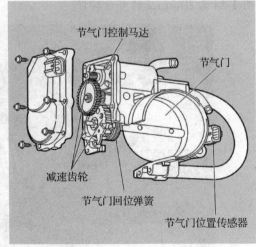

图1-25　线控油门示意图

电子油门控制系统主要由油门踏板、踏板位移传感器、控制器、数据总线、伺服电动机和节气门执行机构组成。把驾驶员踩下油门踏板的角度转换成与其成正比的电压信号，同时把油门踏板的各种特殊位置制成接触开关，把怠速、高负荷、加减速等发动机工况变成电脉冲信号输送给电控发动机的控制器，以达到供油、喷油与变速等的优化自动控制。

对于通过改变进气门行程来调节发动机动力的可变气门行程技术，油门踏板位置角度信号输入发动机的控制器，发动机控制器输出信号给可变气门行程调节机构，进而改变进气门开度，实现发动机输出动力的调节。

对于电动汽车，动力控制器输出信号给驱动电动机，改变电动机的输出转速和功率，实现输出动力的调节。

2) 线控横向执行机构

车辆横向控制主要有两种基本设计方法：基于驾驶员模拟的方法和基于车辆动力学模型的控制方法。

(1) 基于驾驶员模拟的方法：①使用较简单的动力学模型和驾驶员操纵规则设计控制器；②用驾驶员操纵过程的数据训练控制器获取控制算法。

(2) 基于车辆动力学模型的方法：需要建立较精确的汽车横向运动模型。典型模型如单轨模型，该模型认为汽车左右两侧特性相同。

线控转向(Steering By Wire，SBW)：在方向盘和转向轮之间通过线控(电子信号)连接，即在它们之间没有直接的液力或机械连接。线控转向系统是通过给助力电机发送电信号指令，从而实现对转向系统进行控制。SBW系统需要有冗余功能，如图1-26所示。

线控转向系统通过在方向盘到车轮间增加主动控制电机，实现对转向系统的主动控制。在传统的电助力转向车辆中，可以通过对助力电机的主动控制实现主动转向，但是也需要在驾驶人干预时主动控制系统能够及时退出，满足人工控制优先的控制需求。SBW系统相比EPS系统有冗余功能。

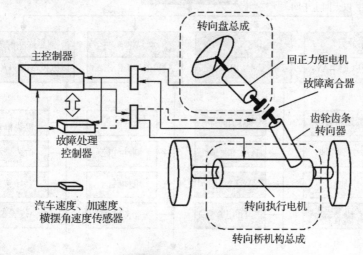

图1-26 线控转向系统

3. 车辆控制平台

车辆控制平台是智能车的核心部件,控制着车辆的各种控制系统。其主要包括电控单元(ECU)/域控制器(DCU)和通信总线两部分。ECU/DCU 主要用来实现控制算法,通信总线主要用来实现 ECU/DCU 与机械部件间的通信功能。

1) 电控单元 ECU

控制器,也称汽车专用单片机,由微处理器(CPU)、存储器(ROM、RAM)、输入/输出接口(I/O)、模数转换器(A/D)以及整型、驱动等大规模集成电路组成。发动机在运行时,ECU 采集各传感器的信号进行运算,并将运算的结果转变为控制信号,控制被控对象的工作。ECU 还实行对存储器(ROM、RAM)、输入/输出接口(I/O)和其他外部电路的控制;存储器 ROM 中存放的程序以经过精确计算和大量实验获取的数据为基础,固有程序在发动机工作时,不断地与采集来的各传感器的信号进行比较和计算。把比较和计算的结果用来控制发动机的点火、空燃比、怠速、废气再循环等多项参数。它还具备故障自诊断和保护功能。RAM 会记录行驶中的数据,成为 ECU 的学习程序,为适应驾驶员的习惯提供最佳的控制状态,这个程序也叫自适应程序。

2) 域控制器(DCU)

域控制器(Domain Control Unit,DCU)是将汽车电子系统根据功能划分为若干个功能块,每个功能块内部的系统架构以域控制器为主导搭建。各个域控制器内部的系统互联仍可使用 CAN 和 FlexRay 通信总线。不同域控制器之间的通信,则需要由更高传输性能的以太网作为主干网络承担信息交换任务。对于功能域的具体划分,不同整车厂会有不同的设计理念,图 1-27 给出了一种划分方法。在每个功能域中,以域控制器为中心,需要强大的处理功率和超高的实时性能以及大量的通信外设。

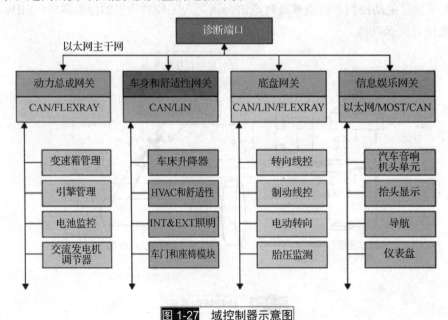

图 1-27 域控制器示意图

博世公司的"五域"分类把整车分为动力域(安全)、底盘域(车辆运动)、座舱域/智能信息域(娱乐信息)、自动驾驶域(辅助驾驶)和车身域(车身电子)，这五大域控制模块较为完备地集成了自动驾驶车辆的控制功能。

(1) 动力域(安全)。

动力域控制器是一种智能化的动力总成管理单元，借助 CAN/FlexRay 实现变速箱管理、发动机管理、电池监控、交流发电机调节。其优势在于为多种动力系统单元(内燃机、电动机/发电机、电池、变速箱)计算和分配扭矩、通过预判驾驶策略实现 CO_2 减排、通信网关等，主要用于动力总成的优化与控制，同时兼具电气智能故障诊断、智能节电、总线通信等功能。

(2) 底盘域(车辆运动)。

底盘域与汽车行驶相关，由传动系统、行驶系统、转向系统和制动系统共同构成。传动系统负责把发动机的动力传给驱动轮，可以分为机械式、液力式和电力式等，其中机械式传动系统主要由离合器、变速器、万向传动装置和驱动桥组成，液力式传动系统主要由液力变矩器、自动变速器、万向传动装置和驱动桥组成；行驶系统把汽车各个部分连成一个整体并对全车起支承作用，如车架、悬架、车轮、车桥都是它的零件；转向系统保证汽车能按驾驶员的意愿进行直线行驶或转向行驶；制动系统迫使路面在汽车车轮上施加一定的与汽车行驶方向相反的外力，对汽车进行一定程度的强制制动，其功用是减速停车、驻车制动。

(3) 座舱域/智能信息域(娱乐信息)。

传统座舱域是由几个分散子系统或单独模块组成，这种架构无法支持多屏联动、多屏驾驶等复杂电子座舱功能，因此催生出座舱域控制器这种域集中式的计算平台。智能座舱的构成主要包括全液晶仪表、大屏中控系统、车载信息娱乐系统、抬头显示系统、流媒体后视镜等，核心控制部件是域控制器。座舱域控制器通过以太网/MOST/CAN，实现抬头显示、仪表盘、导航等部件的融合，不仅具有传统座舱电子部件，还进一步整合智能驾驶 ADAS 系统和车联网 V2X 系统，从而进一步优化智能驾驶、车载互联、信息娱乐等功能。

智能驾驶辅助系统的构成主要包括感知层、决策层和执行层三大核心部分。感知层主要传感器包括车载摄像机、毫米波雷达、超声波雷达、激光雷达、智能照明系统等，车辆自身运动信息主要通过车身上的速度传感器、角度传感器、惯性导航系统等部件获取。而通过座舱域控制器，可以实现"独立感知"和"交互方式升级"。一方面，车辆具有"感知"人的能力。智能座舱系统通过独立感知层，能够获得足够的感知数据，例如车内视觉(光学)、语音(声学)以及方向盘、刹车踏板、油门踏板、挡位、安全带等底盘和车身数据，利用生物识别技术(车舱内主要是人脸识别、声音识别)，来综合判断驾驶员(或其他乘员)的生理状态(人像、脸部识别等)和行为状态(驾驶行为、声音、肢体行为)，随后根据具体场景推送交互请求。另一方面，车内交互方式从仅有"物理按键交互"升级至"触屏交互""语音交互""手势交互"并存的状态。此外，多模交互技术通过融合"视觉""语音"等模态的感知数据，做到更精准、更智能、更人性化交互。

(4) 自动驾驶域(辅助驾驶)。

应用于自动驾驶领域的域控制器能够使车辆具备多传感器融合、定位、路径规划、决策控制的能力，通常需要外接多个摄像机、毫米波雷达、激光雷达等设备，完成的功能包含图像识别、数据处理等。不再需要搭载外设工控机、控制板等多种硬件，并需要匹配核心运算力强的处理器，从而提供自动驾驶不同等级的计算能力的支持，核心主要在于芯片的处理能力，最终目标是能够满足自动驾驶的运算力需求，简化设备，提高系统的集成度。

算法实现上，自动驾驶汽车通过激光雷达、毫米波雷达、摄像机、GPS、惯导等车载传感器来感知周围环境，通过传感器数据处理和多传感器信息融合，以及适当的工作模型制定相应的策略，进行决策与规划。在规划好路径之后，控制车辆沿着期望的轨迹行驶。域控制器的输入为各项传感器的数据，所进行的算法处理涵盖了感知、决策、控制三个层面，最终将输出传送至执行机构，进行车辆的横纵向控制。

由于要完成大量运算，域控制器一般要匹配核心运算力强大的处理器，能够提供自动驾驶不同级别运算力的支持。在自动驾驶系统中，运算力需求最高的当属图像识别部分，其次是多传感器的数据处理，以及融合决策。以奥地利 TTTech 公司的 zFAS(首次在 2018 款奥迪 A8K 上应用)为例，这款基于安波福提供的域控制器设计的产品，内部集成了英伟达 Tegra K1 处理器、Mobileye 的 EyeQ3 芯片，各个部分分别处理不同的模块。Tegra K1 用于做 4 路环视图像处理，EyeQ3 负责前向识别处理。

(5) 车身域(车身电子)。

随着整车的发展，车身控制器越来越多，为了降低控制器成本，降低整车重量，集成化需要把所有的功能器件，从车头的部分、车中间的部分和车尾部的部分如后刹车灯、后位置灯、尾门锁甚至双撑杆统一连接到一个总的控制器里面。车身域控制器从分散化的功能组合，逐渐过渡到集成所有车身电子的基础驱动、钥匙功能、车灯、车门、车窗等的大控制器。

车身域控制系统综合灯光、雨刮洗涤、中控门锁、车窗控制；PEPS 智能钥匙、低频天线、低频天线驱动、电子转向柱锁、IMMO 天线；网关的 CAN、可扩展 CANFD 和 FlexRay、LIN 网络、以太网接口；TPM 和无线接收模块等进行总体开发设计。车身域控制器能够集成传统 BCM、PEPS、纹波防夹等功能。

3) 网关

网关是车内网络的中心枢纽，可跨功能域(动力域、底盘域、车身控制域、信息娱乐域、驾驶辅助域等)帮助车辆中不同类型网络之间安全可靠地相互传输、处理数据；网关是连接不同类型网络的接口装置，综合了桥接器和路由器的功能；未来联网车辆中部署的网关可分为两种类型：集中式网关和域网关；网关对于实现自动驾驶至关重要，自动驾驶需要跨功能域的安全连接和高带宽通信。作为车内网络的核心枢纽，网关也是支持整车应用的理想选择，例如通过与OEM服务器(云)的安全通信进行空中(OTA)更新和车辆分析(见图1-28)。

网关的主要功能是在网络和 ECU 之间提供安全、无缝的通信，包括在车辆的许多内部网络与外界的外部网络之间建立桥梁。

(1) 协议转换：在不兼容网络之间转换数据和控制信息，以实现它们之间的通信。

(2) 数据路由：到达目的地的路径上的数据路由，可能需要协议转换到不同网络上。

第一章 汽车智能系统概述

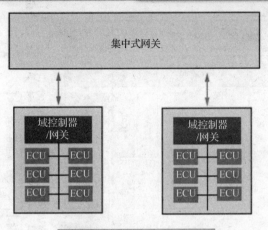

图1-28 集中式网关与域网关

(3) 诊断路由：外部诊断设备和ECU之间的诊断消息路由，可能涉及诊断协议之间的转换。

(4) 防火墙：根据规则过滤入站和出站网络流量，不允许未经授权的来源进行数据传输。高级防火墙可能包括上下文感知过滤。

(5) 消息镜像：从接收的接口捕获数据，以通过另一个接口传输来进行诊断或数据记录(存储)。

(6) 入侵监测：监视网络流量以发现可能表明入侵的异常。

(7) 网络管理：管理网络和连接到网络的ECU的状态和配置，并支持诊断。

(8) 密钥管理：安全处理和存储网络密钥和证书。

(9) OTA管理：管理可从网关访问的车辆内ECU的远程OTA固件更新。

【本段知识拓展】

自动驾驶智能计算平台参考架构
—— "车载智能计算基础平台参考架构1.0"

自动驾驶智能计算基础平台需要软硬件协同发展促进落地应用。自动驾驶智能计算基础平台结合车辆平台和传感器等外围硬件，同时采用车内传统网络和新型高速网络(如以太网、高速CAN总线等)，根据异构分布硬件架构指导硬件平台设计，装载运行自动驾驶操作系统的系统软件和功能软件，向上支撑应用软件开发，最终实现整体产品化交付。

车载智能计算基础平台
参考架构1.0白皮书.pdf

自动驾驶智能计算基础平台参考架构如图1-29所示，主要包含自动驾驶操作系统和异构分布硬件架构两部分。其中，自动驾驶操作系统是基于异构分布硬件架构，包含系统软件和功能软件的整体基础框架软件。自动驾驶智能计算基础平台侧重于系统可靠、运行实时、分布弹性、高算力等特点，实现感知、规划、控制、网联、云控等功能，最终完成安全、实时、可扩展的多等级自动驾驶核心功能。

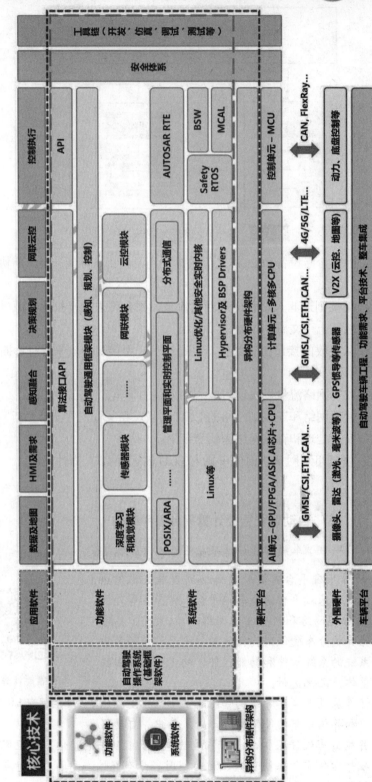

图1-29 自动驾驶智能计算基础平台参考架构

自动驾驶系统的核心共性功能模块包括自动驾驶通用框架、网联、云控等，结合系统软件，共同构成完整的自动驾驶操作系统，支撑自动驾驶技术实现。

1. 自动驾驶通用框架模块

自动驾驶通用框架模块是功能软件的核心和驱动部分。L3 及以上等级自动驾驶系统具备通用、共性的框架模块，如感知、规划、控制等及其子模块。一方面，自动驾驶会产生安全和产品化共性需求，通过设计和实现通用框架模块来满足这些共性需求，是保障自动驾驶系统实时、安全、可扩展和可定制的基础。另一方面，重点算法特别是人工智能算法仍在不断演进，如基于 CNN(卷积神经网络)框架的深度学习感知算法、基于高精度地图等多源信息融合定位算法、基于通用 AI 和规则的决策规划算法、基于车辆动力学模型的控制算法等。自动驾驶通用框架模块定义核心、共性自动驾驶通用框架和数据流，并包含共性模块的实现；提供对外接口 API(应用程序编程接口)和服务，以接入非共性或演进算法、HMI(人机接口)等；通用框架模块也会调用自动驾驶操作系统内的云控、网联、信息安全等功能软件模块，或使用这些模块提供的服务。通用框架模块的设计和实现，可以充分利用市场不断成熟的、不同领域的算法子模块，促进产品进行高质高效的快速迭代。

2. 网联模块

网联模块是自动驾驶操作系统功能软件中实现网联通信、处理网联数据的功能子模块。除满足常规网联服务场景要求外，该子模块通过完善通用框架模块设计实现网联协同感知、网联协同规划、网联协同控制等网联自动驾驶功能。网联数据通过 V2X(车用无线通信技术)获得，包括路侧数据、摄像机、智能信号灯、道路交通提示预警等信息及其他车辆信息等，与单车传感器系统的多种探测手段相结合和融合处理，能够有效实现单车感知范围扩展到数百米，车辆间防碰撞，根据预警直接控制车辆启停等重要感知、规划和控制功能。单车智能化与 V2X 网联功能的有机结合增强自动驾驶系统整体的感知、决策和控制能力，降低自动驾驶成本，最终实现自动驾驶。该子模块是智能网联汽车的典型特征，也是自动驾驶操作系统的核心功能之一。

3. 云控模块

云控模块是与云控基础平台交互的功能子模块。云控基础平台为智能网联汽车及其用户、管理及服务机构等提供车辆运行、基础设施、交通环境等动态基础数据。云控基础平台具有高性能信息共享、高实时性云计算、多行业应用大数据分析等基础服务机制。云控模块通过自动驾驶通用框架模块的支持，提供云控基础平台所需的数据支撑，同时通过高速通信与中心云/边缘云进行云端感知、规划和控制等数据的实时同步，实现云端分工协同，如基于广泛多车感知的云端感知、云端多车感知融合和云端最终裁决等。

4. 深度学习和视觉模块

功能软件需要支持深度学习嵌入式推理框架便于成熟算法移植和适配。自动驾驶是深度学习算法的重要应用场景，尤其是在视觉、激光雷达及决策规划方面，算法企业、科研机构进行了长期且富有成效的研究和产品化工作。自动驾驶操作系统功能软件中需要支持深度学习嵌入式推理框架(如 Tensor RT)，并兼容 Tensor Flow 等主流训练开发框架的深度学习模型，便于已有成熟算法和开发生态的移植和适配。

5. 传感器模块

传感器模块规范和模块化各类自动驾驶传感器，为传感数据融合提供基础。L3 及以上等级自动驾驶技术方案多依赖激光雷达、摄像机、毫米波雷达等不同类型、不同安装位置的传感器，这些传感器硬件接口、数据格式、时空比例、标定方法不同。针对传感器的多样性、差异性和共性需求，自动驾驶操作系统功能软件中预置传感器模块来规范和模块化自动驾驶各类传感器，为异构传感器信息融合处理提供基础。

【本节知识拓展】

自动驾驶研究报告(前沿版)

清华—中国工程院知识智能联合研究中心，2018 年

从传统车企到新造车势力，再到互联网企业，都在加注自动驾驶。自动驾驶技术既指向了更高效安全的交通运营系统，也意味着庞大的价值链重组，因此获得了政府、资本和产业界的强力关注。

清华自动驾驶前沿报告——解密六大关键技术.pdf

1. 自动驾驶：从科幻到落地

自动驾驶，也就是汽车利用传感器和计算机系统实现无人操作的智能驾驶，在 20 世纪已有数十年的历史，21 世纪初呈现出接近实用化的趋势。

通过对人类驾驶员长期驾驶实践的理解，自动驾驶技术可以拆解为"环境感知—决策与规划—控制与执行"过程的理解、学习和记忆的物化。

根据美国国际汽车工程师学会 2014 年制定的 SAE J3016 标准，汽车自动化系统可以分为 Level 0(无自动化)~Level 5(完全自动化)六个级别。这一标准不仅被美国交通运输部采纳为联邦标准，同时也已经成为全球汽车业界评定自动驾驶等级的通用标准。

从技术的角度来看，自动驾驶汽车是一个复杂的软硬件结合的智能自动化系统，运用到了自动控制技术、现代传感技术、计算机技术、信息与通信技术以及人工智能等。从战略意义的角度来看，自动驾驶移动能力更强，能够有效改善交通安全、实现节能减排、消除交通拥堵、促进产业转型。

因此，自动驾驶汽车受到了各国政府前所未有的重视，国内外各院校、研究机构都投入了大量人力、物力，各大车企、科技公司、汽车零部件供应商以及自动驾驶汽车创业公司也纷纷在这个领域进行布局。

在国外，自动驾驶技术的兴起可以追溯到 20 世纪 70 年代的实验室；随后，在 1984 年，DARPA(美国国防高级研究计划署)与陆军合作自主地面车辆(ALV)项目；同期，美国著名大学如卡内基·梅隆、斯坦福、麻省理工等都先后加入自动驾驶汽车的研究工作中，著名的 NavLab 系列智能车辆就出自卡内基·梅隆大学。

2009 年，谷歌宣布开始研发自动驾驶技术，并于 2012 年 5 月获得了美国(内华达州)首

个自动驾驶车辆路测许可证；随后，谷歌将其自动驾驶业务拆分出来，成立独立的新公司Waymo。在谷歌的带领下，新技术力量纷纷入局自动驾驶领域。

我国在自动驾驶汽车方面的研究起步稍晚，从20世纪80年代才开始。不同于国外车企以自主研发为主，我国汽车制造厂商多采取与国内科研院所、高校合作研发自动驾驶技术的方式。

2011年，一汽集团联手国防科技大学研制红旗HQ3自动驾驶汽车，完成了286km的面向高速公路的全程自动驾驶试验；2013年百度启动自动驾驶汽车项目，并与传统车企发展合作，随后高科技公司相继加入角逐。

2. 六大关键技术概览

自动驾驶汽车的关键技术包括环境感知、精准定位、决策与规划、控制与执行、高精地图与车联网V2X、自动驾驶汽车测试与验证技术。其中，环境感知、决策与规划和车辆控制环节涉及了人工智能的应用。

环境感知可以理解成汽车利用传感器套件对车身周围的动摇和静态对象进行3D重构。目前，环境感知技术有两种技术路线，一种是以特斯拉为代表的以摄像机为主导的多传感器融合方案，另一种是以谷歌、百度为代表的以激光雷达为主导，其他传感器为辅助的技术方案。

精准定位技术，顾名思义就是让汽车指导自己所在的物理位置，这就涉及惯性导航系统、轮速编码器与航迹推算、卫星导航系统以及SLAM自主导航系统。

根据环境感知和导航子系统，自动驾驶汽车的行为决策与路径规划系统结合给定的起始点和终点进行信息处理。目前，针对自动驾驶决策与规划的专用芯片/计算平台包括英特尔-Mobileye开发的Eye QX和英伟达的NVIDIA Drive PX系列。

车辆控制平台是智能车的核心部件，控制着车辆的各种控制系统。车辆控制系统可以分为纵向控制(采用油门和制动综合控制的方法实现对预定车速的跟踪)和横向控制(包括对驾驶员行为的模拟和车辆动力学的分析)两个环节。

为了更好地规避潜在风险，帮助车辆预知路面复杂信息，如坡度、曲率、航向等，自动驾驶往往需要结合实时的高精度地图，而这种实时性，可以通过车联网(V2X系统)实现。

3. 学者分布及迁徙

根据国际期刊会议的学术论文，AMiner对自动驾驶领域全球h-index排名(国际公认比较能准确反映学者学术成就的指数)TOP 1000的学者进行计算分析。

据此可见，从国家来看，美国是自动驾驶汽车研究学者聚集最多的国家，英国、中国紧随其后，加拿大和意大利也聚集了很多该领域的人才；从地区来看，西欧是自动驾驶人才的集中地，而中国大陆、美国东部等地区也吸引了大量人才。

就中国来看，从事自动驾驶研究的学者主要集中在北京、上海和南京，其次是西安、长沙、武汉和成都等地。

根据全球自动驾驶h-index排名TOP 1000的专家学者迁徙路径统计来看，美国是自动驾驶领域人才流动大国，人才输入和输出都大幅领先(流出略大于流入)，随后是英国、德国、中国和加拿大，中国人才流入量大于流出量。

从 h-index 指数来看，全球自动驾驶 h-index 排名 TOP 1000 的学者中，20~40 的学者数量最多(占 40%)，40~60 的学者次之(占 20%)；从性别来看，全球男性自动驾驶领域的学者比率占 97%，远高于女性。

在中国，h-index 指数小于等于 10 的学者最多，占 69%，大于等于 60 的学者最少，仅占 1%；性别方面，中国男性自动驾驶领域的学者比率占 99%，远高于女性。

4. 应用和趋势

自动驾驶的应用目前主要体现在公共交通、快递运输，以及面向老年人和残疾人的汽车品类。

自动驾驶汽车的真正落地，一方面需要技术的完善，包括高精度地图和车联网系统的构建，专用计算平台/芯片的推出，以及安全高效的决策规划算法和控制执行系统的实现；另一方面需要相关政策法规的完善，刺激技术发展的同时，保障产业发展的安全、健康。

从历史演绎路径来看，自动驾驶作为未来高效、安全交通运行体系的解决方案，已经从一开始的军方科研项目演绎成科技企业入局汽车/出行领域的筹码，其在汽车"四化"变革中的核心地位指向了颠覆性的价值链重组。科技企业试图通过信息技术的优势合纵连横，分一杯羹，传统车企也在努力调整战略，与之博弈。

第二节　网联智能自动驾驶系统

一、车联网通信技术

(一)5G 移动通信网络

1. 移动通信的基本概念

移动网络通信技术是由有线通信技术和无线通信技术融合的综合技术，通过移动网络信号系统，作为主体的人或设备可在不受位置约束的条件下，与固定位置或正在发生位移的另一方的主体人或设备进行通信的方式。移动网络信号系统主要由空间系统(如卫星等)、地面系统(如地面基站、交换中心等)两大部分组成。其中基站是固定在一个地方的高功率多信道双向无线电发送机，是移动设备接入互联网的接口设备，如图 1-30 所示。

1G 网络是第一代移动网络通信技术，采用了模拟信号技术，在蜂窝基站的作用下，可将网络信号在邻近的各个基站之间进行相互的传递，最终实现移动电话的语音通话功能。

2G 网络是第二代移动网络通信技术，采用数字信号进行网络通信，提高了通话质量和通信系统的存储容量，最为典型的应用案例就是短信和手机铃声。

国际电信联盟(ITU)针对 3G 网络即第三代移动网络技术，颁发了《国际移动通信 2000 标准》。确定了四大标准，分别为 CDMA2000、WCDMA、TD-SCDMA、WIMAX 的无线接口标准。

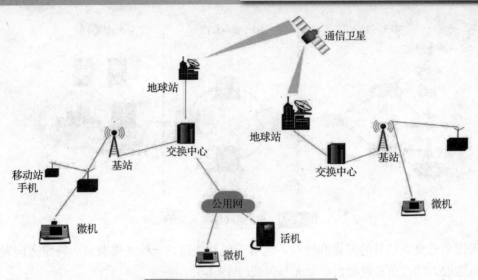

图 1-30 移动网络信号系统主要组成

4G 网络将 3G 网络技术和 WLAN(Wireless Local Area Networks)即无线局域网络技术融合在一起，使网络传输速率和传输质量较之前相比，得到了大幅提高。WLAN 遵循由国际电气和电子工程学会(Institute of Electrical and Electronic Engineers，IEEE)定义的无线网络通信 IEEE 802.11 标准。目前 4G 网络制式共有两种。

LTE-FDD：LTE(Long Term Evolution)即长期演进(指 3G 技术的演进)，FDD(Frequency Division Duplex)即分频双工。上行传输速率为 150Mbit/s，下行传输速率为 50Mbit/s。

LTE-TDD：TDD(Time Division Duplex)即分时双工，上行传输速率为 100Mbit/s，下行传输速率为 50Mbit/s。

5G 网络即为第五代移动通信网络，其传输速率可达 4G 网络的百倍之多。3GPP(the 3rd Generation Partnership Project)即第三代合作伙伴计划，定义了 5G 的网络架构有两大类组网模式：独立组网(SA：Standalone)模式是指需要全新打造 5G 网络环境，如 5G 基站、5G 核心网等；非独立组网(NSA：Non-Standalone)模式是指在现有的 4G 硬件设施基础上，实施 5G 网络的部署工作。

独立组网基本组成：无线接入网、传输网和核心网三部分(见图 1-31)。无线接入网即基站，通过无线连接将用户终端连接到移动网络。传输网用于连接核心网与无线接入网，负责承载数据传输的网络。核心网是移动通信网的控制中枢，负责全部移动通信网络的管理和控制。

基站通过在一定范围的区域内提供无线信号覆盖，实现与移动终端的无线信号传输功能。基站由基带处理单元、射频单元和天馈单元组成。

射频单元负责射频信号的生成和提取。信号的生成是将基带板传来的基带信号转化成无线高频信号，并传输给天线单元。信号的提取是把天线接收的移动信号从中提取出信息再发给基带单元去处理。为了减少传输损耗，将射频单元与天线部署在一起的叫作射频拉远单元(RRU)，一个基带处理单元管理多个射频拉远单元。

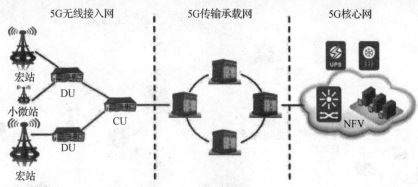

图 1-31　5G 组网结构示意图

天馈单元负责信号的发送和接收，包含天线和馈线，天线主要负责向特定方向发送或接收电磁波，馈线负责链接射频单元与天线(见图 1-32)。

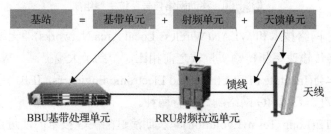

图 1-32　无线接入网结构示意图

基站设备的特点如下。

采用大规模阵列天线(Massive MIMO)技术，大量阵列天线同时首发数据，可大幅提升网络容量和用户体验。

采用有源天线(AAU)，将传统基站的天线与射频单元一体化，可简化站点部署，降低馈线复杂度，减少传输损耗，提升网络整体性能。

接入网采用 CD/DU 架构，将传统基站的 BBU 分解为 CU(Centralized Unit)和 DU(Distributed Unit)，CU 集中处理非实时数据，DU 分布处理实时数据，如图 1-33 所示。

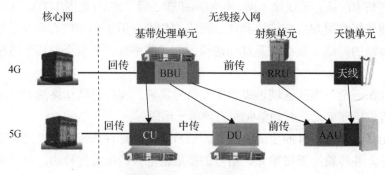

图 1-33　5G 无线接入网重构

小基站覆盖范围：10～200m，功率：50mW～10W。小基站的性能从高到低有微基站

(Micro Cell)、皮基站(Pico Cell)和飞基站(Femto Cell)。5G 立体组网深度覆盖如图 1-34 所示。

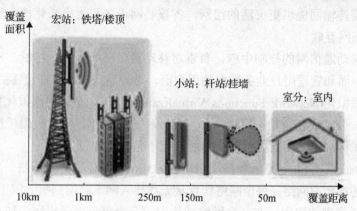

图 1-34　5G 立体组网深度覆盖

传输网由传输设备和光纤光缆组成。

传输网是为基站与核心网提供网络连接的基础网络，不仅为网络连接提供灵活调度、组网保护和管理控制等功能，还要提供带宽、时延、同步和可靠性等方面的性能保障。传输网也可连接基站的 CU/DU 和核心网内部的设备，整个通信网络的数据传输都由传输网负责。

传输系统结构示意图如图 1-35 所示。

图 1-35　传输系统结构示意图

传输网由城域网和骨干网组成，城域网分为接入层、汇聚层和核心层，骨干网分为省级干线和国家干线。城域网接入层负责基站的接入，基站 CU 和 DU 的组网互联；城域网汇聚层负责不同区域接入层的数据流量汇聚；城域网核心层负责不同区域汇聚层的数据流量汇总，并与核心网对接，如图 1-36 所示。省级干线负责省内各城市城域网的互联，国家干线负责各省级干线的互联。

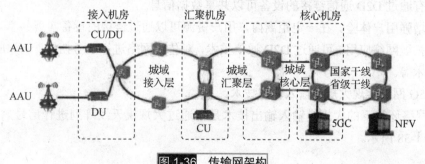

图 1-36　传输网架构

核心网设备分别部署在省数据中心和大区域数据中心，部分边缘功能下沉到城域核心数据中心，需要传输网提供更灵活的组网，省核心网设备和大区云化核心网设备需要由省级和国家级骨干网互联。

核心网是移动通信网的控制中枢，负责对移动通信网的管理、控制。核心网包括管理数据信令的控制面和管理用户业务数据的用户面，是一系列控制管理设备的统称。

网络功能虚拟化(Network Functions Virtualization，NFV)是利用虚拟化技术，将网络节点阶层的功能，分割成几个功能区块，分别以软件方式操作，不再局限于硬件架构。NFV技术的目标是在标准服务器上提供网络功能，而不是在定制设备上。

网络切片(Network Slice)是一种按需组网的方式，可以让运营商在统一的基础设施上分离出多个虚拟的端到端网络，每个网络切片从无线接入网承载网到核心网上进行逻辑隔离，以适配各种各样类型的应用。在一个网络切片中，至少可分为无线网子切片、承载网子切片和核心网子切片三部分。

2. 5G 网络关键技术

(1) 5G 网络实现设备到设备的通信(Device to Device，D2D)。

D2D 通信是指在一定距离范围内设备之间的直接通信，如图 1-37 所示。

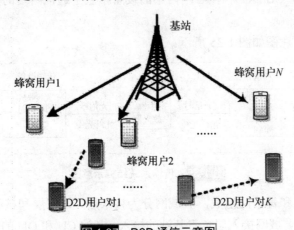

图 1-37　D2D 通信示意图

5G 网络实现 D2D 通信的优势如下。

① 提高频谱使用效率。D2D 通信可以节省数据通过蜂窝基站中转所需的频率资源，另外，所有通过 D2D 通信链接的设备可以共享数据信息。

② 增强用户体验。在一定距离内，用户资源可以通过链接的设备实现共享。

③ 拓展网络应用。可通过 D2D 通信技术，对传统网络进行业务拓展，例如应急通信、车联网技术等。

(2) 5G 网络实现大规模输入输出技术。

5G 网络环境下的大规模输入输出技术是指通过大规模天线阵列进行信号的发射和接收，如图 1-38 所示。

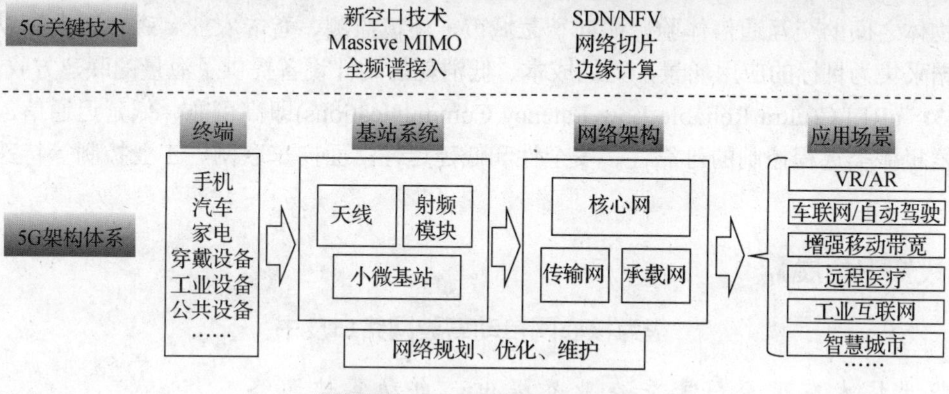

第一章 汽车智能系统概述

图 1-38 大规模输入输出技术

(3) 5G 网络实现高频段传输。

由于 2G、3G、4G 网络通信频率都在 3GHz 以下，导致低频率的可用频段资源极为有限。所以 5G 网络的建设分为两大频谱，分别为低频段和高频段。低频段是指在 3GHz 以上且小于 6GHz 的频段，而高频段是指大于 30GHz 频段的毫米波移动通信技术。

(4) 5G 网络实现高密集组网。

由于高频段导致网络覆盖面积减少，为了增加网络的覆盖范围，采用高密集度的组网建设方式。

3. 5G 网络应用场景

3GPP 定义了 5G 网络的三大应用场景，如图 1-39 所示。

图 1-39 5G 网络三大应用场景

(1) eMBB(enhanced Mobile Broadhand)即增强移动带宽，实现用户或用户与用户之间高质量的通信体验。通信速率可以达到 1Gbit/s，满足超高清视频、虚拟现实增强现实的需求。

(2) mMTC(massive Machine Type of Communication)即海量机器类通信，实现用户或用

户与物体之间的交互通信体验。面向智慧城市、环境监测、智能农业、森林防火等以传感和数据采集为目标的应用场景，为低成本、低消耗的硬件设备提供了海量的联建方式。

（3）uRLLC(ultra Reliable Low Latency Communications)即高可靠、低延迟通信，实现对机器机械类远程控制的可靠性、安全性和低延迟性，面向车联网、工业控制等特殊应用场景。

【本段知识拓展】

华为核心网自动驾驶网络白皮书

华为技术有限公司率先在业界提出：自动驾驶网络(Autonomous Driving Network)的理念及分级标准，从客户体验、解放人力的程度和网络环境复杂性等方面，定义了通信网络的自动驾驶分级标准(见图1-40)。

Waymo Driver.mp4

L0 手工运维：具备辅助监控能力，所有动态任务都依赖人执行。

L1 辅助运维：系统基于已知规则重复性地执行某一子任务，提高重复性工作的执行效率。

L2 部分自治网络：系统可基于确定的外部环境，对特定单元实现闭环运维，降低对人员经验和技能的要求。

Waymo Driver.pdf

L3 有条件自治网络：在L2的能力基础上，系统可以实时感知环境变化，在特定领域内基于外部环境动态优化调整，实现基于意图的闭环管理。

L4 高度自治网络：在L3的能力基础上，系统能够在更复杂的跨域环境中，面向业务和客户体验驱动网络的预测性或主动性闭环管理，早于客户投诉解决问题，减少业务中断和客户影响，大幅提升客户满意度。

L5 完全自治网络：这是电信网络发展的终极目标，系统具备跨多业务、跨领域的全生命周期的闭环自动化能力，真正实现自动驾驶。

华为自动驾驶网络分级体系，为运营商现有网络向自动驾驶网络演进提供了一条可衡量、可实践的指导性路径。关键场景的实践需要遵循由点及线到面的逐步演进策略，从关注面向网元的自动化设备管理走向关注面向全场景的自动化，最终实现核心网端到端自治的目标。

与此同时，作为全球领先的5G商用解决方案提供商，华为发布了iMaster系列自动驾驶网络智能运维产品与方案。凭借在5G核心网领域的技术领先优势和运维业务的深入理解，将AI、大数据、自动化等技术与通信领域进行深度结合，推出了华为核心网自动驾驶网络智能运维解决方案iMaster MAE-CN(见图1-41)。该解决方案实现了全网数据资产的可视、可管、可溯源，并引入智能分析、模型训练、AI推理、意图洞察等人工智能技术，通过可编排工作流自动化能力构建端到端的自治核心网，助力运营商建设自动驾驶5G核心网。

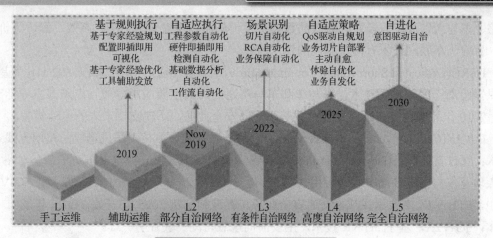

图 1-40　通信网络的自动驾驶分级

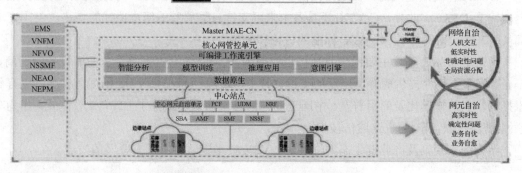

图 1-41　iMaster MAE-CN 整体框架

5G 核心网采用了服务化的分布式云化架构，iMaster MAE-CN 通过融合网元管理能力和业务控制能力，将功能按需从中心至边缘分层部署，实现云边协同的分层自治。

白皮书中还规划了 5G 核心网自动驾驶网络的演进蓝图：2019—2022 年：聚焦构建 L3 有条件自治网络。以人工智能技术为核心构建一键式网络规划设计、集成部署、验收测试、自动弹性部署、业务自上线等关键能力，实现核心网达到有条件自治的网络。

2022—2025 年：聚焦构建 L4 高度自治网络。网络自动化能力在 L3 的基础上，在网络规划、部署场景中，能够实现全场景自决策，网络容量精准预测。在优化和维护场景中，网络能够自监测、故障自发现、自诊断、自恢复，人工参与决策只是辅助。

2025—2030 年：逐步演进到 L5 完全自治网络。基于 L3 和 L4 的技术积累和运营商市场的检验，逐步演进到意图驱动的全自治核心网络。

实现通信网络的自动驾驶是一个长期的逐级演进过程，华为这份白皮书给出了实现意图驱动的完全自治网络的演进路线，促进 5G 产业的蓬勃发展。

(二)车联网通信技术

1. 车联网通信技术路线

车联网 V2X 的核心要素是采用无线技术，实现交通系统中的各元素，主要是车与车、车与路、车与人以及车与云之间有效的数据交换，从而体现安全、节能、高效、舒适等价值。

目前，车联网技术有两条不同的技术路线。

DSRC(Dedicated Short Range Communication)专用短程通信：是以 IEEE 802.11p 为基础，提供短距离无线传输的技术，车与车和车与路通信为其主要应用方式。由美国主导标准制定，2010 年完成并发布。其主要承载基本交通安全业务，不能支持未来的自动驾驶。

C-V2X(Cellular-Vehicle to Everything)即基于蜂窝网通信技术演进形成的车用无线通信技术：通过直连通信(Device to Device)和蜂窝通信两种方式，支持包括车与车、车与路、车与人以及车与网等各类车联网应用。C-V2X 是 3GPP 全球标准，包含 LTE-V2X 和 5G-V2X。其中，LTE-V2X 主要承载基本交通安全业务，标准制定从 2015 年开始，2020 年发布 R16 版本；5G-V2X，基于 5G NR 技术，主要面向承载自动驾驶业务。

C-V2X 作为后起之秀，在通信范围、容量、车辆移动速度、抗干扰性等各方面的性能，全面优于 DSRC。此外，C-V2X 还具备未来可支持自动驾驶的演进路线的优势。美国交通部 USDOT，也参与了 5G-V2X 标准的讨论和制定。

相比于 DSRC 芯片主要由少数美日企业控制，C-V2X 获得网络运营商、设备制造商、车企、汽车零部件提供商等更广泛的支持。其中，中国厂商在 C-V2X 的深入参与，更有利于推动产业的规模化及商用普及。中国工业与信息化部明确选择了 LTE-V2X 制式，作为车联网(智能网联汽车)的直连通信技术。

结合国家政策及产业链生态的进展，C-V2X 技术更适合中国车联网的发展。

【本段知识拓展】

专用短程通信(DSRC)

专用短程通信(Dedicated Short Range Communication，DRSC)是一种高效的短程无忧通信技术，可以实现在特定的小区域内对高速运动下的移动目标识别和双向通信，如车辆与车辆(V2V)，车辆与基础设施(V2I)双向通信，实时传输图像、语音和数据信息，将车辆和道路有机连接。DSRC 系统主要由车载单元(On Board Unit，OBU)、路侧单元(Road Side Unit，RSU)以及 DSRC 协议三部分组成。目前 DSRC 关键指标可支持车速200km/h，反应时间小于 50ms，数据传输速率平均为 12Mbps(最大 27Mbps)，传输范围 1km。也就是说，在 V2X 通信中的距离为数百米，车辆通过 DSRC 以每秒 10 次的频率，向路上其他车辆发送位置、车速、方向等信息，当车辆接收到其他车辆发出的信号，在必要时(如马路转角有其他车辆驶出，或前方车辆突然紧急刹车、变道时)车内会以闪烁灯信号、语音提醒或是座椅、转向盘震动等方式提醒驾驶员注意。

如图 1-42 表示了一种典型的 ADAS 系统探测盲点案例，假设 B 车是装有 ADAS 系统的车辆，图中 B 车与 A 车同时转弯，A 车消失在 B 车传感器所能探测到的范围内，同时 B 车也没办法探测到 C 车，此时可能出现以下情况。

(1) 若未考虑使用 DSRC 短程车辆通信，则 B 车认为 A 车已驶离，当前车道内无新增可跟踪目标，故 B 车按照驾驶员设置的速度进行加速，这种情况并不是我们所期望的，因为如果 A 车在前方减速或 C 车行驶至路口时，B 车可能会和 A 车或 C 车相撞。

(2) 若考虑使用 DSRC 短程车辆通信，则 B 车首先接收 A 车相对车速和距离信息，同时接收 C 车相对车速和距离信息，此时，B 车需要同时根据以上两组数据信息判断下一时刻需要执行多大的速度和减速度才能保证最终的安全车距，避免与其余两车碰撞。

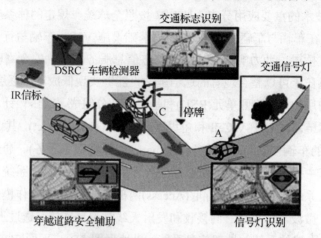

图 1-42　ADAS 系统探测盲点

2. 车联网通信技术

C-V2X 技术是主要的 V2X 代表技术。2017 年 3 月完成其首份蜂窝车联网技术规范的制定工作，并在 3GPP RAN 会议上将其纳入 Release 14 版本中，称为 3GPP V2X 第一阶段，即 LTE-V2X(Long Term Evolution-Vehicle，长期演进-V2X)。2018 年 6 月，3GPP RAN 完成 V2X 第二阶段，也称为 LTE-eV2X。目前，5GNR-V2X 的技术研究工作已经于 2020 年完成，3GPP Release 16 技术规范冻结。

LTE-V2X 接入层技术规范、设备规范、测试方法、网络层应用层技术规范及测试方法、系统技术要求以及相关互联互通和测试认证体系建设工作，形成 LTE-V2X 的产业化基础。

C-V2X 通信包括 LTE-V2X 和 NR-V2X 两种接入技术，均支持两种通信方式和空中接口：①终端之间直通链路通信方式，其中终端之间的空中接口称为 PC5 接口；②终端与基站之间的上/下行链路通信方式，其中终端和基站之间的空中接口称为 Uu 接口。如图 1-43 所示。基于 PC5 接口的 LTE-V2X 直通链路通信方式包括两种发送模式，其中直通链路发送模式 3 为基站调度分配资源，直通链路发送模式 4 为终端自主资源选择。基于 LTE PC5 的工作模式为广播、基于 LTE-Uu 的工作模式可以是单播 MBMS(Multimedia Broadcast Multicast Service，多媒体广播多播业务)方式。类似地，NR-V2X 直通链路通信方式，定义了模式 1 为基站调度分配资源的方式、模式 2 为终端进行资源选择的方式。车载终端和路侧设备(RSU)可以分别使用这两种工作模

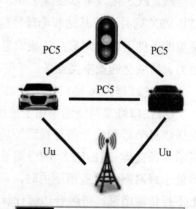

图 1-43　C-V2X 通信接口示意图

式进行信息的接收和发送。

LTE-V 是我国具有自主知识产权 V2X 技术，基于 TD-LTE(Time Division-Long Term Evolution，分时长期演进)的 ITS(Intelligent Transport System，智能交通系统)解决方案，属于 LTE 后续演进技术的重要应用分支。LTE-V 按照全球统一规定的体系架构及其通信协议和数据交互标准，在车辆与车辆(V2V)，车辆与基础设施(V2I)，车辆与行人(V2P)之间组网，构建数据共享交互桥梁，助力实现智能化的动态信息服务、车辆安全驾驶、交通管控等。LTE-V 最大的优点在于可以整合现有的通信基站，能够实现低成本、逐层级的改造。

LTE-V 系统由用户端、路侧单元(RSU)和基站三部分组成，LTE-V 针对车辆应用定义了两种通信方式蜂窝链路式 LTE-V-Cell 和短程直通链路式(LTE-Direct)，其中 LTE-V-Cell 通过 Uu 接口承载传统的车辆 Telematics 业务(Telematics：车载信息服务)。通过无线网络将车辆接入互联网，为车主提供驾驶、生活所必需的各种信息。Telematics 系统运作模式基本上可将其分为汽车定位系统(GPS)与资讯存取(Access)两部分。在 GPS 运作模式方面，主要透过其内建具有广播、微波与卫星之三向接收和发射天线与卫星连接，透过卫星的三角定位法，以 Telematics 系统内建的系统与地理信息系统，以地形图(3D)或平面(2D)地图方式，为驾驶员提供导航服务。在资讯接收运作模式方面，主要通过行动通信网路(GSM、GPRS 或 3G)与后台客户服务中心或资讯运营商进行资讯(车辆管理、调度、交通、旅馆、娱乐、气象、订票等资讯)的双向接收与传送，作用于传统的移动宽带授权频段，LTE-V-Direct 通过 PC5 接口实现 V2V、V2I 直接通信，促进车辆实现安全行驶。在 LTE-Direct 通信模式下，车辆之间的信息交互基于广播方式，可采用终端直通模式，也可经由 RSU 来进行交互，大大减少了 RSU 数量。

网络通信(Uu 接口)利用 LTE 广播，通过 V2X 服务器中转，把信息传送到另一个节点。通过 LTE 方式无线基站对 V2V 数据的调度和接口的管理进行辅助。Uu 接口具有广覆盖、可回传到云平台特点，适合信息娱乐类、远距离的道路危险或交通状况、延迟容忍安全消息等业务类型。

直连通信(PC5 接口)，以 LTE 标准中的 D2D(Device-To-Device，设备间)邻近通信服务为基础。PC5 接口可以实现 250Kbps 的高速度和高密度通信，支持无 LTE 网络覆盖下通信 LTE-V2X 同时支持基站和全球导航卫星系统(GNSS)的时间同步。允许用户在有或没有网络覆盖的条件下彼此间直接广播消息。PC5 接口具有低延时、覆盖范围小特点，适合交通安全类、局域交通效率类业务。

PC5 接口与 Uu 接口的比较如下。

Uu 接口蜂窝网络通信由于使用蜂窝数据通信，延迟较大，主要应用于远程信息处理、娱乐信息节目和安全信息提醒等场景，如停车位寻找、排队提示、云端传感器共享和路况提示。当支持 LTE-V2X 的终端设备，如车载终端(V2V)、智能手机(V2P)、路侧单元(V2I)等处于蜂窝网络覆盖范围内时，可在蜂窝网络的控制下使用 Uu 接口。Uu 接口的优点是上下行传输增强，可融合边缘计算。

PC5 接口直连通信具备延迟低、稳定性强等特点，非常适合安全方面的应用场景，比如追尾警告、超车碰撞警告、十字路口盲点提醒和路人警示等。在无蜂窝网络覆盖时，可使用 PC5 接口进行 V2X 通信。PC5 接口的优点是灵活、低时延，支持 V2X 消息(特别是车辆之间的消息)广播、交换快速变化的动态信息(如位置、速度、行驶方向等)，以及包括车辆编队行驶、传感器共享在内的未来更先进的自动驾驶应用，在多方面进行了增强设计。

5G 对车联网的实质提升的影响可通过一组数据对比来看：自动驾驶汽车以 60km/h 的速度行驶，如果时延是 60ms，车的制动距离大概在 1m；如果是 10ms 的时延，车的制动距离是 17cm；如果降低到 5G 的理论时延 1ms，制动距离缩短到只有 17mm，这样自动驾驶理论上也会更安全。另外，5G 网络的容量相对 4G 提升 1000 倍；频带宽度提升 10 倍；频谱效率提升 10 倍，实现低能耗全覆盖。

5G 的低时延、高带宽、高稳定性等能够提升车辆对环境的感知、决策、执行能力，供车联网、自动驾驶应用，尤其是为涉及车辆安全控制类的应用带来更好的基础条件。5G 蜂窝通信技术解决方案克服 DSRC 和 4G 蜂窝 LTE 的缺点，实现更安全、更强大的交通运作系统。

5G 定义了三大业务场景：eMBB(增强型移动带宽)、mMTC(海量机器类通信)、uRLLC(超可靠低时延通信)。其中，eMBB 主要面向 3D/超高清视频等大流量移动宽带业务，它相当于 4G 网络的增强，用户体验速率在 0.1～1Gbps，峰值速率为 10Gbps；mMTC 场景对应的是物联网等连接量较大的应用，根据相关标准，每平方公里可支持连接 100 万个设备；而 uRLLC 超可靠、低时延(低于 1ms)的特点则适合自动驾驶、工业自动化诸方面的场景要求，降低了行车风险。大量而充分的数据有助于 ADAS 和自动驾驶汽车能保持最佳安全运行状态。

5G 也是先进 ADAS 的需要。常见的 ADAS 必含车载导航系统，通常由 GPS 和 TMC(Traffic Movement Control)提供交通实时信息。自动驾驶有赖于人工智能、视觉计算、雷达探测、监控装置和全球定位系统协同合作，使控制器能在没有人类主动操作的情况下，自动安全地驾驭汽车，这需要大量的视频采集、数据分析和不断反馈调整，并须做到低延时。若一辆自动驾驶汽车以 120km/h 的速度高速行驶，必须能及时探测出前方 100m 范围内汽车的刹车动作，方能正确应对，确保安全。

5G+AI 从底层技术上的深度融合，将能感知覆盖更多场景、弥补路侧数据的不足，也将提高自动驾驶的安全性。

【本段知识拓展】

射频识别技术

射频识别(Radio Frequency Identification，RFID)技术，是一种利用射频通信实现的非接触式自动识别技术。RFID 标签具有体积小、容量大、寿命长、可重复使用等特点，支持快速读写、非可视识别、移动识别、多目标识别、定位及长期跟踪管理。RFID 技术与互联网、通信等技术相结合，可实现全球范围内物品跟踪与信息共享。

RFID 技术是无线电技术和雷达技术的结合，并由此发展起来的一种新的自动识别与数据采集技术。

按照能量供给方式的不同，RFID 标签分为有源、无源和半有源三种；按照工作频率的不同，RFID 标签分为低频(LF)、高频(HF)、超高频(UHF)和微波频段(MW)的标签。从分类上看，因为经过多年的发展，13.56MHz 以下的 RFID 技术已相对成熟，目前业界最关注的是位于中高频段的 RFID 技术，特别是 860M～960MHz(UHF 频段)的远距离 RFID 技术发展最快；而 2.45GHz 和 5.8GHz 频段由于产品拥挤，易受干扰，技术相对复杂，其相关的研究和应用仍处于探索的阶段。RFID 技术涉及信息、制造、材料等诸多高技术领域，涵盖无线通信、芯片设计与制造、天线设计与制造、标签封装、系统集成、信息安全等技术。

1. 射频识别技术系统组成

RFID 系统主要由标签、阅读器和天线三部分组成，一般由阅读器将收集到的数据信息传送到后台系统进行处理，下面分别介绍这三部分。

(1) 标签(Tag)：由耦合元件及芯片组成，每个电子标签都具有唯一的电子编码，附着在物体上标识目标对象；每个标签都有全球唯一的 ID 号码——UID(User Identification，用户身份证明)，其在制作标签芯片时存放在 ROM 中，无法修改，其对物联网的发展有着很重要的影响。

(2) 阅读器(Reader)：读取或写入标签信息的设备，可设计为手持式或固定式等多种工作方式。对标签进行识别、读取和写入操作，一般情况下会将收集到的数据信息传送到后台系统，由后台系统处理数据信息。

(3) 天线(Antenna)：用来在标签和阅读器之间传递射频信号。射频电路中的天线是联系阅读器和电子标签的桥梁，阅读器发送的射频信号能量，通过天线以电磁波的形式辐射到空间，当电子标签的天线进入该空间时，接收电磁波能量，但只能接收其很小的一部分。阅读器和电子标签之间的天线耦合方式有两种：①电感耦合方式，适用于低频段射频识别系统；②反向散射耦合模式，适用于超高频段的射频识别系统应用。天线可视为阅读器和电子标签的空中接口，是 RFID 系统的一个非常重要的组成部分。RFID 系统接口框图如图 1-44 所示。

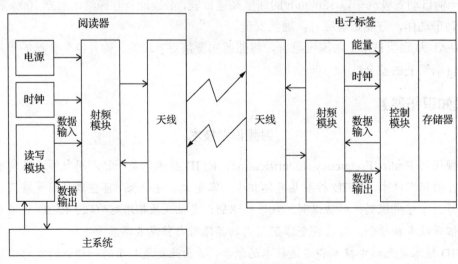

图 1-44　RFID 系统接口框图

2. RFID 系统工作流程

RFID 系统主要包括阅读器、天线和电子标签三部分，能量和数字信息在这三个部分之间流通，RFID 系统的具体工作流程(见图 1-45)如下。

(1) 阅读器通过其发射天线发射射频信号，并产生一个电磁场区域作为工作区域。

(2) 当相应的电子标签进入阅读器发射天线产生的磁场区域时，电子标签就在空间耦合的作用下产生感应电流给自身电路供能，此后电子标签就被激活开始工作。

(3) 电子标签被激活后，内部存储控制模块将存储器中的数据信息调制到载波上并通过标签的发射天线发送出去。

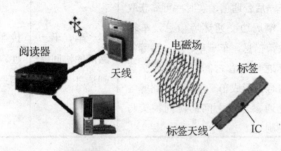

图 1-45 RFID 系统工作流程

(4) 阅读器接收天线接收到从电子标签发送来的含有数据信息的载波信号，由天线传送到阅读器相关解调、解码等数据处理电路，对接收到的信号进行解调、解码后送到后台系统进行处理。

(5) 后台系统首先判断该标签的合法性，然后根据预先的设定做出相应处理和控制，然后发送指令信号进行其他操作。

二、车联网功能与应用场景

1. 车联网功能等级

按照 C-V2X 为车辆提供交互信息、参与协同控制的程度，参照车辆智能化、网联化分级，将车联网的基本功能划分为网联辅助信息交互、网联协同感知、网联协同决策与控制三个等级，如表 1-1 所示。

表 1-1 车联网功能等级

等级	功能	功能定义	典型信息	传输需求	典型场景
1	网联辅助信息交互	基于车—路、车—后台通信，实现导航等辅助信息的获取以及车辆行驶与驾驶员操作等数据的上传	地图、交通流量、交通标志、油耗、里程等信息	传输实时性、可靠性要求较低	交通信息提醒、车载信息娱乐服务、eCall 等

续表

等级	功能	功能定义	典型信息	传输需求	典型场景
2	网联协同感知	基于车—车、车—路、车—人、车—后台通信,实时获取车辆周边交通环境信息,与车载传感器的感知信息融合,作为车辆自动驾驶决策与控制系统的输入	周边车辆/行人/非机动车位置、信号灯相位、道路预警等信息	传输实时性、可靠性要求较高	道路湿滑提醒、紧急制动预警、特殊车辆避让等
3	网联协同决策与控制	基于车—车、车—路、车—人、车—后台通信,实时并可靠获取车辆周边交通环境信息及车辆决策信息,车—车、车—路等各交通参与者之间信息进行交互融合,形成车—车、车—路等各交通参与者之间的协同决策与控制	车—车、车—路间的协同控制信息	传输实时性、可靠性要求最高	列队跟驰等

车联网具有传感器延伸和车辆交互功能,可以形成与单车智能的有效互补,推动自动驾驶更快落地。

传感器延伸即在路侧布设的大量传感器,将感知结果回传给车端,这将一方面降低车端的感知成本和感知难度,另一方面提升视野外的感知能力。典型的目前雷达和视觉传感器的感知极限一般在200m左右,通过车联网可以轻松获取到千米级的感知数据,传统单车智能无法解决的视野盲区问题也将迎刃而解。

车辆交互即通过直连通信的模式,在低时延高可靠的要求下实现车辆数据的交互,最终实现协同决策与控制的信息交互。汽车总线数据的信息交互在理论上并不存在障碍,在低时延环境下,自动驾驶时延将被大幅压缩,促进自动驾驶的关键技术快速发展,显著提升交通的安全性和效率。

2. 车联网(V2X)图景

1) 智能汽车车联网图景

图1-46描绘了将通信技术集成到车辆后所构建的智能网联图景。

智能汽车中使用的通信技术主要包括汽车无线电技术、车载通信技术、短程通信技术、自组织网络、窄带连接技术和雷达传感技术。这些技术在基于V2V和V2I的车路协同应用中被用于车辆通信、导航和有源传感器。车载通信系统与雷达等感知系统互补使用,扩大了车辆对驾驶环境的感知范围,对优化自动驾驶策略具有重要作用。

2) 中国移动公司的车联网全景

图1-47所示为中国移动基于蜂窝网技术的下一代车联网体系架构图。在空口方面,通过优化Uu接口,解决V2X的时延及容量问题,同时引入直连通信技术(PC5接口),解决密集车辆高移动场景下的低时延、大带宽、高移动性问题。在平台方面,通过引入多级

实时计算系统,根据智能汽车应用及业务需求,分阶段部署中心、区域和边缘的 V2X 计算平台,分别在业务网部署中心 V2X 计算平台,在核心网部署区域 V2X 计算平台,在靠近基站侧部署边缘 V2X 计算节点,支撑智能汽车的高性能、实时计算需求。在终端方面,引入多形态车联网终端,以配合网络、平台实现端到端车联网高性能业务。同时引入针对车联网的端到端安全机制,保证可靠的车联网通信环境。

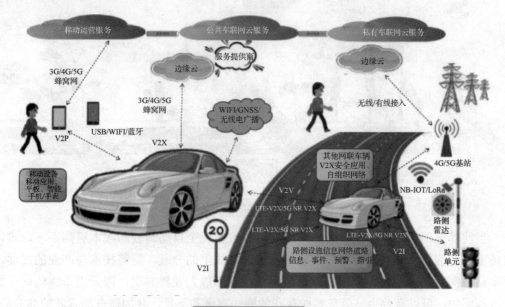

图 1-46　车联网图景

图 1-47　下一代车联网通信体系架构

3) 中国华为公司的车联网全景

中国华为公司引入 C-V2X 技术,构建车路协同体系,使得车—车、车—路、路—路信息交互、通知和预警等信息会实时推送到车辆,使得驾驶更安全;华为"交通大脑"可以采集、利用更丰富和全面的车、路数据,进行实时、动态、精准的分析,使得交通更高效;结合车载感知+路侧感知,多传感器融合,应对恶劣天气、遮挡、超视距情况,使得自动驾驶更安全和实用。C-V2X 网络与通信通道的建立，使得交通系统与车路之间有一个可管控的信息采集与信息推送的关键渠道(见图 1-48)。

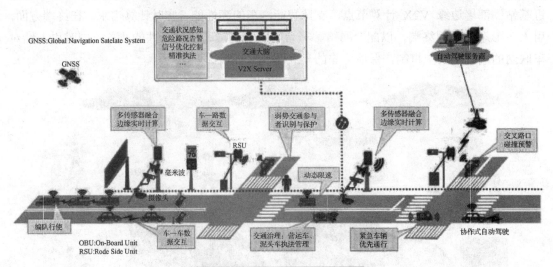

图 1-48　华为车联网全景示意图

当前基于单车智能自动驾驶的路线图，导致实现全自动驾驶的成本居高不下，难以在市场上广泛应用，导致了业界在自动驾驶演进路线上的分歧。随着技术与产业的发展，发挥车路协同对于自动驾驶的加速促进作用，已逐渐成为业界共识，即采用车路协同，提供中远程感知，可以有效弥补单车智能存在的感知盲区和不足，并加速自动驾驶的商业应用。

"智慧的路+聪明的车"融合发展，是中国的自动驾驶技术发展路径选择。百度认为，采用车路协同技术，可以将单车智能遇到的问题下降 54%，将自动驾驶成本下降 30%，预计可让自动驾驶在中国落地提前 2～3 年。

三、车联网主要网元

1. OBU

OBU(On Board Unit)是一种安装在车辆上的可实现 V2X 通信、支持 V2X 应用的硬件单元。OBU 是车载终端的核心单元，由 OBU 衍生出的车载终端形态各异、种类繁多，如 T-BOX、车机、摆放式终端等。

车载终端有前装和后装两种形态，从推进策略上来看，后装更易于快速推广使用，更有利于 C-V2X 业务的快速推广。OBU 的关系网如图 1-49 所示。

OBU 支持与 RSU、其他 OBU 等通过 PC5 进行 V2X 通信；当行驶范围内没有 PC5 数据时，支持通

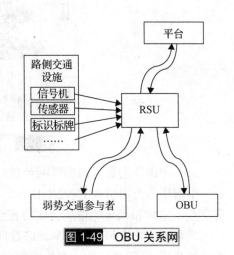

图 1-49　OBU 关系网

过 Uu 与平台进行信息交互。

OBU 支持红绿灯信息推送、车速引导、前向碰撞预警、交叉路口碰撞预警、左转辅助、道路危险状况提醒、限速提醒、绿波车速引导、车内标牌、前方拥堵提醒等 T/CSAE 53.6《合作式智能交通系统　车用通信系统应用层及应用数据交互标准》中的应用场景。

2. RSU

车载端传感器主要存在两个问题：①感知盲区，如无法感知车前方 500m 外交通事故，留给驾驶员的反应时间较少；②为保证感知效果，需安装多个车载传感器，导致成本相对较高。路侧传感器(Road Side Unit，RSU)可弥补车载传感器的不足。

RSU 是一种安装在路侧可实现 V2X 通信，支持 V2X 应用的设备。它具备 LTE-V2X Uu 和 PC5 双模通信能力，内嵌 C-ITS 应用协议栈，可支持多种 V2X 消息；它可自动连接 V2X 平台，可实现复杂的 V2X 业务逻辑，以及自动化的远程控制与管理。RSU 的关系网如图 1-50 所示。

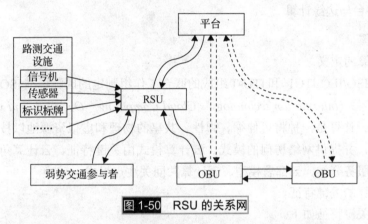

图 1-50　RSU 的关系网

RSU 支持路侧交通设施(信号机、传感器、标识标牌等)数据的收集，支持通过 Uu 或光纤与平台进行信息交互，支持通过 PC5 与 OBU、弱势交通参与者进行 V2X 通信。

RSU 支持红绿灯信息推送、道路危险状况提醒、限速提醒、绿波车速引导、车内标牌、前方拥堵提醒等 T/CSAE 53.6《合作式智能交通系统　车用通信系统应用层及应用数据交互标准》中的应用场景。

一般路侧感知设备主要包括高清摄像机、毫米波雷达、激光雷达，可根据需求采取多传感器融合方式，以避免单一传感器的局限性。对于辅助驾驶场景，可采取毫米波雷达+高清摄像机，其中毫米波雷达主要负责识别车辆，摄像机主要负责识别行人；对于自动驾驶场景，可采取"毫米波雷达+高清摄像机+激光雷达"，对所有对象、事件进行精确识别。

RSU 通过 PC5 接口接收 V2X 消息时，RSU 被部署为 UE 和 V2X 应用的逻辑组合，称为 UE 型 RSU；RSU 通过 LTE-Uu 接口接收 V2X 消息，称为 eNB 型 RSU。

路侧传感器优先部署在交叉路口、盲区、弯道、匝道等，可大幅提升交通安全和效率，取得立竿见影的效果。图 1-51 所示为华为技术有限公司的 RSU。

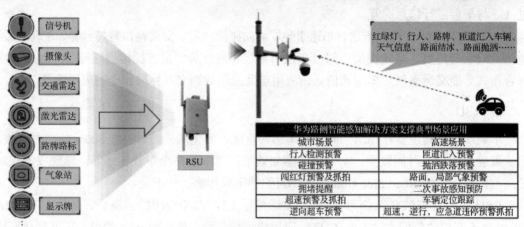

图1-51 华为RSU

3. 应用平台与边缘计算

1) 云计算

(1) 云计算的定义。

云计算以ISO/IEC JTC1 和ITU-T组成的联合工作组制定的国际标准ISO/IEC 17788《云计算词汇与概述》(*Information technology – Cloud Computing – Overview and vocabulary*)DIS版的定义为：云计算是一种将可伸缩、弹性、共享的物理和虚拟资源池以按需自服务的方式供应和管理，并提供网络访问的模式。云计算模式由关键特征、云计算角色和活动、云能力类型和云服务分类、云部署模型、云计算共同关注点组成。

(2) 云计算的关键特征。

云计算的关键特征如下。

① 广泛的网络接入。可通过网络，采用标准机制访问物理和虚拟资源的特性。这里的标准机制有助于通过异构用户平台使用资源。这个关键特性强调云计算用户更方便地访问物理和虚拟资源：用户可以从任何网络覆盖的地方，使用各种客户端设备，包括移动电话、平板、笔记本和工作站访问资源。

② 可计量的服务。通过可计量的服务交付使得服务使用情况可监控、控制、汇报和计费的特性。通过该特性，可优化并验证已交付的云服务。这个关键特性强调客户只需对使用的资源付费。从客户的角度看，云计算为用户带来了价值，将用户从低效率和低资产利用率的业务模式转变为高效率模式。

③ 多租户。通过对物理或虚拟资源的分配保证多个租户以及他们的计算和数据彼此隔离和不可访问的特性。在典型的多租户环境下，组成租户的一组云服务用户同时也属于一个云服务客户组织。在某些情况下，尤其是在公有云和社区云部署模型下，一组云服务用户由来自不同客户的用户组成。一个云服务客户组织和一个云服务提供者之间也可能存在多个不同的租赁关系。这些不同的租赁关系代表云服务客户组织内的不同小组。

④ 按需自服务。云服务客户能根据需要自动，或通过与云服务提供者的最少交互配

置计算能力的特性。这个关键特性强调云计算为用户降低了时间成本和操作成本,因为该特性赋予了用户无须额外的人工交互,就能够在需要的时候做需要做的事情的能力。

⑤ 快速的弹性和可扩展性。物理或虚拟资源能够快速、弹性,有时是自动化地供应,以达到快速增减资源目的的特性。对云服务客户来说,可供应的物理或虚拟资源无限多,可在任何时间购买任何数量的资源,购买量仅受服务协议的限制。

⑥ 资源池化。将云服务提供者的物理或虚拟资源进行集成,以便服务于一个或多个云服务客户的特性。这个关键特性强调云服务提供者既能支持多租户,又通过抽象对客户屏蔽了处理复杂性。资源池化将原本属于客户的部分工作,例如维护工作,移交给了提供者。

(3) 云计算的部署模式。

云计算有四类典型的部署模式:"公有云""私有云""社区云"和"混合云"。具体描述如下。

① 公有云。云基础设施对公众或某个很大的业界群组提供云服务。

② 私有云。云基础设施特定为某个组织运行服务,可以是该组织或某个第三方负责管理,可以是场内服务(on-premises),也可以是场外服务(off-premises)。

③ 社区云。云基础设施由若干个组织分享,以支持某个特定的社区。社区是指有共同诉求和追求的团体(如使命、安全要求、政策或合规性考虑等)。和私有云类似,社区云可以是该组织或某个第三方负责管理,可以是场内服务,也可以是场外服务。

④ 混合云。云基础设施由两个或多个云(私有云、社区云或公有云)组成,独立存在,但是通过标准的或私有的技术绑定在一起,这些技术可促成数据和应用的可移植性(如用于云之间负载分担的 cloud bursting 技术)。

2) 边缘计算

随着 5G、物联网时代的到来以及云计算应用的逐渐增加,集中式的云已经无法满足终端侧"大连接,低时延,大带宽"的云资源需求,云计算将必然发展到下一个技术阶段,就是将云计算的能力拓展至距离终端更近的边缘侧,并通过云边端的统一管控实现云计算服务的下沉,提供端到端的云服务,边缘云计算的概念也随之产生。

边缘云计算定义为:边缘云计算简称边缘云,是基于云计算技术的核心和边缘计算的能力,是构筑在边缘基础设施之上的云计算平台。边缘云形成边缘位置的计算、网络、存储、安全等能力全面的弹性云平台,并与中心云和物联网终端形成"云、边、端三体协同"的端到端的技术架构,通过将网络转发、存储、计算,智能化数据分析等工作放在边缘处理,降低响应时延、减轻云端压力、降低带宽成本,并提供全网调度、算力分发等云服务。

图 1-52 表示边缘云计算的基本概念。边缘云作为中心云的延伸,将云的部分服务或者能力(包括但不限于存储、计算、网络、AI、大数据、安全等)扩展到边缘基础设施之上。中心云和边缘云相互配合,实现中心—边缘协同、全网算力调度、全网统一管控等能力。

边缘云计算本质上是基于云计算技术,为"万物互联"的终端提供低时延、自组织、可定义、可调度、高安全、标准开放的分布式云服务。

边缘云可以最大限度地与中心云采用统一架构、统一接口、统一管理,这样能够最大限度地降低用户开发和运维成本,真正实现云计算的范畴拓展。

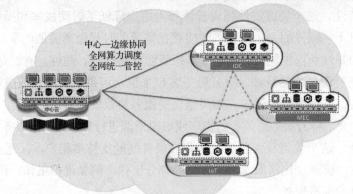

图 1-52 边缘云计算示意图

根据所选择的边缘云计算基础设施的不同以及网络环境的差异，边缘云计算技术适用于以下一些场景。

(1) 将云的计算能力延展到离"万物"十公里的位置，例如将服务覆盖到"乡镇、街道级十公里范围圈"的计算场景。

(2) 物联网云计算平台能够将云的计算能力延展到"万物"，可称为"一公里范围圈"，工厂、楼宇等都是这类覆盖的计算场景。

(3) 除了网络能够覆盖到的"十公里计算场景"和"一公里计算场景"，边缘云计算还可以在网络无法覆盖的地域提供边缘云计算服务，例如深山、远海航船、矿井、飞机等需要计算的场景，进行实时数据处理，联网之后再与中心云协同处理。

边缘云计算服务应具备以下特点。

(1) 全覆盖：提供各种覆盖场景的一站式边缘计算服务和敏捷交付能力。

(2) 弹性伸缩：按需购买，按量付费，实现业务的弹性伸缩需求，节省了自建所需的供应链管理、建设及资金投入成本。

(3) 开放灵活：提供标准开放的边缘云计算平台，可方便与中心云系统对接，按业务需求灵活部署各类应用。

(4) 安全稳定：利用云计算核心技术积累构建安全稳定的边缘云计算核心系统。

在使用边缘云计算服务之后，用户可以进一步扩展自身的应用，获得以下收益。

(1) 降低时延：边缘云计算服务可以提供 5 ms 以下的终端访问时延。

(2) 业务本地化：采用云边端三体协同架构后，大量的处理响应在本地发生，终端到云的访问频次将减少 80% 以上。

(3) 降低成本：引入边缘云计算后，计算、存储、网络等成本可以节省 30% 以上。

(4) 敏捷交付：采用边缘云计算服务后，可以获得"敏捷交付"的能力。

(5) 高安全：具备与传统云服务一体化的高安全能力，包括 DDoS(Distributed Deny of Service，分布式拒绝服务攻击)清洗和黑洞防护能力、多租户隔离、异常流量自动检测和清洗、中心—边缘安全管控通道等。

(6) 开放易用：包括开放的运行环境、灵活部署各类云服务和应用、在线远程管理、运行指标可视化监控等。

综上所述，边缘云计算具备网络低时延、支持海量数据访问、弹性基础设施等特点。同时，空间距离的缩短带来的好处不只是缩短了传输时延，还减少了复杂网络中各种路由转发和网络设备处理的时延。此外，由于网络链路争抢的概率减小，能够明显降低整体时延。边缘云计算给云中心增加了分布式能力，在边缘侧部署部分业务逻辑并完成相关的数据处理，可以缓解将数据传回中心云的压力。边缘云计算还能够提供基于边缘位置的计算、网络、存储等弹性虚拟化的能力，并能够真正实现"云边协同"。

3) 车联网应用平台

车联网应用平台将是车联网产业生态体系的核心，可实现全面的数据接入、存储分析、协议开放、赋能服务等能力。车联网应用平台需要具备强大的整合能力，将分散在各处的系统串联、数据打通，向下能触及所有终端和路侧设备，如路边单元、车载单元、传感器、车机、交通摄像机等；平行方向能与跨行业应用平台或监管平台进行数据交互；向上能支持承载各式各样的应用服务。车联网应用平台的潜在用户可以为汽车厂商、交通管理部门、运营商、车联网应用服务商，以及整车和交通产业链上的所有关联企业。

目前，产业界已经基本形成"路侧—区域—中心"多层级平台架构的基本共识。路侧平台主要负责汇聚小范围内的路边单元、路侧感知设备、交通管理设备等，对原始数据进行分析处理、提供小范围应用服务，并形成结构化数据上传区域或中心平台。区域和中心平台作为更上层的服务节点，实现多个路侧平台、行业平台、车企平台的多源数据汇聚融合，并在此基础上提供更全面的数据开放服务和更宏观的车联网应用服务。在多层级平台架构中，平台层级越高，数据范围越大，服务类型越多，平台层级越低，服务粒度越细，服务精度越高。不同层级的平台间通过边云协同实现联动，根据各类车联网应用场景的需求提供适合的服务质量。

车联网应用平台的建设不只是在技术层面打通所有接口，更是培育车联网产业新生态的过程。平台的建设将分级、分步骤实施，先期聚焦发展区域性、功能性的子平台，包括汽车厂商云平台、交通指挥调度平台、超视距感知平台、实时高精度地图平台、应急救援管理平台等，最终逐步整合出协同统一共性基础服务平台。针对不同企业特色、不同地域、不同功能的子平台，应在交互接口、传输协议、数据格式等方面进行协调和标准化，促进实现跨平台的互联互通和开放服务。

中国智能汽车技术研究致力于打造智能汽车创新发展的中国方案。中国方案的智能汽车技术的基本内涵如下。

(1) 符合中国的基础设施标准、地图数据标准、V2X通信标准、交通法规等。

(2) 符合中国要求的智能网联汽车准入、联网运营监管、信息安全等相关标准。

(3) 符合中国标准的智能终端、通信系统、云平台、网关、驾驶辅助系统、自动驾驶系统等新架构汽车产品标准。

通过建立中国方案的智能汽车信息物理系统架构，充分融合智能化与网联化发展特征，以五大基础平台为载体，实现"人—车—路—云"一体化的智能网联汽车系统(见图1-53)。

发展智能汽车需具备五大基础平台，包括云控基础平台、高精度动态地图基础平台、车载终端基础平台、计算基础平台、信息安全基础平台，如图1-54所示。

图 1-53 中国方案智能汽车体系架构

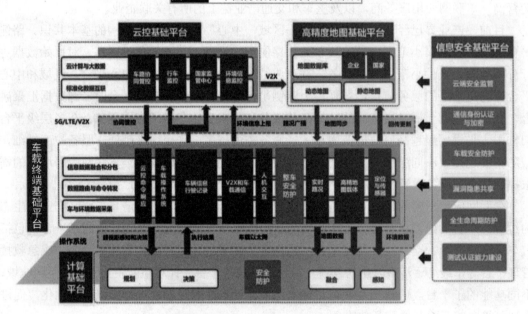

图 1-54 智能汽车技术五大基础平台

【本节技术案例】

华为 C-V2X 车路协同系统解决方案

C-V2X 车路协同的端到端解决方案架构总体可以分为四层:终端层、边缘层、云端和应用层。整体解决方案围绕智能的车和聪明的路展开,以实现车与路的信息即时交换,从而支持智慧交通及自动驾驶的应用场景。车路协同的解决方案架构如图 1-55 所示。

《MEC 边缘云平台架构及商用实践白皮书》.pdf

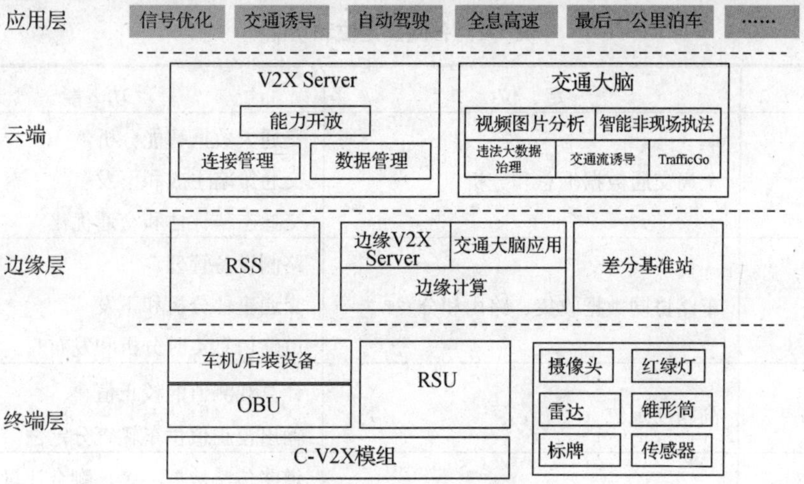

第一章 汽车智能系统概述

```
应用层    [信号优化] [交通诱导] [自动驾驶] [全息高速] [最后一公里泊车] [......]

云端      ┌─────────────────────────┬─────────────────────────┐
          │      V2X Server         │      交通大脑            │
          │      [能力开放]         │ [视频图片分析][智能非现场执法] │
          │  [连接管理][数据管理]   │ [违法大数据治理][交通流诱导][TrafficGo] │
          └─────────────────────────┴─────────────────────────┘

边缘层    ┌──────┬──────────────┬──────────┬──────────┐
          │ RSS  │ 边缘V2X Server│交通大脑应用│ 差分基准站│
          │      │   边缘计算    │          │          │
          └──────┴──────────────┴──────────┴──────────┘

终端层    ┌──────────────┬────────┬──────────────┐
          │车机/后装设备 │  RSU   │[摄像头][红绿灯]│
          │    OBU       │        │[雷达][锥形筒] │
          ├──────────────┴────────┤[标牌][传感器] │
          │    C-V2X模组          │              │
          └───────────────────────┴──────────────┘
```

图 1-55 车路协同架构

终端层：车路协同的解决方案中主要有两大类型终端，即聪明的路和智能的车，为了实现车路协同，车和路之间需要进行交互，因此需要遵循同一个标准，对于智能的车，除了单车智能外，车需要通过集成 C-V2X 模组的 OBU 实现通信能力，并结合车本身的设备，如前装的车机，后装的后视镜或者后装终端盒子实现车路协同的应用。聪明的路旨在将道路数字化并能与车通信，RSU 帮助数字化的基础设施实现车路的通信，如将现有的智能摄像机与 RSU 结合，可将摄像机抓取的行人等信息通过 RSU 共享给路面行驶的车辆。

边缘层：车辆出行的核心焦点在于安全、效率、节能环保，在车路协同解决方案里，就对方案的实时性、可靠性、安全性提出更高的要求，因此引入了边缘节点，整个边缘层由 RSS、边缘计算平台、差分基准站组成，RSS 实现路侧融合感知，智能分析识别行车风险，提供交通预警等，边缘计算平台车路协同数据收集、路由和分发等，差分基准站则为高精度定位提供必要的差分信息。

云端：平台是车路协同解决方案中云端必不可少的部件，为支撑智能交通和自动驾驶，云端需要提供一系列功能，包括基础服务如具备连接管理、数据管理、能力开放的能力，包括车路协同数据的收集、路由及分发，车路协同数据的应用，即交通大脑新增加的一部分。结合车路协同能力及交通大脑能力，支撑整个智能交通和自动驾驶应用。

应用层：车路协同收集的数据既可用于交通领域自身的智能交通，也可用于车辆的自动驾驶，同样可应用于第三方交通服务，车路协同的数据可由交通相关单位进行数据管控，各数据使用单位进行应用的对接及实现。如可支撑交通领域的信号优化、交通诱导、交通管控等，可支撑自动驾驶领域的最后一公里召车，车辆路面自动驾驶等，也可支撑第三方交通服务，如为信息商提供更详细及实时的交通数据，以为互联网用户提供更准确及时的信息服务。

C-V2X 车路协同解决方案中网元介绍如下。

车路协同解决方案以 C-V2X 为核心提供车车通信、车路通信服务，将各个网元联系在一起，最终打造具备智能道路感知、智能车辆协助、智能信息发布以及持续演进能力的智能化安全交通。解决方案中各网元定位和功能见表 1-2。

表 1-2 各网元定位和功能

网元	定位		功能
交通大脑	全局交通数据汇总和分析		交通大数据智能分析 交通策略生成和下发 交通态势评估和交通优化
V2X Server	车路协同数据收集、路由和分发		路侧设备管理 交通事件分析和下发 道路信息实时分析和发布
差分基准站	高精度定位		计算观测值的校正值 输出校正值供车辆查分定位
RSS	实现路侧融合感知，智能分析识别行车风险，提供交通预警		道路传感数据汇聚，融合计算 局部交通态势感知计算 局部风险信息预警
RSU	路侧低时延无线覆盖，车路协同通信		车路信息交互 车云信息交互 特殊场景(如隧道)高精度定位
路侧传感器	雷达	道路交通状况综合信息感知	道路障碍物/行人检测 道路实时状况检测 道路车流检测 道路车速检测
	摄像机		
车机/后装设备	车载人机交互		车路信息展示提醒 风险信息预警
OBU	车车/车路信息交互		车车信息交互 车路信息交互

【本节知识拓展】

云 控 系 统

由中国智能网联汽车产业创新联盟发起，国汽(北京)智能网联汽车研究院有限公司和启迪云控(北京)科技有限公司牵头编制完成的《车路云一体化融合控制系统白皮书》(又称《智能网联汽车云控系统白皮书》)，对云控系统、云控平台、云控基础平台和云控应用平台等重要概念给出了界定，分析它们之间关系。白皮书给出了云控系统的总体架构、组成部分、关键技术及系统特征，阐明了云控基础平台的分级架构及主要功能。此外，白皮书明确了云控系统的产业定位，充分体现了云控系统产业相关方跨行业协同创新，联合突破关键共性技术的国家智能汽车创新发展战略思想。

车路一体化智能网联体系
C-V2X 白皮书.pdf

云控系统架构如图 1-56 所示。云控系统作为一个复杂的信息物理系统，由网联式智能

第一章 汽车智能系统概述

汽车与其他交通参与者、路侧基础设施、云控基础平台、云控应用平台、保证系统发挥作用的相关支撑平台以及贯穿整个系统各个部分的通信网六个部分组成。其中，云控基础平台是云控系统的中枢，是汽车由单纯的交通运输工具逐步转变为智能移动空间和应用终端的产业化核心所在。云控基础平台由边缘云、区域云与中心云三级云组成，形成逻辑协同、物理分散的云计算中心，如图1-57所示。

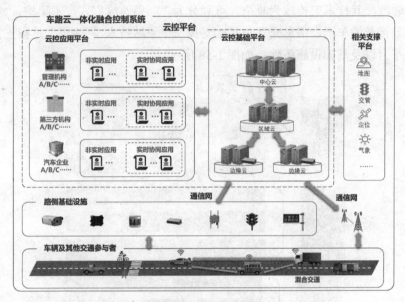

图1-56 云控系统架构

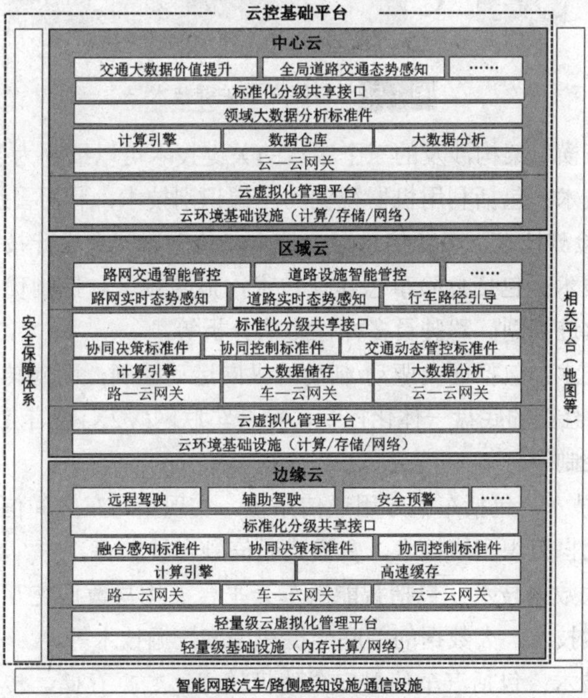

图1-57 云控基础平台

第三节　自动驾驶系统关键技术

智能汽车融合了自主式智能汽车与网联式智能汽车的技术优势，涉及汽车、信息通信、交通等诸多领域，其技术架构较为复杂，可划分为"三横两纵"式技术架构："三横"是指智能汽车主要涉及的车辆、信息交互与基础支撑三个领域技术，"两纵"是指支撑智能汽车发展的车载平台以及基础设施条件，如图 1-58 所示。

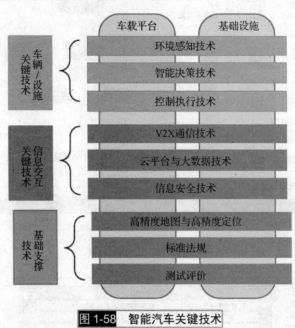

图 1-58　智能汽车关键技术

智能汽车的"三横"架构涉及的三个领域的关键技术可以细分为以下九种。

(1) 环境感知技术：包括利用机器视觉的图像识别技术，利用雷达(激光、毫米波、超声波)的周边障碍物检测技术，多源信息融合技术，传感器冗余设计技术等。

(2) 智能决策技术：包括危险事态建模技术，危险预警与控制优先级划分，群体决策和协同技术，局部轨迹规划，驾驶员多样性影响分析等。

(3) 控制执行技术：包括面向驱动/制动的纵向运动控制，面向转向的横向运动控制，基于驱动/制动/转向/悬架的底盘一体化控制，融合车联网(V2X)通信及车载传感器的多车队列协同和车路协同控制等。

(4) V2X 通信技术：包括车辆专用通信系统，实现车与车之间信息共享与协同控制的通信保障机制，移动自组织网络技术，多模式通信融合技术等。

(5) 云平台与大数据技术：包括智能汽车云平台架构与数据交互标准，云操作系统，数据高效存储和检索技术，大数据的关联分析和深度挖掘技术等。

(6) 信息安全技术：包括汽车信息安全建模技术，数据存储、传输与应用三维安全体系，汽车信息安全测试方法，信息安全漏洞应急响应机制等。

(7) 高精度地图与高精度定位技术：包括高精度地图数据模型与采集式样、交换格式和物理存储的标准化技术，基于北斗地基增强的高精度定位技术，多源辅助定位技术等。

(8) 标准法规：包括智能汽车整体标准体系以及设计汽车、交通、通信等各领域的关键技术标准。

(9) 测试评价：包括智能汽车测试评价方法与测试环境建设。

【本节知识拓展】

确保美国自动驾驶汽车技术的领导地位：AV4.0

——美国交通运输部，2020.3

作为汽车与信息、通信等产业跨界融合的创新载体和典型应用，自动驾驶汽车不仅代表汽车产业发展战略方向，更是解决城市交通、环境保护和能源问题的重要手段。为抢占技术创新制高点，美国等汽车强国均将自动驾驶汽车作为发展重点，通过加强战略规划、规范市场等措施引导和促进产业有序发展。

智能交通系统战略规划
2020—2025.pdf

1. 美国自动驾驶汽车产业政策与立法体系始终走在世界前列

早在1992年，美国就出台了《智能车—高速路系统战略计划》，明确智能车路系统相关服务功能，并于2009年和2014年分别以网联化和自动驾驶为重点发布智能交通系统战略计划。2016年，美国交通部发布《联邦自动驾驶政策：加速道路安全变革》(即AV1.0)，明确自动驾驶设计开发、测试和运行的相关要求，同时作为顶层设计文件保持年度更新，详见表1-3。可以说，AV1.0～AV4.0不仅被视为美国自动驾驶产业的战略性指导文件，也是引领全球自动驾驶产业发展的风向标。

表1-3 美国持续制定发布自动驾驶汽车战略规划

规划	文件名称	发布时间
AV1.0	Federal Automated Vehicles Policy: Accelerating the Next Revolution in Roadway Safety 《联邦自动驾驶政策：加速道路安全变革》	2016年9月
AV2.0	Automated Driving Systems: A Vision for Safety 2.0 《自动驾驶系统：安全愿景2.0》	2017年9月
AV3.0	Preparing for the Future of Transportation: Automated Vehicles 3.0 《为未来交通做准备：自动驾驶汽车3.0》	2018年10月
AV4.0	Ensuring American Leadership in Automated Vehicle Technologies: Automated Vehicles 4.0 《确保美国自动驾驶汽车技术的领导地位：自动驾驶汽车4.0》	2020年1月

总体来说，交通部在编制发布AV1.0～AV4.0过程中，其发展理念和指导思想是一脉相

承，不断迭代更新的。一方面，四份规划均为非强制自愿性指南，始终保持技术中立，给予企业最大创新自由度。另一方面，在确保安全的前提下，四份规划强调不断弱化政府监管和淡化行业标准，政府工作重点也由"增强安全标准执法"逐步转向"为产业发展扫除一切制度上的障碍"。

与此同时，不同发展阶段，交通部制定的AV1.0～AV4.0也有所侧重，在明确政府监管工作重点和原则的基础上，政策体系不断丰富完善。

在AV1.0中，交通部要求汽车厂商提供设计、开发、测试和部署四个方面的15项安全评估文件，强调联邦政府对安全技术标准的管理权。

AV2.0是对AV1.0的替代，提出创新性的监管方案。具体来看，①发布自愿性自动驾驶系统指南，包含"车辆网络安全""人机界面""耐撞性""消费者教育培训""自动驾驶系统碰撞后的行为"等12个优先考虑的安全设计元素；②阐明联邦和各州在自动驾驶系统监管方面的职能，交通部负责车辆安全设计和性能管理，各州负责驾驶员和车辆操作管理。

相比较之下，AV3.0进一步放宽对自动驾驶技术的发展限制，确保核心安全政策符合自动驾驶技术发展需求。具体来看，①明确"安全第一""保持技术中立"等监管原则；②取消十大指定自动驾驶试验场；③强调"人将不再是交通工具唯一的操作者，也可以是自动驾驶系统"，作废"机动车辆必须安装方向盘、踏板和倒车镜等传统控制装置，方可在公共道路上行驶"规定。

最新发布的AV4.0，则聚焦于使监管政策跟上产业发展步伐，致力于推动企业创新，提升公众对自动驾驶车辆的认知与信任。

2. AV4.0进一步明确政府工作方向和发展原则

AV4.0由美国总统行政办公室科技政策办公室、交通部共同制定和发布，对AV3.0内容进行了补充，以加快推动自动驾驶产业发展，确保美国领先地位。

(1) 为加强政府部门在安全、残疾人出行、基础研究、网络安全、基础设施、频段和网联技术、经济和劳动力研究等领域的合作，AV4.0提出整合包括交通部(DOT，含NHTSA、FMCSA、FTA、FHWA等下属部门)、国家交通安全委员会(NTSB)、内政部(DOI)、司法部(DOJ)、国防部(DOD)、国土安全部(DHS)、能源部(DOE)、联邦通信委员会(FCC)及全国残疾人理事会(NCD)等在内的38个联邦政府部门、行业机构自动驾驶相关职能。

(2) 为自动驾驶汽车产业发展提供全方位的支持。一方面，依托先进制造技术、人工智能与机器学习、网联化与频谱分配和量子信息科技加强技术支持；另一方面，依托STEM学科教育、STEM劳动力和产业链整合加强产业与社会支持。

(3) 进一步明确政府自动驾驶领域主要工作。技术投入方面，涉及安全、保障移动力、基础研究、数据安全与隐私、经济学与劳动力研究、基础设施、频谱与网联化等；保障工作方面，涉及促进政企合作，标准一致化，法规与自动驾驶，财政，贸易，知识产权，环境质量，竞争，隐私与市场等；行政资源方面，涉及科技与研发、产业支持、透明的政府支出和多部门多领域支持等。

此外，AV4.0扩展并发布十大自动驾驶技术发展原则，涉及保护用户和公众、推动有效市场和促进协作三大方向，充分体现了"促进创新、保障自由、美国优先"的思路。

(1) 保护用户与公众：安全第一、重视网络/数据安全、确保隐私和数据、增强机动性和可得性。

(2) 促进市场活力：保持技术中立、保障美国的创新创造力、促进法规现代化。

(3) 促进合作与协同：统一标准与政策、确保联邦措施一致性、改善运输系统层面的效果。

纵观AV1.0~AV4.0文件，安全第一、保护创新、技术中立是美国自动驾驶规划的最基本原则，其中安全被反复提及。在安全第一这个方面，美国发展自动驾驶的初衷是"使道路更加安全"，安全第一是最核心的原则，同时加强网络和数据安全管理，逐步扩展安全第一原则范畴。保护创新方面，美国持续通过知识产权保护机制和反垄断制度推动自动驾驶领域的创新，培育经济增长新引擎，这一原则基本沿袭《美国创新战略》(2015年修订)提出的创新制度框架。

美国在坚持安全第一和保护创新的同时，始终保持自动驾驶技术发展路径的中立性，培育良好的创新创业环境。在美国，当前政府对各个领域科技发展都是采取"技术中立""监管阻碍创新""保护美国的创新和创造力"的发展态度。例如，2019年11月，美国针对人工智能行业即提出"联邦机构在监管行为或非监管行为上，必须避免不必要地妨碍AI创新和增长的行为"。由于自动驾驶产业具有跨界融合、协同创新等特点，在网联通信标准、复杂环境感知以及高精度全天候定位等方面均存在纷繁多样的技术路径，一时无法确定，因此，坚持技术中立、鼓励市场自由选择、企业申请豁免，是一条边探索边实践的创新发展之路，并取得了良好的实践效果。

AV4.0具体提出了以下六项重点计划，从新兴技术评估研发到具体技术应用部署，从数据权限共享到网络安全保障，从自动驾驶持续推广到完整出行的全人群全链条出行服务，力求实现ITS技术的全生命周期发展。

1) 新兴科技

美国交通部协同各部门建立长效机制，识别和评估新兴技术(如人工智能、自动驾驶汽车)在交通系统中的应用潜力，将具备潜力甚至颠覆性的创新技术引入交通系统。

2) 数据共享

研发创立数据处理系统机制，推进ITS数据的共享，建立具有普遍性、一致性、安全可信赖的访问权限，以支持自动化、人工智能应用程序、交通服务数据与其他基本公共服务的融合。

3) 网络安全

在交通系统各个环节进行持续性、系统性的评估ITS技术应用带来的风险漏洞，以便将攻击和故障相关的风险降到可接受的水平，并且完善事故发生后的网络韧性恢复能力。

4) 自动驾驶

以安全第一、技术中立为原则，完善相关法律法规，提倡市场自由发展自动驾驶技术，推动自动驾驶车辆测试、部署和集成，全面促进自动驾驶技术安全、可操作且有效地集成到交通系统中。

5) 完整出行(ITS4US)

消除"交通荒漠",重视弱势地区和弱势群体,针对交通需求难以得到满足的残障人士、交通设施尚不完善的偏远地区居民以及交通出行方式受限的低收入出行者,通过 ITS 技术提供全链条的智能出行服务体验。

6) 加快 ITS 部署

通过 ITS 技术评估、ITS 专业能力构建、ITS 架构和标准制定以及 ITS 宣传交流等途径,促进 ITS 知识和技术向实践应用拓展,降低市场投资者的不确定性和投资风险,加速 ITS 技术从研究到落地的整体部署。

3. 美国自动驾驶规划政策实施效果显著

在美国,自动驾驶规划政策的确削减了制约产业发展和技术创新的桎梏,其中,极具代表性的就是创新性提出安全要求豁免。目前,《联邦汽车安全标准》要求汽车必须具备基本的人为控制,包括装配方向盘、踏板、后视镜等,且企业须达到 75 条标准才可生产自动驾驶汽车,极大地阻碍了自动驾驶汽车产业化应用的步伐。为此,在编制 AV1.0 之初,交通部就提出企业可以寻求国家公路交通安全管理局(NHTSA)的安全要求豁免,并在后续文件中进行补充完善。值得关注的是,2018 年 1 月,通用汽车计划投放一批具备高度自动驾驶功能的零排放车辆(ZEAV),用于提供出行服务,并向 NHTSA 提交豁免申请书,详细解释了 ZEAV 的自动驾驶功能是如何满足联邦机动车安全标准(FMVSS)安全目的与意图,两年来一直持续改进功能并论证如何做到万无一失。

而就在 AV4.0 发布不久后,NHTSA 公布豁免了 Nuro 公司第二代自动驾驶汽车的安全要求,这是美国豁免的第一个自动驾驶应用案例。Nuro 公司能够抢先获得豁免权主要得益于三方面原因:首先,该公司申请豁免的产品定位是无人送货车,没有驾乘座位,时速上限仅为 25mph(约 40km/h),车身结构和材料经过特殊设计,对其他交通参与者影响较低;其次,企业保证远程监控,并可随时进行人工接管,最大限度地保障车辆行驶的安全性;最后,在与监管部门的沟通过程中,不断提升安全技术水准,提出包括低速运转、自我牺牲、额外行人保护等全面的安全解决方案。总之,Nuro 的做法是通过多种设计手段和防范措施,来满足 FMVSS 对于安全性的严格要求,并得到所在社区领导者、长期合作伙伴和关心道路安全相关人员的支持,这是值得国内管理单位与设计厂商所借鉴的。

综上所述,AV4.0 为解决导致联邦与各州、各州与各州之间管理制度方面的冲突提供了指导,并明确了未来的工作重点:一是联邦政府将为自动驾驶发展提供系统性支持,如将自动驾驶列为政府研发预算优先事项;二是推动自动驾驶与先进制造、人工智能与机器学习、联网汽车等相关行业合作;三是加快自动驾驶测试和部署,支持自动驾驶商用化发展。

(资料来源:国家智能网联汽车创新中心战略与标准研究部 李乔、张冬明,中国汽车工程学会产业研究部 郑亚莉、史天译.)

第四节　智能汽车信息物理系统概述

一、智能汽车信息物理系统的定义

中国工业与信息化部发布的《信息物理系统白皮书》中，信息物理系统(Cyber-Physical Systems，CPS)定义为一个综合计算、网络和物理环境的多维复杂系统，CPS通过集成先进的感知、计算、通信、控制等信息技术和自动控制技术，构建物理空间和信息空间中人、机、物、环境、信息等要素相互映射、实时交互、高效协同的复杂系统，实现系统内资源配置和运行的按需响应、快速迭代和动态优化。CPS的本质是一套信息空间与物理空间之间基于数据自动流动的状态感知、实时分析、科学决策、精准执行的闭环赋能体系，解决生产制造、应用服务过程中的复杂性和不确定性问题，提高资源配置效率，实现资源优化。

智能汽车信息物理系统是指智能汽车、交通、信息和通信有机融合的多维复杂系统。通过汽车、交通、通信、信息等行业产品和系统间的一体化设计、研发、仿真、验证、部署和运营，实现异构信息系统和物理系统间的安全可靠的协同与互操作，支持智能汽车可靠、高效、实时的感知与决策控制，提高驾乘舒适度和便捷性，提升交通安全水平和效率。

智能汽车信息物理系统包括三个层次，如图1-59所示，即物理层(Physical Layer)、信息空间层(Cyber Layer)和应用层(System/Application Layer)。

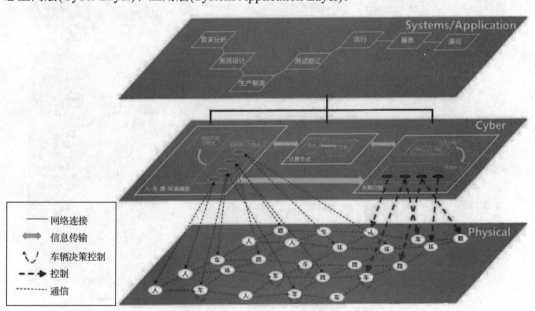

图1-59　智能汽车信息物理系统三个层次

(1) 物理层包括了现实交通环境中所涉及的各类物理对象，如人(行人、非机动车驾驶员、交警、施工人员等)、车辆(小汽车、公交车、施工车辆、客车等)、路(道路、基础设施、路侧通信设备、路侧监控设备、计算单元等)、环境(天气、事件、建筑、其他交通设施等)。所有物理对象可通过通信网络(4G/5G、V2X 等)实现彼此互联,形成万物互联互通的连接网络。

(2) 信息空间层是智能网联汽车信息物理系统最核心的一层,包括两方面功能,即数据处理分析和科学决策控制。数据处理是通过模型,对大量原始数据赋予意义,发现物理实体状态在时空域和逻辑域的内在因果性或关联性,利用数据处理技术对数据作进一步分析评估,使得数据不断"透明",将显性数据进一步转化为直观可理解的信息;科学决策控制是权衡判断当前时刻获取的所有来自不同系统或不同环境下的信息,形成最优决策来对物理实体空间进行控制。

(3) 应用层则是基于用户、管理、运营等不同需求,通过对工业技术、经验、知识和最佳实践的模型化、软件化、封装化,提供设计、生产、管理、服务等一系列创新业务应用。应用层多以平台的形式呈现。

二、智能汽车信息物理系统的组成

智能汽车信息物理系统的主要组成为人、车、路、边缘节点、中心节点等物理对象,如图 1-60 所示。

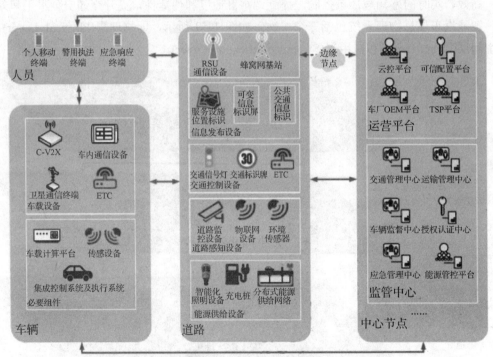

图 1-60　信息物理系统的主要物理对象

智能汽车信息物理系统中主要物理对象的类型、功能、信息交互见表 1-4。

表 1-4 智能汽车信息物理系统组成与信息交互

类别	子类别	名称	功能	信息交互
汽车（乘用车、商用车、应急车、货运车等）	智能汽车的执行、感知、定位、计算等组件或设备	线控执行系统	车辆线控驱动、制动、转向模块进行精确、高效、可靠控制的执行器	获取来自集成控制系统的控制指令，执行相关操作
		感知与定位设备	利用传感器技术采集车辆行驶环境和状态信息，主要包括视频摄像机、毫米波雷达、激光雷达等传感器，以及 GNSS、IMU 等定位设备	传感设备基于自身功能从外界采集环境数据、从车辆内容采集状态信息，接入车载计算平台，经车载计算平台处理后分发至决策和控制模块、车载无线通信设备
		车载计算平台	传统 ECU 逐步向智能高速处理器转变的新一代车载中央计算单元，包括芯片、模组、接口等硬件以及驱动程序、操作系统、基础程序等软件，实现车辆自动控制、车与环境的数据交互以及人机交互	以环境感知数据、导航定位信息、车辆实时数据、云端智能计算平台数据和其他 V2X 交互数据等作为输入，基于环境感知定位、智能规划决策和车辆运动控制等核心控制算法，输出驱动、传动、转向和制动等执行控制指令
	具备信息交互功能的车载设备	车载无线通信设备	智能汽车支持 V2X 通信的物理组件，实现车辆与外界的信息交互，即 OBU(On Board Unit)	一方面输入来自车内传感等设备、车载计算平台、有线通信网络接口的数据，传输至其他车辆、路侧单元或者经蜂窝网基站传输至边缘或者中心节点等；另一方面输入来自其他车辆、路侧单元、蜂窝网基站的数据等，经车内有线通信网络接口发送至车载计算平台、控制模块、决策模块等
		车内通信网络	通过车载有线通信网络实现在车内各模块单元之间共享数据，依靠车载 OBU 提供服务	一方面通过车载有线通信网络实现在车内各模块单元之间的感知、决策、控制数据的聚合和分发，另一方面通过接口连接至车载无线通信设备，发出相关数据等

续表

类别	子类别	名称	功能	信息交互
汽车（乘用车、商用车、应急车、货运车等）	具备信息交互功能的车载设备	卫星通信终端	可用于满足无线通信网络无法覆盖的区域的应急通信保障的需求	应急情况下，一方面通过车载计算平台和车内通信网络输入车辆相关的状态信息、运行信息等，经卫星通信接口输出至应急指挥平台等；另一方面接收应急指挥平台发送的公共安全信息
		ETC终端	不停车收费系统车载终端，通过车载电子标签与收费站ETC车道上的设备的微波专用短程通信实现收费	接收ETC收费设备的计费、扣费请求，发送ETC终端信息
人员	移动终端	个人移动终端	为出行者在出行前和出行中提供交通运输信息服务	人员携带的移动设备可与蜂窝网基站、路侧单元或与网联汽车OBU连接，一方面输入移动设备采集和人员发出的数据并传输，另一方面接收其他车辆、路侧单元、蜂窝网基站的数据
		警用执法终端	实时记录与发送违法和应急处置事件状态信息	
		应急响应终端	提供请求相关紧急服务的功能	
道路	道路感知设备	道路监控设备	主要负责准确地采集各种道路、环境和交通参与者信息。各类交通信息的感知要通过网络、有识别能力的智能设备与感知网络组成	依据自身能力进行道路环境数据采集、输入采集数据，经蜂窝网基站等设备转发至路侧单元、边缘节点或者中心节点
		物联网设备		
		环境传感器		
	信息发布设备	服务设施位置标识	具有多种发布交通信息的能力，以调节、诱导或控制相关区域内交通流变化	中心节点或者边缘节点输入相关数据，发布或者指示至车辆、人员等
		可变信息标识屏		
		公共交通信息标识		
	交通控制设备	交通信号灯	具有传统设备的交叉口红绿灯控制功能，以及车路信息的实时汇集和分析、交通流诱导、出行者管理和紧急事件管理等功能	中心节点、边缘节点或者路侧单元输入交通控制相关的数据，为车辆、人员发送或者指示相应信息
		交通标识牌		

续表

类别	子类别	名称	功能	信息交互
道路	交通控制设备	ETC系统	通过车载电子标签与收费站ETC车道设备之间的微波专用短程通信，利用计算机联网技术与银行进行后台结算处理，实现后台收费	获取ETC终端信息，发送计费、扣费请求
道路	能源供给设备	智能化照明设备	智能化、多样化、分布式的新型交通能源基础设施网络	一方面，人、车、路接入新型交通能源基础设施网络的数据作为输入，发送至能源管控平台；另一方面，能源管控平台输入管控数据，发送至基础设施或者能源需求节点
道路	能源供给设备	充电桩	智能化、多样化、分布式的新型交通能源基础设施网络	一方面，人、车、路接入新型交通能源基础设施网络的数据作为输入，发送至能源管控平台；另一方面，能源管控平台输入管控数据，发送至基础设施或者能源需求节点
道路	能源供给设备	能源供给网络	智能化、多样化、分布式的新型交通能源基础设施网络	一方面，人、车、路接入新型交通能源基础设施网络的数据作为输入，发送至能源管控平台；另一方面，能源管控平台输入管控数据，发送至基础设施或者能源需求节点
道路	通信设备	路侧单元	RSU，安装在路侧，当前主要采用C-V2X通信技术，用于与邻近车辆进行信息收发，还可具备数据处理、存储能力	一方面，输入数据为来自边缘节点、中心节点以及边缘节点、中心节点经蜂窝网基站下发的数据，发送至车辆及人员；另一方面，输入数据为来自车辆、人员和车辆、人员经蜂窝网转发的数据，发送至边缘节点、中心节点
道路	通信设备	蜂窝网基站	主要指支持V2X通信功能的4G或者5G基站，是V2X设备、移动终端设备等通过蜂窝网上下行链路进行信息交互和调度的通信设备	数据输入、输出端可为支持蜂窝网移动通信的任意设备以及边缘节点和中心节点，通过蜂窝网基站的上下行链路对数据进行转发
边缘节点	实体节点	路侧设备或者基站集成的MEC节点	部署于网络边缘，相比于常规云节点，部署位置距离用户更近，对数据进行聚合、过滤、分析处理，允许车辆到车辆、基础设施和行人的直接通信。具备对象发现功能、信息处理功能、信息分发功能、信息存储功能	边缘节点对来自车—路以及来自中心节点的数据分别进行处理、分发
边缘节点	云节点	边缘计算中心	部署于网络边缘，相比于常规云节点，部署位置距离用户更近，对数据进行聚合、过滤、分析处理，允许车辆到车辆、基础设施和行人的直接通信。具备对象发现功能、信息处理功能、信息分发功能、信息存储功能	边缘节点对来自车—路以及来自中心节点的数据分别进行处理、分发

续表

类 别	子类别	名 称	功 能	信息交互
中心节点	监管中心	授权认证中心	提供在移动和固定用户之间进行数据交换所需的功能	一方面,输入来自人、车、路和边缘节点的各类数据,进行数据的统一处理、响应、存储和后台管理;另一方面,将相关管理、调度、调控的数据下发至边缘节点和人、车、路等
		交通管理中心	监测控制路网和交通流,包括高速公路系统、农村和郊区高速公路系统以及城市和郊区交通控制系统	
		运输管理中心	收集、处理、储存和发布交通运输信息给系统操作员和出行公众	
		车辆监管中心	负责车辆监测和管理,车辆状态监测、自动驾驶紧急情况通知、车载系统和接口管理、OTA 升级等	
		应急管理中心	支持事件管理、灾难响应和撤离,安全监控以及其他安全和面向公众安全导向的智能网联应用	
	运营平台	云控基础平台	云控基础平台为智能汽车及其用户、管理及服务机构等动态基础数据	接收来自人、车、路设备和边缘节点的服务请求,输出对应的服务数据
		云控平台	云控平台部署和运行行业应用,进行智能汽车行业专业管理与服务	
		可信配置平台	应获得监管部门、运营机构和通信运营商授权,获取和下发来自车联网设备配置参数、系统版本等数据	
		TSP 平台	Telematics Service Provider,汽车远程服务提供商,提供位置服务、GIS 服务、通信服务和各类车辆服务	
		车厂 OEM 平台	允许服务提供商和第三方应用等接入并获取所需的数据,为汽车制造商、驾驶员和第三方等服务供应商提供数据和服务	
		能源管控平台	对路域内的能源消耗进行有效的管控	

三、智能汽车信息物理系统架构部署

智能汽车信息物理系统中的物理对象之间通过接口实现互联互通,形成智能汽车信息物理系统的架构部署,如图 1-61 所示。

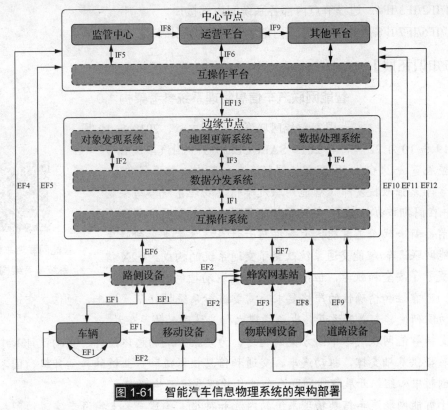

图 1-61 智能汽车信息物理系统的架构部署

部署的物理对象间数据交互的接口中，EF 是物理对象的外部接口，IF 是物理对象内部接口，具体如下。

EF1：V2X 直连通信接口。C-V2X 直连通信协议接口包括 LTE-V2X 或 5G NR-V2X 协议的直连通信接口，支持基于 3GPP PC5 接口的 V2V、V2I、V2P 无线通信。

EF2：蜂窝网络接口。可基于 LTE 或者 5G NR 的协议接口，支持基于 3GPP Uu 接口的上下行链路无线通信，包括车辆、路侧设备、移动设备与蜂窝网基站的上下行链路接口。

EF3：物联网连接接口。

EF4：集群通信接口，应急管理中移动设备基于集群通信实现与中心节点的通信。

EF5：RSU 和中心节点间 IP 网络通信接口，传输方式可为有线方式或者卫星通信等无线方式，应满足不同场景下的传输需求。

EF6：RSU 和边缘节点间 IP 网络通信接口。

EF7：基站和边缘节点间 IP 网络通信接口。

EF8：IOT 接入设备和边缘节点间 IP 网络通信接口。

EF9：道路设备和边缘节点间 IP 网络通信接口。

EF10：基站和中心节点间 IP 网络通信接口。

EF11：道路设备和中心节点间 IP 网络通信接口。

EF12：物联网设备和中心节点间 IP 网络通信接口。

EF13：边缘节点和中心节点 IP 网络通信接口。

IF1/IF2/IF3/IF4：边缘节点内部各系统间内部接口。
IF5/IF6/IF7/IF8/IF9：中心节点内部各业务系统间接口。

【本节知识拓展】

智能网联汽车信息物理系统参考架构1.0

——国家智能网联汽车创新中心，2019年10月

2019年10月22日，在2019 SAECCE(2019中国汽车工程学会年会暨展览会)大会上，国家智能网联汽车创新中心首席科学家、清华大学李克强教授发布《智能网联汽车信息物理系统参考架构1.0》，并在同期举办的2019年世界智能网联汽车大会同步发布。

当前，新一代人工智能、大数据与云计算技术带来革命性变化，智能网联汽车/智能交通系统改变了交通系统的构成。V2X信息交互提升了安全和效率，但能否满足汽车运动控制对安全性、实时性、可靠性和精确性的严格要求，需要进行系统性评估。汽车、通信、交通、信息等行业的协同研发、部署和运营，也亟须建立行业认同的体系架构。

智能网联汽车信息物理系统参考架构1.0.pdf

为支持智能网联汽车中国方案的构建、为复杂系统的总体设计、重构设计和中国标准体系完善提供基础支撑，推动汽车、交通和信息技术链和产业链的转型升级，国家智能网联汽车创新中心组织开展智能网联汽车信息物理系统架构研究。

基于智能网联汽车信息物理系统的内涵和特征，构建一套支持汽车实时协同控制、基于业务可灵活定制、技术中立可持续演进、服务于系统全生命周期管理的设计方法和架构，即智能网联汽车信息物理系统参考架构。架构从系统概念模型设计出发，建立参考架构，通过产业视图、功能视图、物理视图、通信视图四个架构视图阐述智能网联汽车信息物理系统参考架构。

1. 概念模型

智能网联汽车信息物理系统参考架构是基于模型驱动的系统工程方法进行设计的，通过建模可以将物理世界模型化，通过模型建立起物理世界和信息/数字世界的映射，从而达到以下效果。

(1) 物理世界和数字世界的协同。对物理世界建立实时、系统的认知模型，在数字世界预测物理世界的状态、仿真物理世界的运行、简化物理世界的重构，然后驱动物理世界优化运行。能够将物理世界全生命周期数据与商业过程数据协同，实现商业过程和生产过程的协同。

(2) 跨产业的生态协同。基于模型的方法，智能网联汽车产业链上下游各参与方可以将本行业Know-How进行模型化封装，建立和复用本领域的知识模型体系，实现汽车制造行业、交通行业、通信行业、ICT行业之间的有效协同。

(3) 减少系统异构性，简化跨平台移植。平台与平台之间、系统与系统之间、服务与服务之间、新系统与旧系统之间基于模型的接口进行交互，可以实现软件接口与开发语言、平台、工具、协议等解耦，从而能够简化平台的集成和移植。

(4) 有效支撑系统的全生命周期活动。包括生产制造的全生命周期、开发服务的全生命周期、部署运营服务的全生命周期、数据处理服务的全生命周期、安全服务的全生命周期等。

概念模型是基于系统工程方法论(MBSE)，利用 SysML 语言对架构进行描述和呈现的，提出智能网联汽车信息物理系统的通用结构，明确了系统内不同实体间的逻辑关系。概念模型的特点是通用、抽象和简洁，重点关注和解决以下问题。

(1) 系统的总体模型是什么？

(2) 系统由哪些部分组成？比如物理实体(人、车、路等)、数字实体(应用、服务、虚拟实体、数据存储、IoT 装置、网关等)、通信网络、用户等。

(3) 各组成部分的内在逻辑关系是什么？如何利用通信方式和网络协同完成自动驾驶、交通控制等功能。

概念模型首先将系统分为物理实体和虚拟实体两大抽象实体，其中物理实体作为父类，由车、路、云等物理终端进行泛化和继承；虚拟实体则通过计算资源、网络资源和数据资源进行多源映射。虚拟实体是物理实体的映射，通过物理实体的承载形成相应的功能模块，并在进一步封装后以服务的形式提供给用户，从而形成信息流和业务流的闭环，模型的详细结构如图 1-62 所示。

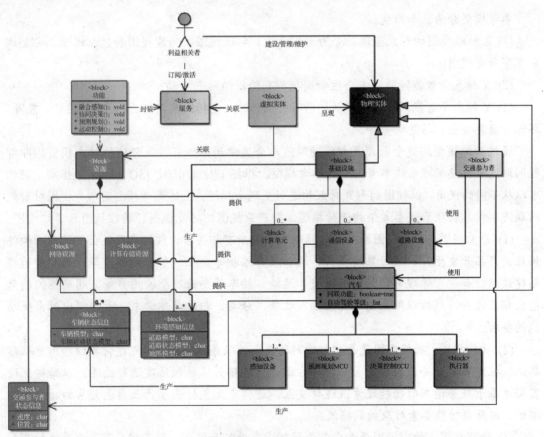

图 1-62　概念模型结构

2. 参考模型与多视图呈现

基于智能网联汽车信息物理系统的概念定义和概念模型，充分考虑智能网联汽车全生命周期过程和涉及的有关行业领域，智能网联汽车信息物理系统参考架构的参考模型如图 1-63 所示。

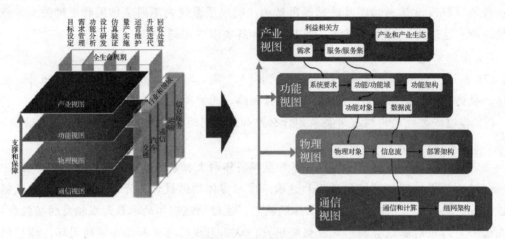

图 1-63　参考模型结构

参考模型分为三个维度。

(1) Z 轴以视图的形式呈现，分为通信视图、物理视图、功能视图和产业视图，安全体系贯穿所有视图。

(2) X 轴表示智能网联汽车全生命周期所有阶段的所有活动。

(3) Y 轴表示智能网联汽车涉及的所有行业领域，包括汽车、交通、通信、运输、能源、环保、应急安全、信息服务等。

通过三维模型构建全面覆盖智能网联汽车全生命周期所有涉及领域的抽象模型，即智能网联汽车信息物理系统参考架构的参考模型。根据 ISO 42010、ISO 30141 等标准，架构可以从不同的视角，以视图的形式对架构进行呈现和描述。上述参考模型用四个视图对智能网联汽车信息物理系统参考架构进行描述，即产业视图、功能视图、物理视图和通信视图。

(1) 产业视图：产业视图面向智能网联汽车的所有相关方，包括产业链上下游基础构件供应、产品开发生产、项目系统集成、运营服务维护等企业，智能网联汽车行业相关的规划建设单位和运营管理部门，以及出行、运输、约车等企业及个人用户等，明确他们的角色和相互关系，然后以用户需求为驱动，收集、分类、归纳具体需求，最终提出对系统功能的要求。

(2) 功能视图：功能视图是面向智能网联汽车的服务提供商、规划建设单位和用户从信息流、控制流、业务应用和运营管理等方面进行解耦并从功能角度进行论述。以结构化语言描述基于服务请求的功能元素及逻辑交互。逻辑交互包括基于产业角色关系的功能要素描述，以及与功能要素对应的数据流。

(3) 物理视图：物理视图是面向智能网联汽车产品开发商、设备供应商、运营维护商和基础设施建设单位介绍系统各组成部分的结构和功能。定义架构中提供各功能的物理对象，包括智能网联汽车体系现已存在或可演进的软件系统、硬件设备，同时定义各物理对象的能力要求。接口设计定义了物理对象间的信息交互结构化模型，可直接指导定义物理对象间的接口协议。

(4) 通信视图：通信视图是面向移动运营商、通信设备厂商、规划建设单位、云计算厂商和 Tier1 供应商描述构建智能网联汽车通信、计算、互操作架构的技术要求和服务能力。根据各物理对象间信息流、功能约束条件提出通信解决方案，指定如何在物理对象之间可靠和安全地共享交互信息。参考架构中给出基于现有技术可行的组网方式，随着通信技术的发展与演进，可能存在多种通信协议均满足功能约束条件和中国的法律政策，只要能够满足功能约束和物理对象间逻辑关系的组网方式，均符合智能网联汽车信息物理架构要求。

产业视图为功能视图提供需求和服务的输入，功能视图为物理视图提供业务流程和数据需求的输入，物理视图为通信视图提供信息交互的通信需求；反之，自下而上通信视图支撑物理视图内元素实现互联和协同，物理视图是实现功能视图的实体，功能视图是满足产业视图中需求的直接验证。

未来，智能网联汽车产业链将会有更多的企业和机构关注和参照系统参考架构开展智能网联汽车的研究和开发工作。智能网联汽车信息物理系统参考架构也将持续更新优化，协同各行业进一步完善模型库和设计工具，共同推动智能网联驾驶基础设施建设，推进产业的转型升级，建立中国特色的智能网联汽车生态体系。

《智能网联汽车信息物理系统参考架构1.0》由国家智能网联汽车创新中心牵头，联合清华大学、信通院、赛迪、交通部公路院、公安部交通管理所、中国一汽、北汽研究院、联通、华为、高鸿股份、四维图新、北斗星通、启迪云控共同研究和编写。

第五节　智能汽车产业生态

汽车行业传统的产业链或产业生态是以主机厂为核心的垂直结构，未来这种格局将被打破，取而代之的则是以智能汽车创新、生产和应用为核心的新的生态体系，如图1-64所示。新的汽车产业生态体系中，汽车技术和信息技术是基础，平台和数据是核心，政策和支撑体系是保障。

汽车技术和信息技术是基础，是因为智能网联汽车技术发展和应用离不开成熟的汽车研发设计、生产制造技术，以及低延时、高可靠、大带宽通信技术和大数据、云计算技术的支持，随着 LTE-V2X、5G、5G NR-V2X、MEC 等信息技术逐渐成熟，将对智能网联汽车产业化起到极大推动作用。

平台和数据是核心，其本质是在现有云平台的基础上，利用物联网、大数据、人工智能等新兴技术，构建更精准、实时、高效的数据采集体系，建设包括存储、集成、访问、分析、管理功能的使能平台，实现汽车工业技术、经验、知识的模型化、软件化、复用化，以各类 App 的形式为各类用户提供创新应用，最终形成资源富集、多方参与、合作共赢、协同演进的汽车产业创新生态体系，形成智能网联汽车与智能交通深度融合的智能交通新模式，以及"安全、高效、绿色、文明"的智能网联汽车社会。

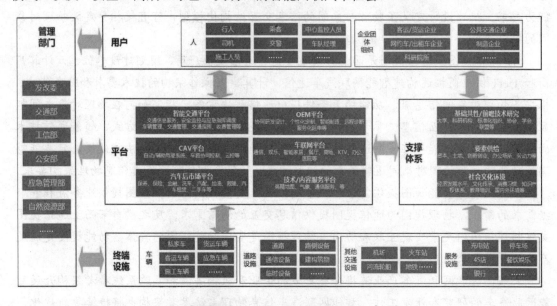

图 1-64　智能汽车产业生态体系

政策和支撑体系是保障，因为政策法规、标准建设和基础支撑体系是引领和支撑智能网联汽车发展的关键因素。虽然国家和地方已积极出台了关于智能网联汽车的道路测试管理规定，一定程度上推动了全国范围内智能网联汽车公开道路测试进程，加快了智能网联汽车应用的步伐，但总体上与国外还有不小的差距，影响智能网联汽车研发、生产、销售和商业化应用的相关法律法规仍需要加快研究和制定。在标准方面，国家标准化管理委员会、全国汽车标准化技术委员会、全国智能运输系统标准化技术委员会、全国通信标准化技术委员会、全国道路交通管理标准化技术委员会等标准化组织已经构建了智能汽车标准体系并制定了相关技术标准，初步形成了汽车、交通、通信、公安等行业协同推进智能汽车相关技术标准制定的机制，但仍需进一步加强协同并加快关键技术标准的研制。

各要素之间相互依赖、复杂连接、共同演进，共同推动智能网联汽车产业健康发展。

【本章技术案例】

Apollo 智能交通白皮书

2020 年 4 月 9 日，百度 Apollo 发布"ACE 交通引擎"，ACE 分别对应 Autonomous Driving(自动驾驶)、Connected Road(车路协同)和 Efficient Mobility(高效出行)三个词。ACE 交通引擎是全球第一个车、路、行融合的全栈式智能交通解决方案，如图 1-65 所示。

ACE 交通引擎是城市级智能交通解决方案的集大成者，将对

Apollo 智能交通白皮书.pdf

百度智能交通/自动驾驶战略的落地和我国智能交通产业的发展形成深远影响。

图1-65　ACE交通引擎

ACE交通引擎是一个套件包，城市可以结合自身智能交通发展阶段和个性化需求，选取不同组件搭建智能化交通体系。ACE交通引擎由1+2+N的三层架构组成，即"一大数字底座、两大智能引擎、N大应用生态"，如图1-66所示。

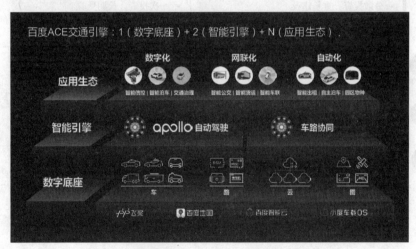

图1-66　1+2+N的三层结构

(1) 一大数字底座，指"车""路""云""图"等数字交通基础设施，包括小度车载OS、飞桨、百度智能云、百度地图，可以给车联网、智能信控、大数据决策等提供基础科技能力。

(2) 两大智能引擎，分别是Apollo自动驾驶引擎和车路协同引擎，前者让汽车拥有不同级别的自动驾驶能力，后者让道路基础设施智能化且实现车路协同，两大引擎一起为上层智能交通应用提供核心能力。

（3）N 大应用生态，包括智能信控、智能停车、交通治理、智能公交、智能货运、智能车联、智能出租、自主泊车和园区物流等，是基于数字底座与两大智能引擎的全场景智能交通应用，可以满足不同城市的不同智能交通需求。

ACE 交通引擎是一个覆盖基础技术能力、平台解决方案和垂直应用场景的系统化方案，单独来看每一个技术、方案或者应用都不是最新的，但跟行业以前零零碎碎的解决方案不同，ACE 交通引擎是一个立体化、系统化和城市化的解决方案，能够帮助城市建立真正意义上的智能交通体系，相对于传统的智能交通解决方案而言，ACE 交通引擎具有以下特质（见图 1-67）。

（1）可扩展的解决方案，ACE 交通引擎具备全栈智能交通能力，其组件可单独使用，亦可拼装使用，城市可以选取其中部分能力，比如先实现红绿灯智能调控，后续再演进到智能信控甚至自动驾驶，由于都是一套技术体系，演进起来会相对容易。

（2）立体化的解决方案，对于想要一站式构建交通体系、一步到位的城市而言，ACE 交通引擎可以提供从底层到中台再到应用的全部交通智能化能力支持；城市不需要面对多个同类供应商，减少重复建设的同时，降低联调、部署和运维成本。

（3）面向未来的系统架构。交通建设是长期工程，城市一般会以十年甚至更长的时间去做规划，而智能交通的终局一定是自动驾驶，且未来已不再遥远。城市如果看得更远一些，就不能继续做传统的智能交通，而是要面向自动驾驶时代做车、路、行的准备，面向未来做智能交通布局。ACE 交通引擎是唯一一个面向自动驾驶时代的智能交通引擎。

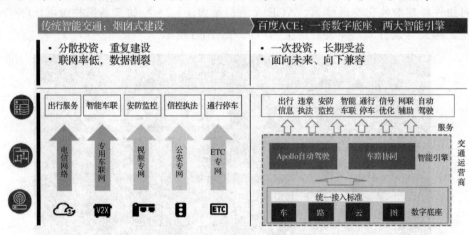

图 1-67　ACE 交通引擎的特质

【本章知识拓展】

智能网联汽车创新发展需践行中国方案

——清华大学　李克强(清华汽车云论坛，2020.4.26)

我国发展智能网联汽车，难以采用国际上的"单车智能"发展路径，需要充分融合智能化和网联化，建立中国方案。

李克强智能网联汽车发展现状对策建议.pdf

智能网联汽车是自动驾驶汽车发展的新阶段，也是单车自动驾驶与网联式汽车融为一体的新产品、新模式、新生态。与常规汽车相比，智能网联汽车具备两大重要特征。

(1) 多技术交叉、跨产业融合。常规汽车是机电一体化产品，而智能网联汽车是机电信息一体化产品，需要汽车、交通设施、信息通信基础设施(包含 4G/5G、地图与定位、数据平台)等多个产业跨界融合。

(2) 区域属性与社会属性增加。智能网联汽车在行驶过程中需要通信、地图、数据平台等本国属性的支撑和安全管理，每个国家都有自己的使用标准规范，因此智能网联汽车开发和使用具有本地属性。

因此，中国智能网联汽车的发展，没有既定路径可以借鉴，需要结合国情，打造中国方案。

1. 世界各国加速推进智能网联汽车发展

各国都在加速智能网联汽车产业创新发展。美国加强政策引导，营造良好创新发展环境。欧盟发布《通往自动化出行之路：欧盟未来出行战略》，支持发展各类创新项目，欧洲道路交通研究咨询委员会(ERTRAC)发布《网联式自动驾驶技术路线图》。日本启动 SIP 2.0 项目与日本 Society 5.0 密切协同，通过网联技术构建未来智能社会，并修订《道路交通法》《道路运输车辆法》等法规，发布《官民 ITS 构想·2019 路线图》。

中国也积极推进智能网联汽车产业发展步伐。2020 年 2 月 24 日，国家发改委等 11 个部门联合印发的《智能汽车创新发展战略》中提出，到 2025 年，中国标准智能汽车的技术创新、产业生态、基础设施、法规标准、产品监管和网络安全体系基本形成。实现有条件自动驾驶的智能汽车达到规模化生产。根据发展战略，到 2025 年，我国将实现高度自动驾驶的智能汽车在特定环境下市场化应用。智能交通系统和智慧城市相关设施建设取得积极进展，车用无线通信网络实现区域覆盖，新一代车用无线通信网络在部分城市、高速公路逐步开展应用，高精度时空基准服务网络实现全覆盖。2035—2050 年，中国标准智能汽车体系全面建成、更加完善。

2. 中国不能走单车智能的发展路径

围绕"单车智能"，国际上形成了两条发展路径。

路径一：沿着单车智能化驾驶水平逐步提升的渐进式发展。以众多传统汽车企业为代表，从辅助驾驶产品研制出发，进而在高速公路、拥堵城市道路等条件下实现部分或有条件自动驾驶，再通过软硬件的逐步迭代或升级，循序渐进地提升智能化程度。

路径二：以单车高度智能化驾驶为核心的阶跃式发展。以 Waymo、通用汽车 Cruise Automation 为代表，通过搭载由高性能传感器与计算芯片等组成的系统方案，不断提高车辆的复杂环境感知和智能决策能力，旨在移动出行、物流服务等方面探索高度自动驾驶技术的商业化应用。

两条发展路径间也存在着矛盾。渐进式发展是以量产化的汽车产品作为首要发展目标，因此会依赖传统的汽车软硬件技术架构，难以满足智能驾驶汽车日新月异的发展需求；阶跃式发展与传统汽车存在巨大差别，安全性和可靠性有待检验，同时系统量产能力与成本因素也会影响和制约规模化生产。

与此同时，产业基础也决定了我国难以采用国际上两条以"单车智能"为核心的发展路径。因此，构建中国方案的智能网联汽车发展路径就非常必要。我们没有成功经验和既定道路可以借鉴，必须立足高新技术与产业发展要求，并结合国情，打造智能网联汽车创新发展的中国方案。

中国方案的智能网联汽车内涵应满足以下标准。

(1) 符合中国的基础设施标准、地图数据标准、V2X通信标准、交通法规等。

(2) 符合中国要求的智能网联汽车准入、联网运营监管、信息安全等相关标准。

(3) 符合中国标准的智能终端、通信系统、云平台、网关、驾驶辅助系统、自动驾驶系统等新架构汽车产品标准。

通过建立中国方案的智能网联汽车信息物理系统架构，充分融合智能化与网联化发展特征，以五大基础平台为载体，实现"人—车—路—云"一体化的智能网联汽车系统。

3. 五大基础平台

发展智能网联汽车需五大基础平台，包括云控基础平台、高精度动态地图基础平台、车载终端基础平台、计算基础平台、信息安全基础平台。

(1) 云控基础平台已开展基于智能网联汽车云控基础平台的"车路网云一体化"综合示范项目，打造一体化云控环境与融合感知、决策与控制系统。

(2) 高精度动态地图基础平台。聚焦智能网联汽车车、路、云、管、图等相关要素，汇聚技术链、产业链优质创新资源，突破共性关键核心技术，推动相关政策、法规、标准的建立和完善。

(3) 车载终端基础平台。面向行业对车载操作系统的需求和产业安全的需要，组织行业已有优质资源，共同建立智能终端OS基础平台，实现自主可控、满足产业安全的智能终端OS产品开发和应用生态环境的建设。

(4) 计算基础平台。组织行业资源，联合开发以自动驾驶OS为核心的计算基础平台，协同行业已有优势资源，共同开发自主可控自动驾驶操作系统，推进产业化平台公司组建，建立智能网联汽车"驾驶脑"的产业生态。

(5) 信息安全基础平台。应用端—管—云信息安全防护技术、自主可控的车载密码技术、安全漏洞智能检测技术等共性技术，构建智能网联汽车车载纵深防御安全架构和端管云纵深防御体系。

复 习 题

1. 简述智能汽车的定义。
2. 简述车联网V2X的定义。
3. 简述单车智能系统的基本组成、原理。
4. 简述网联智能系统的基本组成、原理。

5. 简述摄像机、激光雷达、毫米波雷达、超声波雷达、全球卫星导航系统与惯性导航系统的基本功能。

6. 简述 SLAM 基本功能。

7. 简述任务规划、行为规划、动作规划的基本含义。

8. 简述线控制动、线控转向执行机构的基本功能。

9. 简述域控制器的基本概念。

10. 简述 5G 移动通信网络的基本组成。

11. 简述无线接入网、传输网、核心网的基本功能。

12. 简述 5G 网络应用场景、关键技术。

13. 简述车联网通信的技术路线。

14. 简述车联网功能分级。

15. 简述 OBU、RSU 的基本功用。

16. 简述云计算基本概念。

17. 简述边缘计算基本概念。

18. 简述车联网五大基础平台的功用。

19. 简述高精度地图三大功能。

20. 简述自动驾驶系统九大关键技术。

21. 简述智能汽车信息物理系统定义、基本组成。

第二章　智能汽车技术分级

【知识要求】

- 掌握中国智能汽车驾驶自动化分级原则、划分要素、等级划分、各等级技术要求。
- 掌握 SAE 智能汽车技术分级标准和主要因素。
- 熟悉智能汽车的先进驾驶辅助系统(ADAS)的信息辅助类 21 项技术应用、控制辅助类 15 项技术应用。
- 熟悉乘用车、货车、城市出行车辆的自动驾驶技术路线。
- 了解智能汽车的价值。

第一节　中国智能汽车驾驶自动化分级

智能汽车驾驶自动化分级有关的概念如下。

(1) 驾驶自动化：车辆以自动的方式持续地执行部分或全部动态驾驶任务的行为。

(2) 驾驶自动化系统：由实现驾驶自动化的硬件和软件所共同组成的系统。

(3) 驾驶自动化功能：驾驶自动化系统在特定的设计运行条件内执行部分或全部动态驾驶任务的能力。一个驾驶自动化系统可实现一个或多个驾驶自动化功能，每个功能与具体的驾驶自动化等级和设计运行条件关联。为了准确描述驾驶自动化功能(5级除外)，需要同时明确其驾驶自动化等级和设计运行条件。

(4) 动态驾驶任务(Dynamic Driving Task，DDT)：除策略性功能(包括导航功能，如行程规划、目的地和路径的选择等任务)外，完成车辆驾驶所需的感知、决策和执行等行为，包括但不限于车辆横向运动控制、车辆纵向运动控制、目标和事件探测与响应、驾驶决策、车辆照明及信号装置控制。动态驾驶任务包括所有实时操作和决策功能，由驾驶员或驾驶自动化系统完成，或由两者共同完成。

(5) 目标和事件探测与响应(Object and Event Detection and Response，OEDR)：对目标和事件进行探测，并进行适当的响应。

(6) 最小风险状态(Minimal Risk Condition，MRC)：当车辆无法完成预定的行程时，由用户或驾驶自动化系统执行并最终使车辆事故风险达到可接受的状态。

(7) 动态驾驶任务接管：当发生驾驶自动化系统失效、车辆其他系统失效或即将不满足设计运行条件时，由用户执行动态驾驶任务或由用户/驾驶自动化系统使车辆达到最小风险状态的行为。

(8) 设计运行范围(Operational Design Domain，ODD)：设计时确定的驾驶自动化功能的本车状态和外部环境。设计运行范围包括速度、道路、交通、天气、光照等。

(9) 设计运行条件(Operational Design Condition，ODC)：设计运行时确定的驾驶自动化功能可以正常工作的条件，包括设计运行范围、驾驶员状态以及其他必要条件。

(10) 接管请求：驾驶自动化系统请求用户执行动态驾驶任务接管的通知。

(11) 驾驶自动化系统失效：驾驶自动化系统发生故障导致其无法可靠地执行部分或全部动态驾驶任务(如传感器故障等)。

(12) 车辆其他系统失效：驾驶自动化系统之外的车辆其他系统发生故障导致驾驶自动化系统无法可靠地执行部分或全部动态驾驶任务(如车辆悬架部件断裂等)。

(13) 风险减缓策略：在驾驶自动化系统或用户无法执行动态驾驶任务或动态驾驶任务接管时，驾驶自动化系统所采取的降低风险的措施(如车道内停车等)。

(14) 用户：与驾驶自动化相关的人类角色的统称。用户的角色可以在特定的条件下进行转换。

(15) 动态驾驶任务接管用户：当3级驾驶自动化系统工作时，可以识别驾驶自动化系统发出的接管请求和明显的动态驾驶任务相关的车辆故障,并执行动态驾驶任务接管的用户。4级和5级自动化系统没有这个角色。动态驾驶任务接管用户可以在车内或车外。

一、驾驶自动化分级要素

驾驶自动化分级主要基于驾驶自动化系统能够执行动态驾驶任务的程度,并根据在执行动态驾驶任务中的角色分配以及有无设计运行条件限制。具体基于以下5个要素对驾驶自动化等级进行划分。

(1) 驾驶自动化系统是否持续执行动态驾驶任务中的车辆横向或纵向运动控制。
(2) 驾驶自动化系统是否同时持续执行动态驾驶任务中的车辆横向和纵向运动控制。
(3) 驾驶自动化系统是否持续执行动态驾驶任务中的目标和事件探测与响应。
(4) 驾驶自动化系统是否执行动态驾驶任务接管。
(5) 驾驶自动化系统是否存在设计运行条件限制。

二、驾驶自动化等级划分

基于以上5个要素将驾驶自动化分成0~5级。

1. 0级驾驶自动化(应急辅助)

驾驶自动化系统不能持续执行动态驾驶任务中的车辆横向或纵向运动控制,但具备持续执行动态驾驶任务中的部分目标和事件探测与响应的能力。

0级驾驶自动化不是无驾驶自动化,0级驾驶自动化可感知环境,并提供报警、辅助或短暂介入以辅助驾驶员(如车道偏离预警、前碰撞预警、自动紧急制动等应急辅助功能)。

不具备目标和事件探测与响应的能力的功能(如定速巡航、电子稳定性控制等)不在驾驶自动化考虑的范围内。

2. 1级驾驶自动化(部分驾驶辅助)

驾驶自动化系统在其设计运行条件内持续地执行动态驾驶任务中的车辆横向或纵向运动控制,且具备与所执行的车辆横向或纵向运动控制相适应的部分目标和事件探测与响应的能力。

对于1级驾驶自动化,驾驶员和驾驶自动化系统共同执行动态驾驶任务,并监管驾驶自动化系统的行为和执行适当的响应或操作。

3. 2级驾驶自动化(组合驾驶辅助)

驾驶自动化系统在其设计运行条件内持续地执行动态驾驶任务中的车辆横向和纵向运动控制,且具备与所执行的车辆横向和纵向运动控制相适应的部分目标和事件探测与响应的能力。

注:对于2级驾驶自动化,驾驶员和驾驶自动化系统共同执行动态驾驶任务,并监管驾驶自动化系统的行为和执行适当的响应或操作。

4. 3级驾驶自动化(有条件自动驾驶)

驾驶自动化系统在其设计运行条件内持续地执行全部动态驾驶任务。

注：对于3级驾驶自动化，动态驾驶任务接管用户以适当的方式执行动态驾驶任务接管。

5. 4级驾驶自动化(高度自动驾驶)

驾驶自动化系统在其设计运行条件内持续地执行全部动态驾驶任务和执行动态驾驶任务接管。

注：对于4级驾驶自动化，系统发出接管请求时，若乘客无响应，系统具备自动达到最小风险状态的能力。

6. 5级驾驶自动化(完全自动驾驶)

驾驶自动化系统在任何可行驶条件下持续地执行全部动态驾驶任务和执行动态驾驶任务接管。

对于5级驾驶自动化，系统发出接管请求时，乘客无须进行响应，系统具备自动达到最小风险状态的能力。

5级驾驶自动化在车辆可行驶环境下没有设计运行条件的限制(商业和法规因素等限制除外)。

驾驶自动化等级与划分要素的关系见表2-1。

表2-1 驾驶自动化等级与划分要素的关系

分级	名称	车辆横向和纵向运动控制	目标和事件探测与响应	动态驾驶任务接管	设计运行条件
0级	应急辅助	驾驶员	驾驶员及系统	驾驶员	有限制
1级	部分驾驶辅助	驾驶员和系统	驾驶员及系统	驾驶员	有限制
2级	组合驾驶辅助	系统	驾驶员及系统	驾驶员	有限制
3级	有条件自动驾驶	系统	系统	动态驾驶任务接管用户(接管后成为驾驶员)	有限制
4级	高度自动驾驶	系统	系统	系统	有限制
5级	完全自动驾驶	系统	系统	系统	无限制[a]

a 排除商业和法规因素等限制。

三、驾驶自动化等级划分流程及判定方法

根据驾驶自动化等级划分要素和图2-1所示流程进行驾驶自动化等级划分和判定。

第二章 智能汽车技术分级

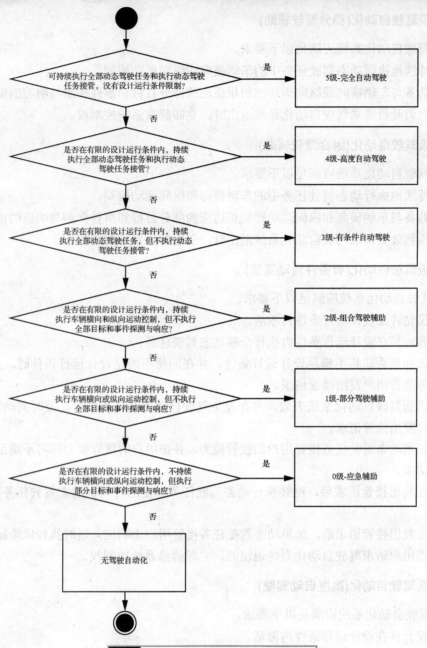

图 2-1 驾驶自动化等级划分和判定流程

四、驾驶自动化各等级技术要求

1.0 级驾驶自动化(应急辅助)

0 级驾驶自动化系统应满足以下要求。

(1) 具备持续执行部分目标和事件探测与响应的能力。

(2) 当驾驶员请求驾驶自动化系统退出时,立即解除系统控制权。

2. 1级驾驶自动化(部分驾驶辅助)

1级驾驶自动化系统应满足以下要求。

(1) 持续地执行动态驾驶任务中的车辆横向或纵向运动控制。

(2) 具备与车辆横向或纵向运动控制相适应的部分目标和事件探测与响应的能力。

(3) 当驾驶员请求驾驶自动化系统退出时，立即解除系统控制权。

3. 2级驾驶自动化(组合驾驶辅助)

2级驾驶自动化系统应满足以下要求。

(1) 持续地执行动态驾驶任务中的车辆横向和纵向运动控制。

(2) 具备与车辆横向和纵向运动控制相适应的部分目标和事件探测与响应的能力。

(3) 当驾驶员请求驾驶自动化系统退出时，立即解除系统控制权。

4. 3级驾驶自动化(有条件自动驾驶)

3级驾驶自动化系统应满足以下要求。

(1) 仅允许在设计运行条件内激活。

(2) 激活后在设计运行条件内执行全部动态驾驶任务。

(3) 识别是否即将不满足设计运行条件，并在即将不满足设计运行条件时，及时向动态驾驶任务接管用户发出接管请求。

(4) 识别驾驶自动化系统失效，并在发生驾驶自动化系统失效时，及时向动态驾驶任务接管用户发出接管请求。

(5) 识别动态驾驶任务接管用户的接管能力，并在用户的接管能力即将不满足要求时，发出接管请求。

(6) 在发出接管请求后，继续执行动态驾驶任务一定的时间供动态驾驶任务接管用户接管。

(7) 在发出接管请求后，如果动态驾驶任务接管用户未响应，适时执行风险减缓策略。

(8) 当用户请求驾驶自动化系统退出时，立即解除系统控制权。

5. 4级驾驶自动化(高度自动驾驶)

4级驾驶自动化系统应满足以下要求。

(1) 仅允许在设计运行条件内激活。

(2) 激活后在设计运行条件内执行全部动态驾驶任务。

(3) 识别是否即将不满足设计运行条件。

(4) 识别驾驶自动化系统失效和车辆其他系统失效。

(5) 在发生下列情况之一时，执行动态驾驶任务接管并自动达到最小风险状态。

① 即将不满足设计运行条件。

② 驾驶自动化系统失效或车辆其他系统失效。

③ 用户未响应接管请求。

④ 用户要求实现最小风险状态。

(6) 除下列情形以外，不得解除系统控制权。
① 已达到最小风险状态。
② 驾驶员在执行动态驾驶任务。
(7) 当用户请求驾驶自动化系统退出时，解除系统控制权，如果存在安全风险，可暂缓解除。

6.5 级驾驶自动化(完全自动驾驶)

5 级驾驶自动化系统应满足以下要求。
(1) 无设计运行条件限制。
(2) 激活后执行全部动态驾驶任务。
(3) 识别驾驶自动化系统失效和车辆其他系统失效。
(4) 在发生下列情形之一时，执行动态驾驶任务接管并自动达到最小风险状态。
① 驾驶自动化系统失效或车辆其他系统失效。
② 用户未响应接管请求。
③ 用户要求实现最小风险状态。
(5) 除下列情形以外，不得解除系统控制权。
① 已达到最小风险状态。
② 驾驶员在执行动态驾驶任务。
(6) 当用户请求驾驶自动化系统退出时，解除系统控制权，如果存在安全风险，可暂缓解除。

用户与驾驶自动化系统的角色见表2-2。

表2-2 用户与驾驶自动化系统的角色

驾驶自动化等级	用户的角色	驾驶自动化系统的角色 (驾驶自动化系统激活)
0 级-应急辅助	驾驶员(持续)： 执行全部动态驾驶任务，监管驾驶自动化系统，并在需要时接管以确保车辆安全	a) 持续执行部分目标和事件探测与响应； b) 当驾驶员请求驾驶自动化系统退出时，立即解除系统控制权
1 级-部分驾驶辅助	驾驶员(持续)： a) 执行驾驶自动化系统没有执行的其余动态驾驶任务； b) 监管驾驶自动化系统，并在需要时接管以确保车辆安全； c) 决定是否及何时启动或关闭驾驶自动化系统； d) 在任何时候，可以立即执行全部动态驾驶任务	a) 持续执行动态驾驶任务中的车辆横向或纵向运动控制； b) 具备与车辆横向或纵向运动控制相适应的部分目标和事件探测与响应的能力； c) 当驾驶员请求驾驶自动化系统退出时，立即解除系统控制权

续表

驾驶自动化等级	用户的角色	驾驶自动化系统的角色（驾驶自动化系统激活）
2级-组合驾驶辅助	驾驶员(持续)： a) 执行驾驶自动化系统没有执行的其余动态驾驶任务； b) 监管驾驶自动化系统，并在需要时接管以确保车辆安全； c) 决定是否及何时启动或关闭驾驶自动化系统； d) 在任何时候，可以立即执行全部动态驾驶任务	a) 持续执行动态驾驶任务中的车辆横向和纵向运动控制； b) 具备与车辆横向和纵向运动控制相适应的部分目标和事件探测与响应的能力； c) 当驾驶员请求驾驶自动化系统退出时，立即解除系统控制权
3级-有条件自动驾驶	驾驶员(驾驶自动化系统未激活)： a) 驾驶自动化系统激活前，确认装备驾驶自动化系统的车辆状态是否可以使用； b) 决定何时开启驾驶自动化系统； c) 在驾驶自动化系统激活后成为动态驾驶任务接管用户 动态驾驶任务接管用户(驾驶自动化系统激活)： a) 当收到接管请求时，及时执行动态驾驶任务接管； b) 发生车辆其他系统失效时，及时执行动态驾驶任务接管； c) 可将视线转移至非驾驶相关的活动，但保持一定的警觉性，对明显的外部刺激(如救护车警笛等)进行适当的响应； d) 决定是否以及如何实现最小风险状态，并判断是否达到最小风险状态； e) 在请求驾驶自动化系统退出后成为驾驶员	a) 仅允许在设计运行条件内激活； b) 激活后在设计运行条件内执行全部动态驾驶任务； c) 识别是否即将不满足设计运行条件，并在即将不满足设计运行条件时，及时向动态驾驶任务接管用户发出接管请求； d) 识别驾驶自动化系统失效，并在发生驾驶自动化系统失效时，及时向动态驾驶任务接管用户发出接管请求； e) 识别动态驾驶任务接管用户的接管能力，并在用户的接管能力即将不满足要求时，发出接管请求； f) 在发出接管请求后，继续执行动态驾驶任务一定的时间供动态驾驶任务接管用户接管； g) 在发出接管请求后，如果动态驾驶任务接管用户未响应，适时执行风险减缓策略； h) 当用户请求驾驶自动化系统退出时，立即解除系统控制权

续表

驾驶自动化等级	用户的角色	驾驶自动化系统的角色(驾驶自动化系统激活)
4级-高度自动驾驶	驾驶员/调度员(驾驶自动化系统未激活): a) 驾驶自动化系统激活前,确认装备驾驶自动化系统的车辆状态是否可以使用; b) 决定是否开启驾驶自动化系统; c) 在驾驶自动化系统激活后,车内的驾驶员/调度员成为乘客 乘客/调度员(驾驶自动化系统激活): a) 无须执行动态驾驶任务或动态驾驶任务接管; b) 无须决定是否及如何实现最小风险状态,且不需要判断是否达到最小风险状态; c) 可接受接管请求并执行动态驾驶任务接管; d) 可请求驾驶自动化系统退出; e) 在请求驾驶自动化系统退出且系统退出后成为驾驶员	a) 仅允许在设计运行条件内激活; b) 激活后在设计运行条件内执行全部动态驾驶任务; c) 识别是否即将不满足设计运行条件; d) 识别驾驶自动化系统失效和车辆其他系统失效; e) 在发生下列情况之一时,执行动态驾驶任务接管并自动达到最小风险状态: ——即将不满足设计运行条件; ——驾驶自动化系统失效或车辆其他系统失效; ——用户未响应接管请求; ——用户要求实现最小风险状态。 f) 除下列情形以外,不得解除系统控制权: ——已达到最小风险状态; ——驾驶员在执行动态驾驶任务。 g) 当用户请求驾驶自动化系统退出时,解除系统控制权,如果存在安全风险,可暂缓解除
5级-完全自动驾驶	驾驶员/调度员(驾驶自动化系统未激活): a) 驾驶自动化系统激活前,确认装备驾驶自动化系统的车辆状态是否可以使用; b) 决定是否开启驾驶自动化系统; c) 在驾驶自动化系统激活后,车内的驾驶员/调度员成为乘客 乘客/调度员(驾驶自动化系统激活): a) 无须执行动态驾驶任务或动态驾驶任务接管; b) 无须决定是否及如何实现最小风险状态,且不需要判断是否达到最小风险状态; c) 可接受接管请求并执行动态驾驶任务接管; d) 可请求驾驶自动化系统退出; e) 在请求驾驶自动化系统退出且系统退出后成为驾驶员	a) 无设计运行条件限制; b) 激活后执行全部动态驾驶任务; c) 识别驾驶自动化系统失效和车辆其他系统失效; d) 在发生下列情况之一时,执行动态驾驶任务接管并自动达到最小风险状态: ——驾驶自动化系统失效或车辆其他系统失效; ——用户未响应接管请求; ——用户要求实现最小风险状态。 e) 除下列情形以外,不得解除系统控制权: ——已达到最小风险状态; ——驾驶员在执行动态驾驶任务。 f) 当用户请求驾驶自动化系统退出时,解除系统控制权,如果存在安全风险,可暂缓解除

驾驶自动化系统激活后用户的角色见表2-3。

表2-3 驾驶自动化系统激活后用户的角色

	驾驶自动化系统激活					
	0级	1级	2级	3级	4级	5级
在驾驶座位的用户	传统驾驶员			动态驾驶任务接管用户	乘客	
不在驾驶座位的车内用户	远程驾驶员				乘客	
车外用户	远程驾驶员				调度员	

注：具备4或5级驾驶自动化功能的车辆也可装备驾驶座位

第二节 SAE智能汽车技术分级

一、SAE技术分级标准

汽车工程师协会(Society of Automotive Engineer，SAE)2014年制定的SAE J3016标准，汽车自动化系统分为Level 0(无自动化)～Level 5(完全自动化)六个级别。这一标准不仅被美国交通运输部采纳为联邦标准，同时也已经成为全球汽车业界评定自动驾驶等级的通用标准。SAE技术分级标准见表2-4。

表2-4 SAE自动驾驶汽车及技术分级

等级	名称	描述	动态驾驶任务：DDT		动态驾驶任务支援 DDT Fallback	设计运行域 ODD
			持续的横向和纵向车辆运动控制	监控 OEDR		
驾驶员完成部分或者全部的动态驾驶任务						
0	没有驾驶自动化	即使有主动安全系统的辅助，仍然由驾驶员执行全部的动态驾驶任务	驾驶员/用户	驾驶员/用户	驾驶员/用户	N/A
1	驾驶辅助	在适用的设计范围下，驾驶自动化系统(driving automation system)可持续执行横向或纵向的车辆运动控制的某一子任务(不同时进行)，由驾驶员执行其他的动态驾驶任务	驾驶员/用户和系统	驾驶员/用户	驾驶员/用户	部分

续表

等级	名称	描述	动态驾驶任务：DDT		动态驾驶任务支援 DDT Fallback	设计运行域 ODD
			持续的横向和纵向车辆运动控制	监控 OEDR		
2	部分驾驶自动化	在适用的设计范围下，驾驶自动化系统(driving automation system)可持续执行横向或纵向的车辆运动控制任务(不同时进行)，驾驶员负责执行 OEDR 任务并监督驾驶自动化系统	系统	驾驶员/用户	驾驶员/用户	部分
	自动驾驶系统(Automated Driving System，ADS)可持续执行完整 DDT(在使用状态中)					
3	有条件驾驶自动化	在适用的设计范围下，自动驾驶系统可持续执行完整的动态驾驶任务，驾驶员需要在系统失效时接受系统的干预请求，及时做出响应	系统	系统	驾驶员/用户	部分
4	高度驾驶自动化	在适用的设计范围下，自动驾驶系统可持续执行完整的动态驾驶任务，驾驶员不需要对系统请求做出响应	系统	系统	系统	部分
5	完全驾驶自动化	自动驾驶系统在所有道路环境执行完整的动态驾驶任务及动态驾驶任务支援，驾驶员无须介入	系统	系统	系统	全域

二、SAE 技术分级主要因素

确定自动驾驶级别的四个主要因素为动态驾驶任务 DDT、物体和事件的探测响应 OEDR、动态驾驶任务支援 DDT Fallback、设计运行域 ODD。

(1) 动态驾驶任务 DDT(Dynamic Driving Task)：指在道路上驾驶车辆需要做的实时操作和决策行为，包括对车辆进行横向运动和纵向运动方向的操作(转向、加速和减速)，路径规划决策，对车辆周围环境的监测和执行对应操作等。

动态驾驶任务 DDT 包括自动驾驶方案实现的若干具体功能，在已量产的辅助驾驶、自动驾驶车型中，比较常见的拥堵跟车行驶、自适应巡航、自动紧急制动、拨杆换道、主动超车等，均为典型的动态驾驶任务。

(2) 动态驾驶任务 DDT 包括物体和事件的探测响应 OEDR(Object and Event Detection and Response)：指驾驶员或自动驾驶系统对突发情况(物体和事件)的探测和响应。在自动驾驶模式下，系统负责 OEDR，应对可能影响安全操作的其他事物，进行检测和响应。

(3) 动态驾驶任务支援 DDT Fallback：自动驾驶在设计时，考虑到发生系统失效或者出现超出系统设计的使用范围之外的情况，当该情形发生时，驾驶员或自动驾驶系统需做出最小化风险的解决响应。

分级预警是较为常见的 DDT Fallback 操作。系统在检测到需要驾驶员/用户接管时，会分级发出接管提示。如果限定时间内驾驶员/用户没有响应一级提示，那么会发出二级提示，提示强度全面升级。在超出时间仍未接管的情况下，车辆将进入最小风险状态，降低车速并停车，同时，车辆向运营服务中心发送紧急救援信息。

(4) 设计运行域(或设计的适用范围)ODD(Operational Design Domain)：指自动驾驶系统设计时确定的汽车安全工作的环境，给定自动驾驶系统具体的条件，以确保系统能力在安全适用的环境之内。通常包括车辆自动驾驶时的道路情况、地形、交通状况、车速、车流量、天气环境、时段等信息。

设计运行域 ODD 是场景的部分状态，即应用场景或运行场景。场景一般用来描述系统的使用方式、使用要求、使用环境，以及构想更多可行的系统。场景一般理解为自动驾驶汽车行驶环境各组成要素在一段时间内的总体动态信息。场景要素见表 2-5。

表 2-5 场景要素

天气和光照	静态车道信息		动态车道信息		交通参与者信息			车辆服务设施	互联网信息
温度，湿度，光照度，能见度	车道信息	道路设施信息	道路动态变化	道路设施动态变化	通信环境动态变化	车辆信息	非机动车信息	行人信息	停车场、加油站、充电站	商务、公务、公共、生活等互联网信息

续表

天气和光照	静态车道信息		动态车道信息			交通参与者信息			车辆服务设施	互联网信息
温度，湿度，光照度，能见度	车道数、道线、坡度、弯道、路缘、路口结构、立交桥、高速公路、城市道路、越野道路、隧道等	交通指示牌、信号灯、ETC等	道路维修、封堵、塌陷等	设施移动、损坏等	信号遮挡、电磁干扰等	类别，动态，几何属性	类别，动态，几何属性	类别，动态，几何属性	类别，车位，轨迹，支付	商务、公务、公共、生活等互联网信息

三、SAE自动驾驶系统与用户的角色转换

在自动驾驶技术分级中，L3是重要的分界线，在L2及以下的自动驾驶技术仍然是辅助驾驶技术，尽管可以在一定程度上解放双手，但是环境感知、接管仍然需要人来完成，即由驾驶员来进行驾驶环境的观察，并且在紧急情况下直接接管。而在L3级中，环境感知将交由控制系统来完成，驾驶员可以不再关注路况，从而实现了驾驶员双眼的解放。而L4则带来自动驾驶技术的高级体验，在规定的运行范围(ODD)内，驾驶员可以完全实现双手脱离方向盘以及注意力的解放。从实际应用价值来看，L3/L4相对于辅助驾驶技术有质的提升，从"机器辅助人开车"(L2)到"机器开车人辅助"(L3)，最终实现"机器开车"(L4/L5)。

L0~L5各级别中自动驾驶系统与用户的角色转换，如表2-6所示。

表2-6 自动驾驶系统与用户角色

级别	用户角色	自动驾驶系统角色
驾驶员执行部分或全部DDT		
0级 无驾驶自动化	驾驶员(全时刻)： 执行全部DDT	自动驾驶系统(如果有)： 不承担任何DDT(尽管其他车辆系统可能提供报警或支持，例如临时的紧急干预)

续表

级别	用户角色	自动驾驶系统角色
1级 驾驶员辅助	驾驶员(全时刻)： ○执行自动驾驶系统未执行的DDT； ○监督自动驾驶系统，必要时进行干预以确保车辆的安全运行； ○决定自动驾驶系统的介入或退出是否/何时合适； ○一旦有意愿或被要求时立即执行整个DDT	自动驾驶系统(介入时)： ○通过执行纵向或横向运动控制子任务来承担部分的DDT； ○接收到驾驶员请求后立即退出
2级 部分驾驶自动化	驾驶员(全时刻)： ○执行自动驾驶系统未执行的DDT； ○监督自动驾驶系统，必要时进行干预以确保车辆的安全运行； ○决定自动驾驶系统的介入或退出是否/何时合适； ○一旦有意愿或被要求时立即执行整个DDT	自动驾驶系统(介入时)： ○通过执行纵向和横向运动控制子任务来承担部分的DDT； ○接收到驾驶员请求后立即退出

驾驶员执行部分或全部DDT

级别	用户角色	自动驾驶系统角色
3级 有条件的驾驶 自动化	驾驶员(ADS未介入时)： ○确认装配ADS车辆的可运行性； ○决定何时ADS的介入是适当的； ○在ADS介入后成为可接管DDT用户 可接管DDT用户(ADS介入时)： ○接受干预请求并及时执行DDT接管； ○响应车辆系统中DDT相关的系统故障，一旦发生则及时执行DDT接管； ○决定是否以及如何达到最小风险状况； ○在ADS退出后成为驾驶员	自动驾驶系统(未介入时)： 仅在ODD内允许系统介入 自动驾驶系统(介入时)： ○执行全部DDT； ○决定是否将超过ODD边界，如果是这样，给可接管DDT的用户及时发出接管请求； ○决定是否存在一个DDT性能相关的系统故障，如果是这样，给可接管DDT的用户及时发出接管请求； ○在发出接管请求后的合适时间系统退出； ○在驾驶员请求后立即退出

续表

级别	用户角色	自动驾驶系统角色
4级 高度驾驶自动化	驾驶员/调度员(ADS 未介入时)： ○确认装配 ADS 车辆的可运行性； ○决定 ADS 是否介入； ○ADS 介入后成为乘客(仅当仍在车厢内) 乘客/调度员(ADS 介入时)： ○无须执行 DDT 或接管 DDT； ○无须决定是否或如何达到最小风险状况； ○在接受接管请求后可以执行接管 DDT 任务； ○可以请求 ADS 退出并可以在退出后达到最小风险状况； ○在请求系统退出后可以成为驾驶员	自动驾驶系统(未介入)： 仅在 ODD 内允许系统介入 自动驾驶系统(介入时)： ○执行全部 DDT； ○可以发出及时的接管请求； ○自动执行 DDT 接管并迁移到一个最小风险状况，当出现 DDT 性能相关的系统故障，或者用户未响应接管请求，或者用户请求达到最小风险状况； ○适当的系统退出，仅在达到了最小风险状况，或驾驶员正在执行 DDT； ○可以延迟用户的系统退出请求
5级 完全驾驶自动化	驾驶员/调度员(ADS 未介入时)： ○确认装配 ADS 车辆的可运行性； ○决定 ADS 是否介入； ○ADS 介入后成为乘客(仅当仍在车厢内) 乘客/调度员(ADS 介入时)： ○无须执行 DDT 或接管 DDT； ○无须决定是否或如何达到最小风险状况； ○在接受接管请求后可以执行接管 DDT 任务； ○可以请求 ADS 退出并可以在退出后达到最小风险状况； ○在请求系统退出后可以成为驾驶员	自动驾驶系统(未介入)： 在全部驾驶员可以应对的道路状况内允许系统介入 自动驾驶系统(系统介入时)： ○执行全部 DDT； ○自动执行 DDT 接管并迁移到一个最小风险状况，当出现 DDT 性能相关的系统故障，或者用户未响应接管请求，或者用户请求达到最小风险状况； ○适当的系统退出，仅在达到了最小风险状况，或驾驶员正在执行 DDT； ○可以延迟用户的系统退出请求

第三节 智能汽车自动驾驶技术应用

智能汽车的发展路径可大致分为自主式驾驶辅助(对应 SAE 分级 L1～L2)、网联式驾驶辅助(对应 SAE 分级 L1～L2)、人机共驾(对应 SAE 分级 L3)、高度自动/自动驾驶(对应 SAE 分级 L4～L5) 4 个阶段。

国内智能汽车自动驾驶技术将以 L0～L5 的路线渐进式展开，主要的设计运行域 ODD 从低难度的区域(封闭低速路段)到高难度的区域(复杂城市道路)包括：封闭区域、特定园区、高速道路、市郊大道、复杂市区；移动出行方式以私家车出行、共享客运接驳、货运物流以及工程机械、市政环卫车辆、农田作业车辆运行为主。

汽车智能控制主要术语和有关定义如下。

先进驾驶辅助系统(Advanced Driver Assistance Systems，ADAS)：利用安装在车辆上的传感、通信、决策及执行等装置，实时监测驾驶员、车辆及其行驶环境，并通过信息和/或运动控制等方式辅助驾驶员执行驾驶任务或主动避免/减轻碰撞危害的各类系统的总称。

信息辅助类术语和定义如下。

(1) 驾驶员疲劳监测(Driver Fatigue Monitoring，DFM)：实时监测驾驶员状态并在确认其疲劳时发出提示信息。

(2) 驾驶员注意力监测(Driver Attention Monitoring，DAM)：实时监测驾驶员状态并在确认其注意力分散时发出提示信息。

(3) 交通标志识别(Traffic Signs Recognition，TSR)：自动识别车辆行驶路段的交通标志并发出提示信息。

(4) 智能限速提示(Intelligent Speed Limit Information，ISLI)：自动获取车辆当前条件下所应遵守的限速信息并实时监测车辆行驶速度，在车辆行驶速度不符合或即将超出限速范围的情况下，适时发出提示信息。

(5) 弯道速度预警(Curve Speed Warning，CSW)：对车辆状态和前方弯道进行监测，当行驶速度超过弯道的安全通行车速时，发出警告信息。

(6) 抬头显示(Head-Up Display，HUD)：将信息显示在驾驶员正常驾驶时的视野范围内，使驾驶员不必低头就可以看到相应的信息。

(7) 全景影像监测(Around View Monitoring，AVM)：向驾驶员提供车辆周围360°范围内环境的实时影像信息。

(8) 夜视(Night Vision，NV)：在夜间或其他弱光行驶环境中为驾驶员提供视觉辅助或警告信息。

(9) 前向车距监测(Forward Distance Monitoring，FDM)：实时监测本车与前方车辆车距，并以空间或时间距离等方式显示车距信息。

(10) 前向碰撞预警(Forward Collision Warning，FCW)：实时监测车辆前方行驶环境，并在可能发生前向碰撞危险时发出警告信息。

(11) 后向碰撞预警(Rear Collision Warning，RCW)：实时监测车辆后方环境，并在可能受到后方碰撞危险时发出警告信息。

(12) 车道偏离预警(Lane Departure Warning，LDW)：实时监测车辆在本车道的行驶状态，并在出现或即将出现非驾驶意愿的车道偏离时发出警告信息。

(13) 车道碰撞预警(Lane Changing Warning，LCW)：在车辆变道过程中，实时监测相邻车道，并在车辆侧方和/或侧后方出现可能与本车发生碰撞危险的其他道路使用者时发出警告信息。

(14) 盲区监测(Blind Spot Detection，BSD)：实时监测驾驶员视野盲区，并在其盲区内出现其他道路使用者时发出提示或警告信息。

(15) 侧面盲区监测(Side Blind Spot Detection，SBSD)：实时监测驾驶员视野的侧方及侧后方盲区，并在其盲区内出现其他道路使用者时发出提示或警告信息。

(16) 转向盲区监测(Steering Blind Spot Detection，STBSD)：在车辆转向过程中，实时监测驾驶员转向盲区，并在其盲区内出现其他道路使用者时发出警告信息。

(17) 后方交通穿行提示(Rear Cross Traffic Alert，RCTA)：在车辆倒车时，实时监测车辆后部横向接近的其他道路使用者，并在可能发生碰撞危险时发出警告信息。

(18) 前方交通穿行提示(Front Cross Traffic Alert，FCTA)：在车辆低速前进时，实时监测车辆前部横向接近的其他道路使用者，并在可能发生碰撞危险时发出警告信息。

(19) 车门开启预警(Door Open Warning，DOW)：在停车状态即将开启车门时，监测车辆侧方及侧后方的其他道路使用者，并在可能因车门开启而发生碰撞危险时发出警告信息。

(20) 倒车辅助(Reversing Condition Assist，RCA)：在车辆倒车时，实时监测车辆后方环境，并为驾驶员提供影像或警告信息。

(21) 低速行车辅助(Maneuvering Aid For Low Speed Operation，MALSO)：在车辆低速行驶时，探测其周围障碍物，并当车辆靠近障碍物时为驾驶员提供影像或警告信息。

控制辅助类术语如下。

(1) 自动紧急制动(Advanced/Automatic Emergency Braking，AEB)：实时监测车辆前方行驶环境，并在可能发生碰撞危险时自动启动车辆制动系统使车辆减速，以避免碰撞或减轻碰撞后果。

(2) 紧急制动辅助(Emergency Braking Assist，EBA)：实时监测车辆前方行驶环境，在可能发生碰撞危险时提前采取措施以减少制动响应时间并在驾驶员采取制动操作时辅助增加制动压力，以避免碰撞或减轻碰撞后果。

(3) 自动紧急转向(Automatic Emergency Steering，AES)：实时监测车辆前方、侧方及侧后方行驶环境，在可能发生碰撞危险时自动控制车辆转向，以避免碰撞或减轻碰撞后果。

(4) 紧急转向辅助(Emergency Steering Assist，ESA)：实时监测车辆前方、侧方及侧后方行驶环境，在可能发生碰撞危险且驾驶员有明确的转向意图时辅助驾驶员进行转向操作。

(5) 智能限速控制(Intelligent Speed Limit Control，ISLC)：自动获取车辆当前条件下所应遵守的限速信息，实时监测并辅助控制车辆行驶速度，以使其保持在限速范围之内。

(6) 车道保持辅助(Lane Keeping Assist，LKA)：实时监测车辆与车道边线的相对位置，持续或在必要情况下控制车辆横向运动，使车辆保持在原车道内行驶。

(7) 车道居中控制(Lane Centering Control，LCC)：实时监测车辆与车道边线的相对位置，持续自动控制车辆横向运动，使车辆始终在车道中央区域行驶。

(8) 车道偏离抑制(Lane Departure Prevention，LDP)：实时监测车辆与车道边线的相对位置，在车辆将发生车道偏离时控制车辆横向运动，辅助驾驶员将车辆保持在原车道内行驶。

(9) 智能泊车辅助(Intelligent Parking Assist，IPA)：在车辆泊车时，自动检测泊车空间并为驾驶员提供泊车指示和/或方向控制等辅助功能。

(10) 自适应巡航控制(Adaptive Cruise Control，ACC)：实时监测车辆前方行驶环境，在设定的速度范围内自动调整行驶速度，以适应前方车辆和/或道路条件等引起的驾驶环境变化。

(11) 全速自适应巡航控制(Full Speed Range Adaptive Cruise Control，FSRA)：实时监测车辆前方行驶环境，在设定的速度范围内自动调整行驶速度并具有减速至停止及从停止状态自动起步的功能，以适应前方车辆和/或道路条件等引起的驾驶环境变化。

(12) 交通拥堵辅助(Traffic Jam Assist，TJA)：在车辆低速通过交通拥堵路段时，实时监测车辆前方及相邻车道行驶环境，并自动对车辆进行横向和纵向控制，其中部分功能的使用需经过驾驶员的确认。

(13) 加速踏板防误踩(Anti-Maloperation For Accelerator Pedal，AMAP)：在车辆起步或低速行驶时，因驾驶员误踩加速踏板产生紧急加速而可能与周边障碍物发生碰撞时，自动抑制车辆加速。

(14) 自适应远光灯(Adaptive Driving Beam，ADB)：能够自动调整投射范围以减少对前方或对向其他车辆驾驶员炫目干扰的远光灯。

(15) 自适应前照灯(Adaptive Front Light，AFL)：能够自动进行近光/远光切换或投射范围控制，从而为适应车辆各种使用环境提供不同类型光束的前照灯。

【本节知识拓展】

特斯拉 Autopilot 2.0 基本功能

特斯拉(TESLA) Model S 应用 Autopilot 2.0 版本控制系统，包括 3 个前视摄像头(正常、长焦、广角各 1 个)、3 个后视摄像头、2 个侧视摄像头(左、右)、1 个毫米波雷达、12 个超声波雷达、NVIDIA Drive PX2 计算平台，自动辅助驾驶功能如表 2-7 所示。

表 2-7　自动辅助驾驶功能

名　称	主动巡航	辅助转向	自动变道
功能描述	前方交通通畅，主动巡航系统将维持特定的行驶速度。前方有车，主动巡航系统将根据需要降低车速，与前车保持基于选定时间的距离，直至达到设定速度	以主动巡航控制为基础，能在以设定速度巡航时，保持在车道内行驶	主动巡航控制和辅助转向工作状态下，可激发自动变道功能驶入相邻车道，而无须操纵方向盘
使用场景	高速公路等干燥、平直的道路	快速路、进出受限的道路，车道线必须清晰	具有清晰的车道线的公路和主路上，以及需要最小限度转向和驾驶人干预的相对可预测情况下使用，仅限于高速公路行驶

续表

名 称	主动巡航	辅助转向	自动变道
受限场景	市内道路,急转弯的曲折道路,结冰或湿滑路面,雨、雪、雾灯能见度差的天气,强光,传感器损坏、被遮挡、被干扰,主动巡航无法基于路况和驾驶条件调节行驶速度的情况	除主动巡航受限的场景外,在坡道、接近收费站等地方不宜使用	除主动巡航、辅助转向受限的场景外,还包括自动变道系统无法准确确认车道线,例如:车道线磨损、临时调整、变化迅速(分岔、横穿、合并等),车道线上有阴影,路面缝隙、其他线条标记,开启转向灯时侧撞预警激活,过于接近前方车辆而阻挡了摄像头
主要传感器	毫米波雷达,前视摄像头	毫米波雷达,前视摄像头,超声波雷达	毫米波雷达,前视摄像头,超声波雷达
警告	主动巡航是为了驾驶舒适性和便利性而设计,不属于碰撞警告和规避系统。尽管主动巡航可以检测行人和骑车人,但是不能过度依靠主动巡航控制降低车速。当突然出现障碍物,尤其是车速大于80km/h时,主动巡航系统可能失效。主动巡航系统可能会由于制动力有限和处于坡道下坡而超过设定的车速,还可能误判与前车的距离。主动巡航系统可能会偶尔失控制动,这可能是因为跟车过近或检测到相邻车道(弯道)障碍物	辅助转向是测试功能,驾驶人须始终手握方向盘。如果反复忽略手握方向盘的提示,系统便会显示信息,并且在本次行程中被禁用。如果不恢复手动操作,系统会发出连续蜂鸣声、开启警告灯并降低车速直至停车。将车停稳并换入驻车挡后,可再次使用辅助转向	驾驶人有责任确认变道是否安全、恰当,自动变道系统无法检测目标车道内即将到来的车流,特别是来自后方快速行驶的车辆
开启条件	前方无车,车速大于30km/h;前方有车,可在任何车速或停驶状态启用	车道线清晰,车速大于30km/h;前方有车,根据前车确定车道,可在任何车速或停驶状态启用	自动变道设置开启;转向指示灯启用;辅助转向主动操控车辆转向;超声波传感器检测到目标车;车道中央无车辆或障碍;车道标志允许变道;摄像头未被遮挡;车道辅助未检测到盲区内有车辆;变道至一半时,自动变道能检测到目标车道的外侧车道线;车速不低于45km/h

续表

名 称	主动巡航	辅助转向	自动变道
开启方式	开启：向自己方向拨动一次巡航控制手柄； 调整跟车距离：转动巡航控制手柄； 调整车速：向上或向下拨动巡航手柄	开启：向自己方向拨动一次巡航控制手柄	开启：主动巡航控制、辅助转向控制处于激活状态时，拨动转向灯开关
工作状态	前方无车，定速巡航； 前方有车，根据需要提高或降低车速，在设定速度下保持选择的车距，检测到前方无车时，加速到设定车速； 在驶入/驶出弯道时，适当调节车速	多数情况下，辅助转向系统会保持在车道中间行驶； 如果传感器检测到障碍物，辅助转向系统可能会操控车辆转向	超车加速模式激活，本车加速接近前方车辆； 车辆检测目标车道内没有车辆或障碍物，则开始变道； 自动变道系统检测目标车道外侧车道线，检测到之后完成变道； 完成一次变道后，需要再次操作才能启用

第四节 网联式自动驾驶技术路线

道路运输涉及多种类型的车辆，以下三个路线图分别对应乘用车、货车、城市出行车辆(包括公交车)。

一、乘用车自动驾驶技术路线

乘用车是推动自动驾驶技术发展的主要因素之一，乘用车市场保有量高，可为相关技术的发展提供支持。随着传感器的增多，网联化水平的提升以及车载及云端计算能力的增强，乘用车的自动驾驶等级会不断提高，从驾驶应用上，可分为驾驶和泊车两个场景。

1. 交通拥堵自动驾驶(L3级)

能够在拥堵的高速公路或类似高速公路的道路上以不超过60km/h的车速行驶。在发生交通拥堵场景下可以启动该系统，可以探测到前方缓慢行驶的车辆，并对自车进行横向和纵向控制。此功能下一代还会包含换道功能。该系统需要由驾驶员启动，但驾驶员不需要持续对系统进行监控。驾驶员可以在任何时候接管或关闭系统。当系统向驾驶员发出接管请求时，会给驾驶员预留足够的时间调整自己的状态并接管驾驶任务。如驾驶员没有及时接管驾驶任务，系统会自动降低风险状态，比如将车辆安全停下来。

2. 有条件高速公路自动驾驶(L3级)

能够在高速公路或类似高速公路的道路上以不超过 130km/h 的车速行驶。从入口到出口，可在所有车道行驶，可实现超车。该系统需要由驾驶员亲自启动，但驾驶员不需要持续对系统进行监控。驾驶员可以在任何时候接管或关闭系统。当系统向驾驶员发出接管请求时，会给驾驶员预留足够的时间调整座椅并接管驾驶任务。如驾驶员没有及时接管驾驶任务，系统会自动进入降低风险状态，将车辆安全停稳。在条件允许时，根据交通状况和系统能力，降低风险还包括必要的车道变更，以使车辆可以停到路肩上，如路边或应急车道上。

3. 城市和郊区驾驶(L4级)

在城市和郊区能够在一定速度限制内实现高度自动驾驶。驾驶员可以在所有交通状况下启动该系统，并且可以在任何时候接管或关闭系统。

4. 高速公路自动驾驶(L4级)

高度自动驾驶能够在高速公路或类似高速公路的快速路上且速度在 130km/h 情况下运行，从入口到出口，可在所有车道上行驶，可实现超车和车道变更。该系统需要由驾驶员亲自启动，但驾驶员不需要持续对系统进行监控。驾驶员可以在任何时候接管或关闭系统。系统处于正常运行区域时(如在高速公路上)，并不会向驾驶员发出接管请求，因此驾驶员可以在此期间睡觉。如果驾驶员想要终止行程，或者遇到特殊情况(如极端天气)需要停车，而驾驶员又没有接管驾驶任务，系统有能力驶离高速公路并安全泊车。

5. 高速公路列队行驶(L4级)

能够在高速公路或类似高速公路的快速路上，多辆不同类型的汽车通过网联的方式相互连接，并在同一个车道内队列行驶，车距控制在最小范围内。随着网联式协同系统的发展，V2V 通信实时性会不断增强，不同品牌的车辆建立临时行驶队列，并且可将车间安全距离降低到远低于当前人工驾驶安全距离的水平。这样一来，公路交通效率会大大提高(人均交通空间减小、单车能耗降低等)，这一效果在城市区域将尤为明显。

6. 公开道路完全自动驾驶(L5级)

完全自动驾驶汽车能够从 A 点行驶到 B 点，过程中不需要乘客输入任何信息。驾驶员可以在任何时候接管或关闭系统。注意：对于此系统的问世时间，当前只能做一个粗略的估计。在乡村道路，自动驾驶所需的技术途径和相关地图(没有路面标志的窄车道、有各式各样的道路使用者等)在近期内是难以实现的。

二、货车自动驾驶技术路线

此路线图针对特定区域的高度自动驾驶(L4级)货车，包括仓到仓(Hub-to-Hub，在美国仓库/仓储中心一般布局在干线道路附近，采用"仓到仓"能反映场景特点)、开放道路、城市内或跨城场景。上述车辆包括两类：带驾驶室、可选择手动驾驶和自动驾驶模式的车辆，以及无驾驶室、可远程网联监控和控制的车辆。不论是哪种车辆，货运物流、道路交通网和运营商等多方协同是非常重要的。

1. 限定区域内高度自动驾驶货车(L4 级)

该技术涵盖货运枢纽、航站楼、港口等限制区域内的高度自动驾驶货运车辆。限定区域内由于条件特殊，可以使用无驾驶室的无人操纵和远程网联监控车辆。可由控制塔对车辆的控制进行监督和监控。在限制区域内，为提高货物联合运输和转运效率，可制定专门的法规和标准。

2. 仓到仓高度自动驾驶货车(L4 级)

用于仓到仓运输的高度自动驾驶货车，仅在指定的车道内行驶。这类车辆包括有驾驶室的高度自动驾驶卡车和没有驾驶室的无人操纵网联式遥控车辆。仓到仓的运输也可以是由指定的开放道路连接起来的两个枢纽之间的且距离较远的货运。对于高度自动驾驶的货运，可设置速度限制等仓到仓运输流量相关法规和条例。道路基础设施、交通管理和物流系统等都需要做相应调整。所有车辆都应能够在预先设定的 ODD 内且无驾驶员介入的情况下正常运行。

3. 开放道路和城市区域内的高度自动驾驶(L4 级)

在开放道路和城市环境中运行的高度自动驾驶货运车辆，需要在无驾驶员介入的情况下满足典型场景(ODD)中混合交通的运行需求。对于在开放道路上行驶的高度自动驾驶货运车辆，可采用与非自动驾驶车辆相同的交通法规和条例，并需要注意道路上的弱势道路使用者，需与车队、交通和运输管理等因素整合。对于高度自动驾驶汽车队列行驶，可以将驾驶员监督任务移交给队列行驶中的其他车辆。

三、城市出行车辆自动驾驶技术路线

针对城市出行中使用的高度自动驾驶汽车，目前，在欧洲一些区域，采用低速和/或专用基础设施方案的高度自动驾驶汽车已经开始运行。

个人快速公交系统(PRT)，包括城市客车、小型城市出行工具，用于客运、最后一公里出行服务，以及在条件允许情况下，在限定、专用、开放道路作长途运输。应同时考虑群体和个人(出租车)角色的运行模式。

城市公交和长途客车，具备多种自动驾驶功能，包括驾驶员辅助、公交汽车站自动化、公交车编队以及在限定、专用、开放道路上的交通拥堵辅助。

1. 专用道路上行驶的自动驾驶 PRT/客车(L4 级)

在指定车道或专用基础设施上行驶的自动驾驶 PRT/客车。通过融合自动驾驶功能，提高安全性以及改善交通流量和网络利用率。因此，基于这类车辆的服务最有可能与传统的公共交通服务整合。

2. 混合交通环境下的自动驾驶 PRT/客车(L4 级)

自动驾驶 PRT/客车可供个人和群体使用。达到 L4 级是实现经济效率的先决条件。L4 级是指驾驶全过程都不需要乘客介入。在混合交通环境下，自动驾驶 PRT/客车的行驶速度与其他车辆保持一致。这类车辆最有可能通过出行服务与智能网联生态系统对接，包括预订、共享和网联平台、停车和充电服务以及车辆管理和维护的软件解决方案等。

随着人们对共享出行服务需求的日益增加，客车细分市场逐渐兴起，并且每天 24h 都可以使用。后台使用的是一种特殊算法，可以找到距离请求位置最近的车辆，并寻找其他出行路线相同的用户。单个客车内的乘客数量越多，每位乘客需要支付的出行费用就越少。这种方法可以有效减少城市内的交通量，降低交通对环境造成的影响。

基于地图的定位服务是保障自动驾驶客车安全性的必要条件。有了基于地图的定位服务，自动驾驶车辆可以准确地确定自身在车道上的具体位置，误差可达数厘米。另一个先决条件是信息安全：与外部世界的数据交互和有效安全的软件升级方案是关键因素。

L4 级自动驾驶 PRT/客车车队解决方案都离不开控制中心和数据云支持等特殊后台结构。在紧急条件、车辆维护或监管需要等情况下，控制中心可以为车辆的远程控制提供所需的服务和功能。云可以为自动驾驶功能、协作和交通数据提供额外的信息。

3. 专用车道高度自动驾驶公交(L4 级)

在专用公交车道上行驶的高度自动驾驶公交车，与无自动驾驶功能的城市公交车混行，可以实现的功能包括公交队列驾驶、自动跟车驾驶和公交车站自动驾驶，其作用是提高安全性、载客量，以及交通流量和网络的利用率。为满足专用车道行驶要求，还可制定速度限制等特定规则和条例。在预先设定的 ODD 内，车辆可在无驾驶员介入的情况下正常运行。

4. 混合交通环境下的高度自动驾驶公交(L4 级)

在开放道路和城市道路混合交通环境下行驶的高度自动驾驶公交车，可实现的功能包括公交队列驾驶、自动跟车驾驶和公交车站自动化，其作用是提高安全性、载客量，以及交通流量和网络的利用率。在预先设定的 ODD 内，车辆可在无驾驶员介入的情况下正常运行。

第五节　智能汽车的价值

在智能网联汽车的初级阶段，通过先进智能驾驶辅助技术有助于减少 30% 左右的交通事故，交通效率提升 10%，油耗与排放分别降低 5%。进入智能网联汽车的终极阶段，即完全自动驾驶阶段，甚至可以完全避免交通事故，提升交通效率 30% 以上，并最终把人从枯燥的驾驶任务中解放出来，这是智能汽车的价值魅力所在。

1. 更新汽车产业结构

随着汽车智能化、网联化的发展,汽车产业结构将发生巨大变化,如图 2-2 所示。

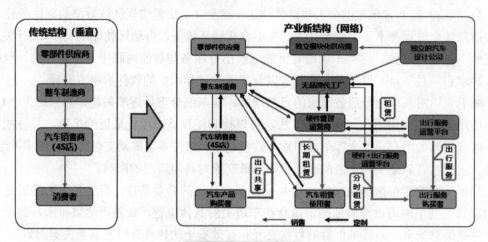

图 2-2 汽车产业结构

2. 实现节能减排

通过合理调度实现共享出行,可减少私家车购买数量,车辆绝对数量减少,将使全球范围的温室气体排放总量、污染物排放总量大幅度降低,同时,全球范围的石油燃料消耗量也大幅度降低。

3. 改善交通安全

驾驶员的过失责任是交通事故的主要因素。自动驾驶汽车不受人的心理和情绪干扰,保证遵守交通法规,按照规划路线行驶,对潜在危机做出反应较人类更为迅速,可以有效减少人为疏忽造成的交通事故,提高驾驶安全性。

4. 提升交通效率

自动驾驶汽车与智能交通系统协同运行,配合交通系统优化车流,通过提高车速、缩短车间距、选择最佳路线等缓解交通拥堵、减少通勤时间。

5. 提升移动与服务能力

汽车产品功能和使用方式将由单纯的交通运输工具逐渐转变为智能移动空间,兼有移动办公、移动家居、娱乐休闲、数字消费、共享出行、公共服务等功能,生产生活的新模式加速涌现。

使乘车/驾车移动出行适应多种人群,降低对驾驶者要求,为多种人群增加便利。

打造移动空间,帮助企业业务走上道路,降低驾驶人力成本,降低打车服务成本,减少人们买车需求,不再需要找停车位,打造便利的生活方式。

复 习 题

1. 什么是动态驾驶任务?
2. 什么是最小风险状态?
3. 什么是动态驾驶任务接管?
4. 什么是设计运行范围?
5. 什么是设计运行条件?
6. 什么是风险减缓策略?
7. 简述驾驶自动化等级划分的五个要素。
8. 简述中国驾驶自动化的五个等级及各等级的技术要求。
9. 简述中国驾驶自动化的五个等级与用户的角色转换关系。
10. 比较分析中国与SAE对驾驶自动化的等级划分及各等级的技术要求。
11. 先进驾驶辅助系统包括哪些技术应用?
12. 简述乘用车、货车、城市出行车辆的自动驾驶技术路线。
13. 简述智能汽车的价值。

第三章 感知与定位

【知识要求】

- 掌握智能汽车自主感知与定位系统：摄像机、激光雷达、毫米波雷达、超声波雷达、全球卫星导航系统与惯性导航系统的基本结构、原理。
- 了解高精度地图信息内容，了解高精度地图的生成。
- 掌握基于车路协同的自动驾驶系统组成。
- 掌握基于车路协同的自动驾驶系统的RSS、VSS各组成单元功能。
- 熟悉基于车路协同的自动驾驶系统的RSS与RSS、VSS与VSS、RSS与VSS之间的信息交互。
- 熟悉车路协同感知的典型应用场景。
- 掌握车路协同式自动驾驶系统基本工作原理、主要技术要求、数据交互需求。
- 熟悉网联定位系统架构。
- 了解多传感器的信息融合。

第一节　车辆自主感知与定位

智能传感器是指具有信息采集、信息处理、信息交换、信息存储等功能的多元件集成电路，是集传感器、通信芯片、微处理器、驱动程序、软件算法等于一体的系统级产品。

智能传感器基本结构如图 3-1 所示，一般包括传感单元、智能计算单元和接口单元。传感器单元负责信号采集，智能计算单元根据设定对输入信号进行处理，再通过网络接口与其他装置进行通信。智能传感器的实现可以采用模块式(将传感器、信号调理电路和带总线接口的微处理器组合成一个整体)、集成式(采用微机械加工技术和大规模集成电路工艺技术将敏感元件、信号调理电路、接口电路和微处理器等集成在同一块芯片上)或混合式(将传感器各环节以不同的组合方式集成在数块芯片上并封装在一个外壳中)等结构。

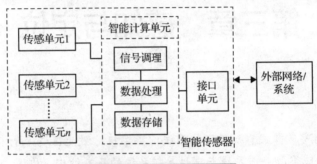

图 3-1　智能传感器基本结构

智能传感器技术发展的共性需求集中在小型化、网络化、数字化、低功耗、高灵敏度和低成本，传感材料、MEMS 芯片、驱动程序和应用软件是智能传感器的核心技术，特别是 MEMS 芯片，由于具有体积小、重量轻、功耗低、可靠性高并能与微处理器集成等特点，已成为智能传感器的重要载体。

实现自动驾驶技术所需三大类关键传感器为摄像机(图像传感器)、激光雷达、雷达。

车载摄像机是实现众多预警、识别类 ADAS 功能的基础。视觉影像处理系统是 ADAS 的最基础功能，而摄像机又是视觉影像处理系统的基础，车道偏离预警(LDW)、前向碰撞预警(FCW)、交通标志识别(TSR)、车道保持辅助(LKA)、行人碰撞预警(PCW)、全景泊车(SVP)、驾驶员疲劳预警等众多功能都可借助摄像机实现，有的功能甚至只能通过摄像机实现。

摄像机较其他车载雷达等其他传感器成本更低，根据安装部位的不同可分为前视、侧视、后视和内置四个部分，单车需配备至少 5 个摄像机。摄像机产业链主要包括镜头组、CMOS 图像传感器、DSP、模组封装等环节。随着车载摄像机市场的兴起，手机摄像机产业链各环节的产能将向车载摄像机产业转移，CMOS 图像传感器产业将继续保持高速增长。

汽车雷达可分为超声波雷达、毫米波雷达等，主要用于测距、测速等功能。超声波雷达成本较低，探测距离近，精度高，且不受光线条件的影响，常用于自动泊车系统。近年来，随着毫米波雷达技术水平的提升和成本的下降，毫米波雷达开始应用于汽车领域，其系统主要包括天线、收发模块、信号处理模块，目前关键技术主要由国外公司掌控。

相比普通雷达，激光雷达可提供高分辨率的辐射强度几何图像、距离图像、速度图像，具有分辨率高、精度高、抗有源干扰能力强的特点，是自动驾驶的最佳技术路线。激光雷达可以分为一维激光雷达、二维激光雷达、三维激光雷达等。其中一维激光雷达主要用于测距测速等，二维激光雷达主要用于轮廓测量、物体识别、区域监控等，三维激光雷达可以实现实时三维空间建模。车载三维激光雷达一般安装在车顶，可以高速旋转，以获得周围空间的点云数据，从而实时绘制出车辆周边的三维空间地图；同时，激光雷达还可以测量出周边其他车辆在三个方向上的距离、速度、加速度、角速度等信息，再结合 GPS 地图计算出车辆的位置，这些庞大丰富的数据信息传输给 ECU 分析处理后，供车辆快速做出判断。

一、摄像机

车载摄像机是获取车道、车辆、行人和交通标志等图像信息的前端，图像信息被获取之后在视觉处理芯片上通过各类算法进行处理，提取有效信息后进入决策层用于决策判断。在目标识别的基础上，车载摄像机可以实现测距和测速等功能。

根据车载摄像机模块的不同，目前使用的摄像机分为单目摄像机、双目摄像机、三目摄像机和红外摄像机。

单目摄像机可以在图像匹配识别目标物体之后，通过其在图像中的大小去估算目标距离；双目或者多目摄像机则可以直接通过视差计算进行测距。

1. 基本功能

在自动驾驶系统中，通常使用视觉传感器来完成对道路的检测，以及车辆、交通标志等的检测、识别和分类。道路的检测包含对车道线的检测(Lane Detection)、可行驶区域的检测(Drivable Area Detection)。检测任务还包括对其他车辆的检测(Vehicle Detection)、行人检测(Pedestrian Detection)、交通标志和信号的检测(Traffic Sign Detection)等，以及对所有交通参与者的检测、识别和分类。

车道线的检测涉及两个方面：①识别车道线，对于弯曲的车道线，能够计算其曲率，即弯曲的弧度，以决定方向盘的控制角度；②确定车辆自身相对于车道线的偏移(即智能车自身在车道线的哪个位置)。一种方法是提取一些车道的特征，包括边缘特征(如索贝尔算子，通常是通过求取边缘线的梯度，即边缘像素的变化率来检测车道线)、车道线的颜色特征等，然后使用多项式拟合车道线的像素，最后基于多项式以及当前摄像机在车上挂载的位置，确定前方车道线的曲率和车辆相对于车道的偏离位置。

对于可行驶区域的检测，目前的一种做法是采用深度学习神经网络对场景进行像素分割，即通过训练一个像素级分类的深度神经网络，完成对图像中可行驶区域的分割。

2. 基本结构与原理

摄像机的基本组成如图 3-2 所示，从结构上来看，车载摄像机的主要组成包括镜头、图像传感器(CCD 或 CMOS 器件)、DSP 数字处理芯片等，整体部件通过模组组装而成。

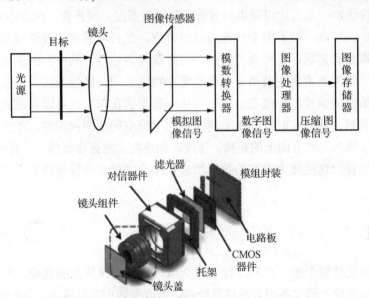

图 3-2 摄像机的基本组成

被摄体经过镜头聚焦到 CCD。CCD 由多个 X—Y 纵横排列的像素点组成，每个像素点都由一个光电二极管及相关电路组成。光电二极管将光线转换成电荷，电荷量与光线强度成比例。积累的电荷在相关电路的控制下，逐点移出、滤波、放大，再经 DSP 处理后形成数字图像编码信号，控制电路再处理之后输入自动驾驶控制器。

电荷耦合元件 CCD 分为两类：线阵 CCD、面阵 CCD。线阵 CCD 的微型光电二极管为一维排列，可以接收一维光学信息。面阵 CCD 的微型光电二极管为二维矩阵排列，可以接收二维光学信息。

摄像机首先通过图像匹配对图像目标进行识别(各种车型、行人、物体等)，识别出物体的具体轮廓，然后根据图像目标的宽度和高度进一步估算距离。在算法设计中，需要将标记有待识别目标的图片组合成为样本数据库，并有算法学习图片的特征，最终能够识别出待识别目标。常见的样本数据库包括车型数据库、动物数据库、交通参与者(人类、自行车、助动车等)数据库、交通标识数据库、道路结构数据库等。

摄像机的弱点是对外部光源的依赖，低照度或者夜晚光线弱的情况下，摄像机的性能会迅速下降。另外，正对阳光，出入隧道，雨雪雾霾恶劣天气等，都影响摄像机信号。

摄像机性能指标如下。

(1) 像素：CCD 上每一个微小光电转换半导体物质(光电二极管)，即对应一个像素。像素越高，表示感测到的物体细节越多，从而图像就越清晰。图像分辨率则是单位英寸中所包含的像素点数。像素越高，则图像的分辨率也越高。分辨率的单位有 dpi(点每英寸)、lpi(线每英寸)、ppi(像素每英寸)和 PPD(Pixels Per Degree，角分辨率，像素每度)。

(2) 帧率：单位时间(秒)所记录或播放的图片的数量。帧率越高，图像越流畅、越逼真。

(3) 靶面尺寸：图像传感器感光部分的对角线长度，单位为英寸(1in = 0.0254m)。靶面越大，通光量越好；靶面越小，可获得更大的景深。

(4) 感光度：通过 CCD 或 CMOS 以及相关的电子线路感应入射光线的强弱。

(5) 信噪比：信号电压对噪声电压的比值，单位为 dB，典型值为 45~55dB。信噪比越高，对噪声的抑制越好。

(6) 电子快门：用来控制图像传感器的感光时间。感光时间越长，信号电荷积累越多，输出信号幅值越高。

3. 单目摄像机

单目摄像机模组包含一个摄像机和一个镜头。单目摄像机可识别 40~120m 的范围，未来将达到 200m 或更多。单目摄像机的视角越宽，可以检测到的精确距离长度越短；视角越窄，检测到的距离越长。

单目摄像机由于镜头角度、探测范围和精度有所不同，在实际应用中也经常采用组合的单目摄像机来实现不同的环境检测。

(1) 长焦摄像机和短焦摄像机组合的方式，提供远距离精确探测和近距离大范围探测。

(2) 四个鱼眼摄像机分别布置在车辆的前后左右，通过图像拼接提供环视功能。

在智能汽车自动驾驶系统中，通过不同焦距和不同仰角的多个单目摄像机，可以获得不同位置的交通标志、信号灯和各种道路标志的检测和识别能力。

例如，在长焦距摄像机的成像中，100m 处的交通灯足够大，100m 处的交通标志上的数字也清晰可见。在短焦距摄像机的成像中，100m 处的交通标志上的数字是完全不清楚的，但是却能够获得近距离更广范围的环境信息。

因此多个单目视觉传感器的组合方案在智能汽车领域得到了广泛的应用。

由于很多图像算法的研究都是基于单目摄像机开发的，相对于其他类别的摄像机，单目摄像机的算法成熟度更高。但是单目摄像机有两个缺陷：一是视野完全取决于镜头。焦距短的镜头，视野广，但缺失远处的信息；反之亦然。因此单目摄像机一般选用适中焦距的镜头。二是单目测距的精度较低。摄像机的成像图是透视图，即越远的物体成像越小。近处的物体，需要用几百甚至上千个像素点描述；而处于远处的同一物体，可能只需要几个像素点即可描述出来。这种特性会导致越远的地方，一个像素点代表的距离越大，因此对单目摄像机来说物体越远，测距的精度越低。

4. 多目摄像机

单目摄像机的工作原理是先识别后测距，首先通过图像匹配对图像进行识别，然后根据图像的大小和高度进一步估计障碍物和车辆移动时间。双目摄像机的工作原理是先对物体与本车距离进行测量，然后对物体进行识别。双目摄像机就是利用两幅图像的视差直接对前方目标测量距离，无须判断目标的类型。理论上，双目摄像机的精度可达毫米级，而且双目摄像机计算距离所花费的时间远少于单目摄像机。

视觉规划通常需要测量车辆与前方障碍物之间的距离并识别障碍物，需要多个单目与双目摄像机组成摄像机平台。考虑到周围环境和远距离目标检测，还有一些情况下使用远摄和广角摄像机来匹配主摄像机。

双目摄像机在 20m 范围内具有明显的测距优势，在 20m 以外，很难缩小视差的范围。采用高像素摄像机和较好的算法可以提高测距性能，双目摄像机间距越小，测距镜头之间的距离越近，探测距离越大，镜头间距越大，探测距离越远(见图 3-3)。

图 3-3　双目摄像机

双目摄像机可以在不识别目标的情况下获得深度距离数据。从理论上讲，立体摄像机的误差可以小于 1%。

虽然双目摄像机能得到较高精度的测距结果和提供图像分割的能力，但是它与单目摄像机一样，镜头的视野完全依赖于镜头。双目测距原理对两个镜头的安装位置和距离要求较多，会给相机的标定带来更多要求。双目测距的基本原理如图 3-4 所示。

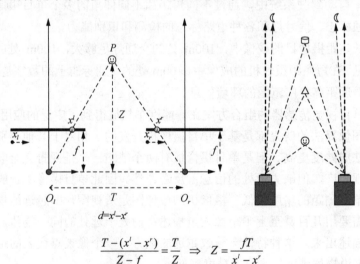

$$\frac{T-(x^l-x^r)}{Z-f}=\frac{T}{Z} \Rightarrow Z=\frac{fT}{x^l-x^r}$$

图 3-4　双目摄像机测距示意图

f 代表相机的焦距。假设有一个点 P，沿着垂直于相机中心连线方向上下移动，则其在左右相机上的成像点的位置会不断变化，即 $d=x^l-x^r$ 的大小不断变化，并且点 P 和相机之间的距离 Z 与视差 d 存在着反比关系。视差 d 可以通过两个相机中心距 T 减去 P 点分别在左右图像上的投影点偏离中心点的值获得，所以只要获取到了两个相机的中心距 T，就可以评估出 P 点距离相机的距离。

三目摄像机是三个不同焦距单目摄像机的组合，如图 3-5 所示。三个摄像机的感知范围由远及近，分别为前视窄视野摄像机(最远感知 250m)、前视主视野摄像机(最远感知 150m)及前视宽视野摄像机(最远感知 60m)。

图 3-5 三目摄像机

三目摄像机的缺点是需要同时标定三个摄像机,因而工作量更大一些。再者软件部分需要关联三个摄像机的数据,对算法要求也很高。

三目摄像机划分为 25°视场、50°视场、150°视场,25°视场用于检测前车道线、交通灯,50°视场负责一般的道路状况监测,150°视场用于检测平行车道、行人和非机动车行驶的状况。

5. 红外夜视摄像机

远红外成像系统在夜间场景能发挥自身独特的优势。各种目标物体均辐射红外线(波长:0.78~1000μm),红外线本质上是一种热辐射电磁波,以光速传播,遵循反射、折射、衍射和偏振等规律。红外夜视摄像机基于红外热成像原理,通过能够透过红外辐射的红外光学系统,将视场内景物的红外辐射聚焦到红外探测器上,红外探测器再将强弱不等的辐射信号转换成相应的电信号,然后经过放大和视频处理,形成可供人眼观察的视频图像。

图像处理算法在处理远红外夜视图像的过程中依然能够发挥作用,因此红外夜视系统能够像可见光摄像机一样,获取环境中的目标大小和距离等信息,在光照不足条件下对基于可见光的视觉传感器的应用是一种有效补充。

二、激光雷达

1. 基本结构

激光雷达 LiDAR 通过测量激光信号的时间差、相位差确定距离,通过水平旋转扫描或相控扫描检测角度,并根据这两个数据建立二维的极坐标系;再通过获取不同俯仰角度的信号获得第三维的高度信息,高频激光可在 1s 内获取大量(10^6~10^7 数量级)的点云(Point Cloud)信息,并根据这些信息进行三维建模。除了获得位置信息外,还可通过激光信号的反射率初步区分不同材质。

激光雷达系统主要包括激光发射器、光学扫描器、光电检测器、导航系统四部分。

1) 激光发射器

二极管激光发射器的工作原理是通过一定的激励方式,在半导体物质的能带(导带与价带)之间,或者半导体物质的能带与杂质(受主或施主)能级之间,实现非平衡载流子的粒子数反转,当处于粒子数反转状态的大量电子与空穴复合时,便产生受激发射作用。

车载激光雷达应用最安全的激光类型:国际电工委员会(IEC)激光分类中的 Category 1 级,光辐射水平在任何曝光条件下均不高于眼睛的暴露极限。

2) 光学扫描器

激光雷达成像的速度取决于外部反射的光子经光学扫描部件进入系统的速度。有许多扫描的方法以改变方位角和仰角,如双振荡平面镜、双轴扫描镜、多面镜等。光学扫描器决定了激光雷达的分辨率和检测范围(角度)。图 3-6 所示为光学扫描部件的结构。

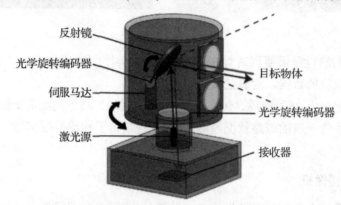

图 3-6 机械式激光雷达结构示意图

3) 光电检测器

光电检测器即读取和记录反射回到激光雷达的信号的设备。主要有两种光电检测技术,分别为固态检测器(Solid State Detector)和光电倍增管。

4) 导航系统

当激光雷达安装在移动的平台,需要其他设备的协助以确定设备当前的位置和转向信息,这样才能保证激光雷达测量数据的可用性。卫星导航系统(Global Navigation Satellite System,GNSS)可以提供准确的地理位置信息,惯性测量单元(Inertial Measurement Unit,IMU)则记录当前位置激光雷达的姿态和转向信息。GNSS 和 IMU 配合使用,可以将激光雷达测量点由相对坐标系转换为绝对坐标系上的位置点,从而应用于不同的系统中。

2. 基本原理

激光雷达作为在激光测距雷达基础上发展起来的一项主动成像雷达技术,如图 3-7 所示,通过发射和接收激光束,分析激光遇到目标对象后的折返时间,计算出到目标对象的相对距离,并利用此过程中收集到的目标对象表面大量密集的点的三维坐标、反射率和纹理等信息,快速得出被测目标的三维模型以及线、面、体等各种相关数据,建立三维点云图,绘制出环境地图,以达到环境感知的目的。光速非常快,飞行时间很短,因此要求测量设备具备很高的精度。从效果上来讲,激光雷达维度(线束)越多,测量精度越高,安全性就越高。

相比于可见光、红外线等传统被动成像技术,激光雷达技术具有以下显著特点:①颠覆了传统的二维投影成像模式，可采集目标表面深度信息，得到目标相对完整的空间信息，经数据处理重构目标三维表面，获得更能反映目标几何外形的三维图形，同时还能获取目标表面反射特性、运动速度等丰富的特征信息，为目标探测、识别、跟踪等数据处理提供充分的信息支持，降低算法难度；②主动激光技术的应用，使得其具有测量分辨率高、抗干扰能力强、抗隐身能力强、穿透能力强和全天候工作的特点。

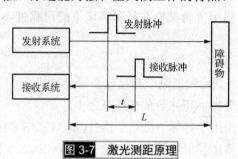

图 3-7　激光测距原理

在智能汽车行驶的过程中，LiDAR 同时以一定的角速度匀速转动，不断地发出激光并收集反射点的信息，以便得到全方位的环境信息。LiDAR 在收集反射点距离的过程中也会同时记录下该点发生的时间和水平角度(Azimuth)，并且每个激光发射器都有编号和固定的垂直角度，根据这些数据就可以计算出所有反射点的坐标。LiDAR 每旋转一周收集到的所有反射点坐标的集合就形成了点云。

如图 3-8 所示，LiDAR 通过激光反射可以测出和物体的距离 distance，因为激光的垂直角度是固定的，记作 a，这里可以直接求出 Z 轴坐标为 $\sin(a) \times distance$。由 $\cos(a) \times distance$ 可以得到 distance 在 XY 平面的投影，记作 XY_dist。LiDAR 在记录反射点距离的同时也会记录下当前 LiDAR 转动的水平角度 b，根据简单的集合转换，可以得到该点的 X 轴坐标和 Y 轴坐标分别为 $\cos(b) \times XY\_dist$ 和 $\sin(b) \times XY\_dist$。

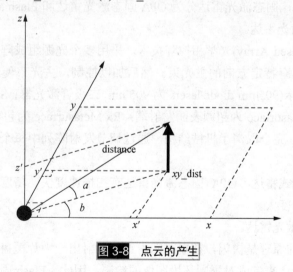

图 3-8　点云的产生

3. 基本类型

激光雷达根据结构分为机械式激光雷达、混合固态激光雷达和固态激光雷达。

1) 机械式激光雷达

机械式激光雷达，是指其发射系统通过不断旋转发射头，将速度更快、发射更准的激光从"线"变成"面"，并在竖直方向上排布多束激光，形成多个面，实现动态扫描并动态接收信息。

机械式激光雷达技术相对成熟，但价格昂贵，量产的可能性较低；同时存在光路调试、装配复杂，生产周期长，机械旋转部件在行车环境下的可靠性不高，难以符合车规的严苛要求等不足。

2) 混合固态激光雷达

机械式激光雷达在工作时，发射系统和接收系统会一直360°旋转，而混合固态激光雷达是将机械旋转部件做得更加小巧并隐藏在外壳之中。

混合固态激光雷达是指用半导体"微动"器件(如MEMS扫描镜)来代替宏观机械式扫描器，在微观尺度上实现雷达发射端的激光扫描方式。MEMS扫描镜是一种硅基半导体元器件，属于固态电子元件；MEMS扫描镜内集成了"可动"的微型镜面，MEMS扫描镜兼具"固态"和"运动"两种属性，故称为"混合固态"。

对于激光雷达来说，MEMS最大的价值在于：机械式激光雷达必须使激光发射器转动进行扫描，而MEMS微机电系统可以直接在硅基芯片上集成体积精巧的微振镜，由可以旋转的微振镜反射激光器的光线，从而实现扫描。

MEMS微机电系统可有效降低整个系统在行车环境出现问题的概率，主要部件运用芯片工艺生产之后，量产能力也得以大幅度提高，有利于降低激光雷达的成本。

3) 固态激光雷达

相比于机械式激光雷达，固态激光雷达结构上最大的特点就是取消了旋转部件，体积相对较小。

从使用的技术上，固态激光雷达分为OPA固态激光雷达和Flash固态激光雷达。

(1) OPA固态激光雷达。

OPA(Optical Phased Array)光学相控阵技术，采用多个光源组成阵列，通过控制各光源发光时间差，合成具有特定方向的主光束。然后加以控制，主光束便可以实现对不同方向的扫描，如图3-9所示(905 nm diode lasers为905 nm 二极管激光器；Silicon APD array为硅二极管阵列；Tx Metasurface为超颖表面发射端；Rx Metasurface为超颖表面接收端)。

相比于MEMS，完全取消了机械结构，通过调节发射阵列中每个发射单元的相位差来改变激光的出射角度。

相比于传统机械式雷达，OPA固态激光雷达有扫描速度快、精度高、可控性好、体积小等优点，但生产难度大。

(2) Flash固态激光雷达。

Flash激光雷达的原理是快闪，在短时间内直接发射出一大片覆盖探测区域的激光，再以高度灵敏的接收器，来完成对周围环境图像的绘制。因此，Flash固态激光雷达属于非扫描式雷达，发射面阵光，能快速记录整个场景，可以二维或三维图像为重点输出内容。

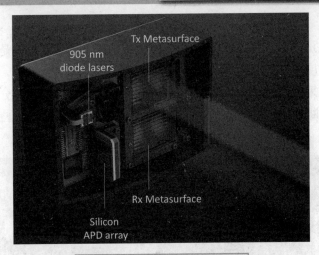

图 3-9 相控阵激光雷达内部结构

4. 性能指标

1) 线束

为获得尽量详细的点云图，激光雷达必须快速采集周围环境的数据。一种方式是提高发射机/接收机的采集速度，每个发射机在每秒内可以发送十万组以上的脉冲，也就是说，在 1s 内有 100000 组脉冲完成一次发射/返回的循环。复杂的激光雷达有高达 64 组发射机/接收机，组就是线(Channel)的意思，线表示激光雷达系统包含独立的发射机/接收机的数目。多线的配置使得激光雷达在每秒内可构建高达百万的数据点。

图 3-10 所示为多线激光雷达扫描的点云，图中每个同心圆表示一组激光器扫描的点云。对于两组相邻的激光器而言，其垂直间隔角为常量。因此距离越远，相邻激光器扫描的点云同心圆间隔越大。也就是说，距离越远，数据的保真度越低。激光雷达对于近处的物体有更高的分辨率。

图 3-10 Velodyne HDL-64 激光雷达点云图

2) 方位角

方位角(Field Of View，FOV)包括水平方位角和垂直方位角，指的是激光雷达在水平和垂直方向的检测角度。

激光雷达系统采用旋转镜头，如图 3-11 所示，激光雷达的主体部分固定在旋转马达的基座上，工作时不断旋转，即可对周围进行 360°扫描，也就是说，这些激光雷达的水平方位角为 360°。

图 3-11　Velodyne HDL-64E 水平扫描示意图

垂直方位角指的是激光雷达垂直方向的检测角度，一般在 40°以内。Velodyne HDL-64E 几个激光发射单元之间有一定间隙，如图 3-12 所示。

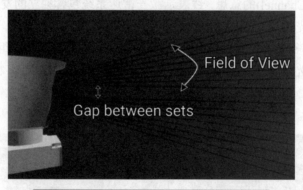

图 3-12　Velodyne HDL-64E 垂直扫描示意图

3) 扫描帧频

激光雷达点云数据更新的频率。对于混合固态激光雷达来说，也就是旋转镜每秒钟旋转的圈数，单位为 Hz。例如，10Hz 即旋转镜每秒转 10 圈，同一方位的数据点更新 10 次。

4) 角分辨率

角分辨率分为水平角分辨率和垂直角分辨率。水平角分辨率是指水平方向上扫描线间的最小间隔度数。它随扫描帧频的变化而变化，转速越快，则水平方向上扫描线的间隔越大，水平角分辨率越大。垂直角分辨率指的是垂直方向上两条扫描线的间隔度数。

5) 测量精度

激光雷达的数据手册中的测量精度(Accuracy)常表示为±2cm 的形式。精度表示激光雷达测量位置与实际位置偏差的范围。

6) 探测距离

激光雷达的最大测量距离。在自动驾驶领域应用的激光雷达的测距范围普遍为 100～200m。

7) 数据率

激光雷达每秒钟生成的激光点数，例如：40 线扫描帧频为 20Hz 的激光雷达，水平角分辨率是 0.45°（每一圈每束激光扫描 800 次）。因此每秒钟生成的激光点数和为：40×20×800 = 640000 points/sec。

【本段技术案例】

Velodyne 激光雷达

激光雷达是激光探测及测距系统的简称，是以发射激光束探测目标的位置、速度等特征量的雷达系统，由激光发射机、光学接收机、转台和信息处理系统等组成，如图 3-13 所示。其工作原理是向目标发射探测信号(激光束)，然后将接收到的从目标反射回来的信号(目标回波)与发射信号进行比较，做适当处理后，即可获得目标的有关信息，如目标距离、方位、高度、速度、姿态甚至形状等参数，从而实现对目标进行探测、跟踪和识别。

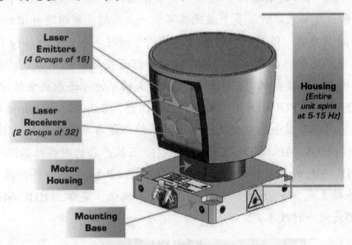

图 3-13 激光雷达组成示意图

图 3-13 是 Velodyne 64 线激光雷达概要图，底部是机械旋转马达，保护壳内部是激光发送器和接收器，接收器上下共 2 个 32 组，发送器上下共 4 个 16 组，构成了 64 线激光束的发送和接收。Velodyne 64 线激光雷达能够以 5～20Hz 的频率做 360°旋转扫描。

其硬件连接方式为通过以太网接口连接计算机设备，如图 3-14 所示。

其工作流程为：计算 Block1 的方位角→64 线激光依次发射→数据组成 Block1 上半部分→64 线激光依次发射→数据组成 Block1 下半部分→计算 Block2 的方位角→64 线激光依次发射→数据组成 Block2 上半部分→64 线激光依次发射→数据组成 Block2 下半部分→依次类推→计算 Block12 的方位角→根据 GPS 时间生成当前时间戳→封装为 UDP 数据包→通

过以太网将数据发送到处理设备→驱动处理→原始点云→运动补偿→数据过滤→数据融合→最终点云数据。

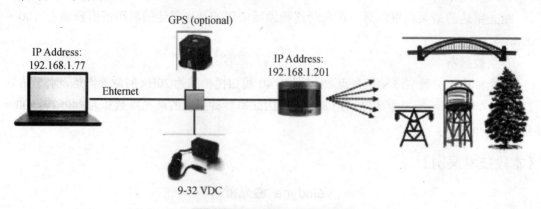

图 3-14　激光雷达接口示意图

Velodyne HDL-64E 是市场上最受欢迎的激光雷达之一，其所使用的激光是 Category 1 类型，以大约 10Hz 的频率快速旋转。同时，每个激光脉冲的波长为 905nm，平均功率为 2mW，相当于标准 10W LED 灯泡在近光灯设置下的功率输出的 0.02%。这意味着任何单个激光束将在大约 1ms 内扫过眼睛，平均功率小于普通的激光指示器。由于每个单独的激光器以不同的方向和角度安装，所以多个激光器不能一次同时直射眼睛并增加功率。即使行人有意盯着 Velodyne 传感器，低功耗和快速旋转的组合情况下也是 Category 1 级，确保安全。

另外，它由激光发射机、光学接收机、转台和信息处理系统等组成，激光器将电脉冲变成光脉冲发射出去，光接收机再把从目标反射回来的光脉冲还原成电脉冲，送到显示器。

Velodyne 的 VLP-16 PUCK 首次提出了"混合固态"(Solid-State Hybrid Ultra Puck Auto) 激光雷达的概念，内部有微小的机械旋转部件，从外部是看不出旋转的。图 3-15～图 3-17 给出了 Velodyne 的 HDL-64E、HDL-32E 和 VLP-16 三款产品的内部结构照片，可以看出这三款产品除了 HDL-64E 的差异较大外，HDL-32E 和 VLP-16 基本一样，只不过 VLP-16 是在 HDL-32E 的基础上减少了 16 线，并对结构进行了优化，实际上 HDL-64E 和 HDL-32E、VLP-16 采用的都是同一种技术。

图 3-15　HDL-64E 激光雷达内部结构

图 3-16　HDL-32E 激光雷达内部结构

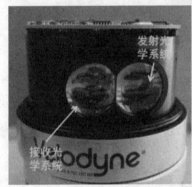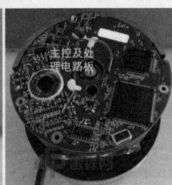

图 3-17　VLP-16 激光雷达内部结构

类似于 VLP-16 的混合固态激光雷达结构原理如图 3-18 所示。

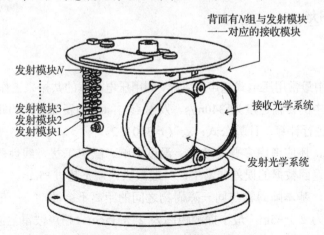

图 3-18　混合固态激光雷达结构原理

激光雷达前端有一个发射系统和一个接收系统，在发射系统后端有 N 组发射模块，而在接收系统后端有 N 组与发射模块一一对应的接收模块(图中背面遮挡不可见)。当激光雷达开始工作时，N 组发射模块和 N 组接收模块在电路的控制下按照一定的时间顺序轮流工作，例如，在时刻 1，发射模块 1 工作，发射激光脉冲，同时接收模块 1 接收目标反射的发射模块 1 发射的激光信号；在时刻 2，发射模块 2 工作，发射激光脉冲，同时接收模块 2 接收目标反射的发射模块 2 发射的激光信号……在时刻 N，发射模块 N 工作，发射激光脉冲，同时接收模块 N 接收目标反射的发射模块 N 发射的激光信号。这样在俯仰方向就可以形成非机械式的光学扫描，其扫描角度间隔由两个相邻模块之间的间隔和光学系统的焦距来确定。Velodyne 的所有产品在俯仰方向均采用这种"固态扫描"技术进行扫描，在方位方向通过机械扫描实现 360° 旋转扫描，这就是 Velodyne 的"混合固态扫描"。

Velodyne 的固态扫描技术具有以下优点。

扫描速度快：扫描速度取决于发射模块的电子学响应速度，不受材料的特性影响，可以实现比光学相控阵更高的扫描频率。

接收视场小：这种扫描技术是一种发射和接收同步扫描技术，接收视场小，抗光干扰能力强，信噪比高。

可承受高的激光功率：这种扫描技术完全是在自由空间中进行，可以采用高峰值功率的激光脉冲进行高信噪比的探测。

同时，这种扫描技术也存在以下问题。

实现二维扫描比较困难：按照目前这种非集成式的模块化设计难以实现二维扫描，必须通过机械或其他方式实现另一维的扫描。集成化是这种技术发展的必然趋势，也是实现二维扫描的关键。

扫描角度固定：其扫描角度一旦设计好后就完全固定，不能通过电控进行改变。

装调工作量大：需要将发射和接收模块进行精密光学对准装配，工作繁复，工作量大，大批量生产难度大。

三、超声波雷达

1. 基本原理

超声波传感器中最常用压电式超声发生器，利用压电晶体的共振来工作，如图 3-19 所示。超声波在空气中的传播速度为 340m/s，发射点与障碍物表面之间的距离 s 可以根据计时器记录的时间 t 进行计算。计算公式：$s = (t \times 340)/2$。

在实际应用中，还应考虑多普勒效应、温度影响、噪声干扰、线性驱动干扰、机械特性等。一般来说，返回数据的误差非常小，一般最大误差不超过±5cm。

在正常情况下，基本障碍物与同一障碍物之间的距离不会波动。一般来说，超声波雷达的最大探测距离为 2.5～5m，最小探测距离为 25～35cm。超声波雷达波会产生余震，如果余震期间探测距离过短，会产生盲点，从而无法确定与障碍物的距离。

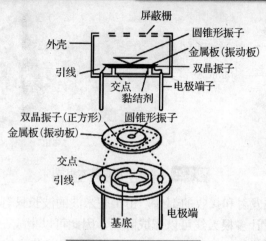

图 3-19　超声波雷达原理

超声波通常由 LIN 总线驱动，每一个超声波都需要一个超声波雷达 ID 来帮助区分。超声波雷达是一种无源传感器。超声波能在 1s 内传输最大 20Hz 的检测信息，在超声波接收到信号后，进行一轮超声波检测，然后将采集到的信息返回终端。

2. 主要性能指标

(1) 测量范围：测量范围(单位：m)取决于超声波的波长、频率，波长越长，频率越低，则测量距离越长。

(2) 工作频率：是指压电晶片的共振频率，当两端交流电压频率等于晶片的谐振频率时，雷达波的传输能量输出最大，灵敏度也最高。一般选择 40kHz 左右，方向性好，信噪比高。

(3) 测量精度：传感器测量值与真实值的偏差。测量精度受到被测物体积、表面积、表面形状、表面材料等的影响。

(4) 波束角：声波传感器沿传感器中轴方向能量最大，中轴方向以外，越来越小。以传感器中轴线的延长线为轴线，到一侧能量强度减小到一半处的角度为波束角。波束角越小，指向性越好。

(5) 工作温度：超声波雷达的工作温度取决于应用的条件，诊断型超声波雷达功率小，工作温度相对较低，能长期工作而不发生故障。有些应用会产生大量的热量，需要单独冷却。

(6) 灵敏度：超声波雷达的灵敏度与晶圆的制造有关，机电耦合系数大，灵敏度高。

四、毫米波雷达

1. 基本组成

毫米波雷达主要由天线、射频组件、信号处理模块以及控制电路等部分构成，其中天线和射频组件是核心硬件(见图 3-20)。

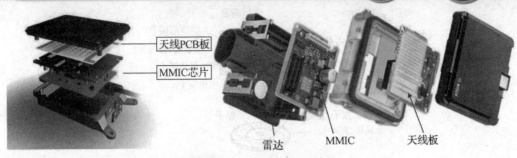

图 3-20　毫米波雷达基本组成

天线是实现毫米波发射和接收的部件，由于毫米波的波长只有毫米长度，天线可以实现小型化，同时通过设计多根天线可以形成阵列，因此可以集成在 PCB 板上。这种天线 PCB 板具有体积小、重量轻、低成本、电性能多样化以及易集成等多种优点。

射频组件负责毫米波信号调制、发射、接收以及回波信号的解调等，为满足车载雷达小体积、低成本等要求，目前最主流的方案就是将射频组件集成化，即单片微波集成电路 (MMIC)。MMIC 通过半导体工艺在砷化镓(GaAs)、锗硅(SiGe)或硅(Si)芯片上集成了包括低噪声放大器(LNA)、功率放大器、混频器、上变频器、检波器等多个功能电路。通过 MMIC 芯片，射频组件具有集成度高、成本低等特点，大幅简化了毫米波雷达的结构。

2. 基本原理

利用高频电路产生特定调制频率(FMCW)的电磁波，并通过天线发送电磁波和接收从目标反射回来的电磁波，通过发送和接收电磁波的参数来计算目标的各个参数。可以同时对多个目标进行测距、测速以及方位测量；测速是根据多普勒效应，而方位测量(包括水平角度和垂直角度)是通过天线的阵列方式来实现的，如图 3-21 所示。

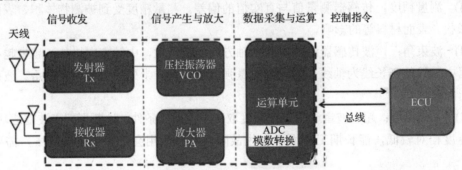

图 3-21　毫米波雷达基本原理

根据辐射电磁波方式不同，毫米波雷达主要有脉冲体制以及连续波体制两种工作体制。脉冲方式毫米波雷达基本原理与激光雷达相似，在硬件结构上比较复杂、成本较高，很少用于自动驾驶汽车。目前大多数车载毫米波雷达采用调频连续波方式。调频连续波方式毫米波雷达，结构简单、体积小、成本低廉，容易实现近距离探测。

FMCW 雷达系统主要包括发射接收天线、射频前端、调制信号和信号处理模块，如图 3-22 所示。

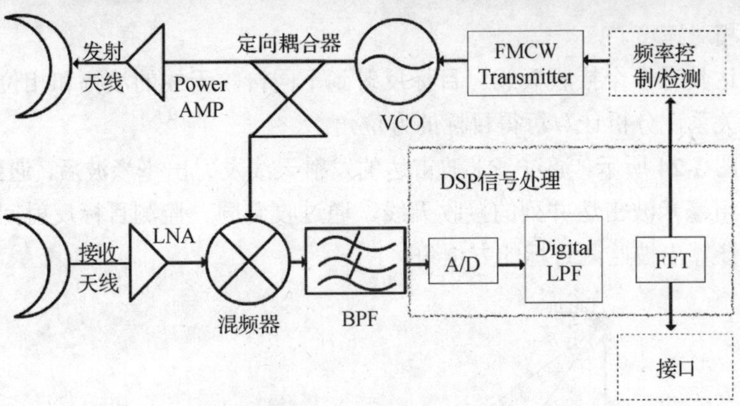

第三章 感知与定位

```
发射天线 ← Power AMP ← 定向耦合器 ← FMCW Transmitter ← VCO ← 频率控制/检测
接收天线 → LNA → 混频器 → BPF → DSP信号处理(A/D → Digital LPF) → FFT → 接口
```

图 3-22　FMCW 雷达系统

FMCW 调频连续波雷达的不同调制形式：正弦波调制、锯齿波调制、三角波调制。不同调频方式的雷达硬件构成基本相同，只有小部分电路模块、电路参数与信号处理算法有所区别。对于单个静止物体的测量，锯齿波调制方式即可满足；对于运动物体，多采用三角波调制方式。

毫米波雷达主要测量目标的三个参数：距离、速度和方位角，测量基本原理如图 3-23 所示。

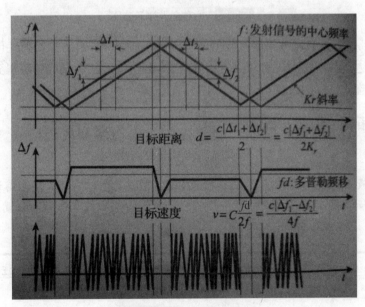

$$d = \frac{c|\Delta t_1 + \Delta t_2|}{2} = \frac{c|\Delta f_1 + \Delta f_2|}{2K_r}$$

$$v = C\frac{fd}{2f} = \frac{c|\Delta f_1 - \Delta f_2|}{4f}$$

图 3-23　毫米波检测原理

测量频率差可获得目标与本车毫米波雷达之间的距离信息，差频信号一般为千赫兹量级。

根据多普勒效应，毫米波雷达的频率变化、本车及跟踪目标的相对速度是紧密相关的，根据反射回来的毫米波频率的变化，可以得知前方实时跟踪的障碍物目标和本车相比的相对运动速度。在三角波的上升沿和下降沿可获得差频：Δf_1、Δf_2，计算可得目标与本车毫米波雷达之间的相对速度。

毫米波雷达具有多个接收天线。目标反射到不同接收天线的波幅和相位发生差异，结合天线的位置关系，分析计算可得目标的方位角。

原理图如图3-24所示，通过毫米波雷达的发射天线发射出毫米波后，遇到被监测物体，反射回来，利用毫米波雷达并列的接收天线，通过收到同一监测目标反射回来的毫米波的相位差，即可计算出被监测目标的方位角。

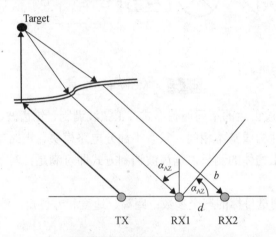

图3-24 方位角监测示意图

方位角α_{AZ}是通过毫米波雷达接收天线RX1和接收天线RX2之间的几何距离d，以及两根毫米波雷达天线所收到反射回波的相位差b，然后通过三角函数计算得到方位角α_{AZ}的值，结果得到监测目标的方位角。

【本段知识拓展1】

环境感知传感器的布置

智能驾驶汽车环境感知传感器主要有超声波雷达、毫米波雷达、激光雷达、单/双/三目摄像机、环视摄像机以及夜视设备等。目前，典型智能驾驶汽车传感器配置如表3-1所示。

表3-1 典型自动驾驶汽车传感器配置

传感器	数量	感知范围	备注
环视摄像机	4	8m	前后侧向毫米波雷达信号处理有差异，不能互换。 毫米波雷达与激光雷达互为冗余。 不同厂家传感器探测范围有差异
前视摄像机(单目)	1	50°/150m	
超声波雷达	12	5m	
侧向毫米波雷达(24GHz)	4	110°/60m	
前向毫米波雷达(24GHz)	1	15°/170m	
激光雷达	1	110°/100m	

环视摄像机：主要应用于短距离场景，可识别障碍物，但对光照、天气等外在条件很

敏感,技术成熟,价格低廉。

前视摄像机:常用有单目、双目、三目,主要应用于中远距离场景,能识别清晰的车道线、交通标识、障碍物、行人,但对光照、天气等条件很敏感,而且需要复杂的算法支持,对处理器的要求也比较高。

超声波雷达:主要应用于短距离场景,如辅助泊车,结构简单、体积小、成本低。

毫米波雷达:主要有用于中短测距的24GHz雷达和长测距的77GHz雷达两种。毫米波雷达可有效提取景深及速度信息,识别障碍物,有一定的穿透雾、烟和灰尘的能力,但在环境障碍物复杂的情况下,由于毫米波依靠声波定位,声波出现漫反射,导致漏检率和误差率比较高。

激光雷达:分单线和多线激光雷达,多线激光雷达可以获得极高的速度、距离和角度分辨率,形成精确的3D地图,抗干扰能力强,是智能驾驶汽车发展的最佳技术路线,但是成本较高,也容易受到恶劣天气和烟雾环境的影响。

不同传感器的感知范围均有各自的优点和局限性(见图3-25),现在发展的趋势是通过传感器信息融合技术,弥补单个传感器的缺陷,提高整个智能驾驶系统的安全性和可靠性。

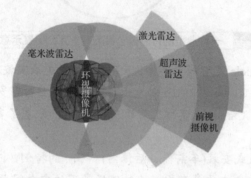

图3-25 环境感知传感器感知范围示意图

奥迪A8K自动驾驶系统配备的传感器包括:12个超声波传感器,位于前后及侧方;4个广角360°摄像机,位于前后和两侧后视镜;1个前视摄像机,位于内后视镜后方;4个中距离雷达,位于车辆的四角;1个长距离雷达,位于前方;1个红外夜视摄像机,位于前方;1个激光雷达 Laser Scanner,位于前方(见图3-26)。

图3-26 奥迪A8K自动驾驶系统的传感器配备

1. 传感器的布置原则

智能车传感器的布置,需要考虑到覆盖范围和冗余性。

覆盖范围：车体 360° 均需覆盖，根据重要性，前方的探测距离要长(100m)，后方的探测距离稍短(80m)，左右侧的探测距离最短(20m)。为了保证安全性，每块区域需要两个或两个以上的传感器覆盖，以便相互校验，如图 3-27 所示。

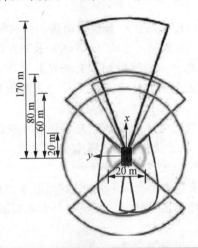

图 3-27　一种典型的传感器全覆盖、多冗余配置示意图

图 3-27 中，Host vehicle 是智能车实体，ESR、RSDS 是毫米波，UTM、LUX、HDL 是激光，Camera 是工业相机。从图中也可以看出，各个方向上均有多个传感器配置。为了简洁，图中只画出了前方的 Camera，实际上前后左右 Camera 配置了多个，使得系统的冗余度更高。

大部分传感器是隐藏式安装(车前保、后保内)，唯一的特例，三维激光安装在车顶上。

前后探测距离的差异，主要是考虑一些特殊场景下的安全问题。例如，车辆刚驶出高速公路服务区，准备自动变道：初始车速 V_1 = 60 km/h；变道过程约需要 t = 3s；变道完成时与后方车辆的车间时距 $\tau \geqslant 2s$，左后方来车车速 V_2 = 120 km/h；为保证变道安全，本车与左后方车辆的初始安全距离至少为：

$$(V_2 - V_1) \times (t+\tau) = (120\text{km/h} - 60\text{km/h}) \times (3\text{s}+2\text{s}) \frac{1\text{km}}{12} = \frac{250}{3}\text{m} \approx 83\text{m}$$

目前自动变道无相关的法规要求，故参考 GB/T 20608—2006《智能运输系统自适应巡航控制系统性能要求与检测方法》第 5.2.2 条对自适应巡航的车间时距做出规定：τ_{min} 为可供选择的最小的稳态车间时距，可适用于各种车速 V 下的 ACC 控制。$\tau_{min} \geqslant 1s$，并且至少应提供一个在 1.5～2.2s 区间内的车间时距 τ。在自动变道场景的计算中，为保证安全，选取 τ = 2s 进行计算。

一般后向 24GHz 毫米波雷达的探测距离为 60m 左右，如果车后安装一台 24GHz 毫米波雷达，60～83m 是危险距离。若前后车距在此范围内，开始变道时，系统误判为符合变道条件。随着左后方车辆高速接近，自动变道过程中安全距离不足，本车中途终止变道，返回本车道继续行驶。这种情况会干扰其他车辆的正常驾驶，存在安全隐患，也会给本车的乘员带来不安全感(见图 3-28)。

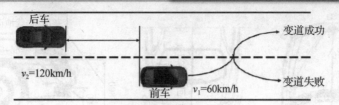

图 3-28　自动变道场景

要解决这个极端场景下智能驾驶汽车自动变道的安全问题，可增加一个 77 GHz 后向毫米波雷达，探测距离可达 150m 以上，完全能满足这个场景中 83m 的探测距离要求。当然，可以采用探测距离达到 100m 以上的 8 线激光雷达或摄像机(如 Tesla 车型) 解决 24GHz 毫米波雷达探测距离不足的问题，还可以通过控制算法设定车辆必须加速到一定车速才允许自动变道。而前车安全距离要保证至少 100m 左右，也保证了车辆有足够的制动时间。

冗余度：所谓的冗余度，也可以划分为硬件冗余，或软件冗余。如图 3-25 所示，前方的障碍物有 4 类传感器覆盖，这样能最大限度地保证前方障碍物检测不会漏检或者虚警。这属于硬件冗余。再如车道线检测。现阶段大量的对车道线的检测均是基于视觉(此处不讨论基于激光的传感器)，对它的冗余则遵循 3 选 2，或少数服从多数的选择。通过多支算法来保证识别的正确性。

除了要保证覆盖和冗余度，当然在实际安装中，还要符合每个传感器和车辆的安装条件。比如把激光雷达放置在高处，增大了扫描的面积。

2. 毫米波雷达的布置

智能驾驶车辆的传感器中，以需要考虑因素较多的毫米波雷达布置为例进行分析。

(1) 正向毫米波雷达。

正向毫米波雷达一般布置在车辆中轴线，外露或隐藏在保险杠内部。雷达波束的中心平面要求与路面基本平行，考虑雷达系统误差、结构安装误差、车辆载荷变化后，需保证与路面夹角的最大偏差不超过 5°。

另外，在某些特殊情况下，正向毫米波雷达无法布置在车辆中轴线上时，允许正 Y 向最大偏置距离为 300mm，偏置距离过大会影响雷达的有效探测范围。

(2) 侧向毫米波雷达。

侧向毫米波雷达在车辆四角呈左右对称布置，前侧向毫米波雷达与车辆行驶方向成 45°夹角，后侧向毫米波雷达与车辆行驶方向成 30° 夹角，雷达波束的中心平面与路面基本平行，角度最大偏差仍需控制在 5° 以内。

(3) 毫米波雷达的布置高度。

毫米波雷达在 Z 方向探测角度一般只有 ±5°，雷达安装高度太高会导致下盲区增大，太低又会导致雷达波束射向地面，地面反射带来杂波干扰，影响雷达的判断。因此，毫米波雷达的布置高度(即地面到雷达模块中心点的距离)，一般建议在 500(满载状态)～800mm(空载状态)之间(见图 3-29)。

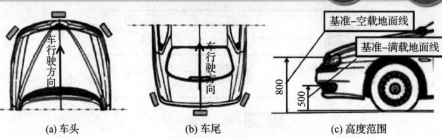

图 3-29 毫米波雷达位置

(4) 表面覆盖材料。

毫米波雷达大多数情况是隐藏布置，采用某些不合适的表面覆盖材料会屏蔽毫米波或引起波束畸变、驻波变差，使雷达失效或灵敏度降低。因此选用的覆盖材料有以下要求。

优先选用 PC、PP、ABS、TPO 等电解质传导系数小的材料，这些材料中不能夹有金属和碳纤维。如果材料表面有低密度金属涂层(如车漆)，虽对雷达性能影响不是很大，但必须经过测试才可使用。

覆盖物的表面必须平滑且厚度均匀，不能出现料厚突变或结构复杂的情况，且厚度最好是雷达半波长的整数倍，以减少对雷达波的扭曲和衰减。

另外，覆盖物与雷达面的距离也不能太大，否则雷达容易把覆盖物误判为障碍物。在实际布置中，一般把雷达和覆盖物之间的距离控制在 50~150mm，如果在造型设计阶段就把毫米波雷达数据输入给造型设计师，经过造型优化，最小距离可控制在 15mm 左右。

(5) 毫米波雷达的布置。

除以上毫米波雷达本身要求外，在布置时，还需要兼顾其他因素，如雷达区域外造型的美观性、对行人保护的影响、设计安装结构的可行性、雷达调试的便利性、售后维修成本等问题。以下是一些示例(见图 3-30)。

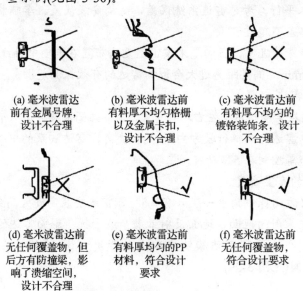

图 3-30 毫米波雷达布置示例

智能驾驶车辆只能实现部分场景的自动驾驶，为了能适应更多场景，一方面，可以配置性能更好或数量更多的环境感知传感器；另一方面，从降低整车成本考虑，还可以从传感器的布置优化方向入手，充分发挥传感器的性能。

(资料来源：汽车学堂 Automooc：王小迪 SLAM、崔迪潇、厚势等.)

【本段知识拓展 2】

自动驾驶系统环境感知技术

1. 环境感知流程

基于视觉的环境感知流程如图 3-31 所示。

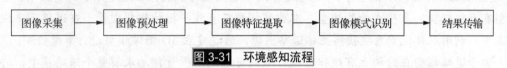

图 3-31 环境感知流程

1) 图像采集

图像采集是通过摄像机采集图像，如果是模拟信号，要转换为数字信号，并把数字图像以一定的格式表现出来。

2) 图像预处理

图像预处理包括图像压缩、图像增强和复原、图像分割。

3) 图像特征提取

图像识别常选特征：图像幅度特征、直观性特征、图像统计特征、图像几何特征、图像变换系数特征。

4) 图像模式识别

图像模式识别的方法包括基于形状特征的识别方法、基于色彩特征的识别方法、基于纹理特征的识别方法等。

5) 结果传输

通过环境感知系统识别出的信息，传输到车辆其他控制系统或者传输给其他车辆，完成相应的控制功能。

2. 道路识别技术

根据道路特点，可以分为结构化道路和非结构化道路。结构化道路具有明显的车道标示线或便捷明显的几何特征，车道宽度基本保持不变，如城市道路、高速公路等。结构化道路的识别一般依据车道线边界或车道线的灰度。非结构化道路一般没有车道线和清晰的道路边界，或路面凹凸不平，或交通拥堵，或受到阴影和水迹的影响。非结构化道路检测方法尚处于研究阶段，一般主要依据车道的颜色或纹理。

道路识别方法如下。

1) 基于区域分割的识别方法

基于区域分割的识别方法是把道路图像的像素分为道路和非道路，分割的依据一般是颜色特征或纹理特征。基于颜色特征的区域分割方法的依据是道路图像中道路部分的像素与非道路部分的像素的颜色存在显著差别。根据采集到的图像性质，颜色特征分为灰度特征和彩色特征两类。灰度特征来自灰度图像，可用信息为亮度的高低。彩色特征除了亮度信息外，还包含色调和饱和度。

2) 基于道路特征的识别方法

基于道路特征的识别方法是结合道路图像的颜色、梯度、纹理等特征，从所获取的图像中识别出道路边界或车道标示线。适合于有明显边界特征的道路。

3) 基于道路模型的识别方法

基于道路模型的识别方法是基于不同的(2D 或 3D)道路图像模型，采用不同的检测技术(如模型匹配、神经网络技术等)对道路边界或车道线进行识别。在道路平坦的前提下，道路模型有直线模型、多项式曲线模型、双曲线模型、直线—抛物线模型等。在道路不平坦的情况下，利用双目视觉系统获得立体道路图像，通过建立 3D 图像模型进行车道检测。

由于道路模型在结构上有规律可循，从而可以利用少量信息求解整个道路模型，进而对阴影、水迹等因素具有较高的抗干扰性。

4) 基于道路特征与模型相结合的识别方法

基于道路特征与模型相结合的识别方法的基本思想在于利用基于道路特征识别方法在对抗阴影、光照变化等方面的鲁棒性，对待处理图像进行分割，找出其中道路区域，再根据道路区域与非道路区域的分割结果找出道路边界，并使用道路边界拟合道路模型，从而达到综合利用道路特征的识别方法与基于道路模型的识别方法的目的。

3. 运动车辆识别技术

1) 基于特征的识别方法

对于行驶在前方的车辆，其颜色、轮廓、对称性等特征都可以用来区别车辆与周围背景，这就是基于特征的识别方法的基本思路。识别方法包括：使用阴影特征的方法，使用边缘特征的方法，使用对称特征的方法，使用位置特征的方法，使用车辆尾灯特征的方法等。

2) 基于机器学习的识别方法

基于机器学习的识别方法一般需要从正样本集和负样本集提取目标特征，再训练出识别车辆区域和非车辆区域的决策边界，最后使用分类器判断目标。

3) 基于光流场的识别方法

光流场是指图像中所有像素点构成的一种二维瞬时速度场，其中的二维速度矢量是景物中可见点的三维速度矢量在成像表面的投影。光流场是在摄像机、运动目标或两者同时运动的过程中产生的。通过分析光流场可以检测目标数量、目标运动速度、目标相对距离以及目标表面结构等。

4) 基于模型的识别方法

基于模型的识别方法是根据前方运动车辆的参数来建立二维或三维模型，然后利用搜索算法来匹配查找前方车辆。

4. 行人识别技术

可见光行人检测采用普通光学摄像机作为视觉传感器。红外行人检测采用红外热成像摄像机,利用人体发出的红外线进行成像,在白天、夜晚均适用。

行人识别方法包括:基于特征分类的行人识别方法,着重于提取行人特征,然后通过特征匹配来识别行人目标。基于模型的行人识别方法,是通过建立背景模型识别行人。基于运动特性的方法,是利用人体运动的特性来确定图像中的行人。基于形状模型的方法,主要依靠行人形状特征来识别行人。基于模板的匹配方法,是通过定义行人形状模型,在图像的各个部位匹配模型以找到目标。基于统计分类的方法,是从样本中训练得到行人分类器,利用分类器遍历图像各个窗口进行识别。

5. 交通标志识别技术

交通标志识别系统如图 3-32 所示。

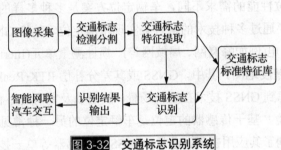

图 3-32　交通标志识别系统

交通标志识别方法如下。

1) 基于颜色信息的交通标志识别

交通标志的颜色特征具有旋转不变性。颜色分割就是利用交通标志特有的颜色特征,将交通标志与背景分离。

2) 基于形状特征的交通标志识别

我国警告标志、指示标志、禁令标志共 131 种,其中 130 种具有规则的圆形、矩形、三角形、八边形等。通过形状特征分析,即可进行交通标志识别。

3) 基于特征提取和机器学习的交通标志识别

一般使用滑动窗口的方式或者使用之前处理得到的感兴趣块进行验证的方式。前者对全图或者交通标志可能出现的感兴趣区域操作,以多尺度的窗口滑动扫描目标区域,对得到的每一个窗口均用训练好的分类器判断是否是标志。后者则认为经过之前的处理,如颜色、形状分析等,得到的感兴趣块已经是整个标志或干扰物,只需对其整体进行分类即可。

6. 交通信号灯识别技术

交通信号灯识别系统组成如图 3-33 所示。

图 3-33　交通信号灯识别系统

交通信号灯识别方法如下。

基于颜色特征的识别算法，主要是选取某个色彩空间对交通信号灯的红、黄、绿 3 种颜色进行描述。这些算法包括：基于 RGB(色彩信息包括红、绿、蓝三个分量)颜色空间的识别算法；基于 HIS(色调、色饱和度、强度)颜色空间的识别算法；基于 HSV(色调、饱和度、亮度)颜色空间的识别算法。

基于形状特征的识别算法，主要是利用信号灯和它的相关支撑物的几何信息，也可将信号灯的颜色信息和形状特征结合起来，进行识别分析。

(资料来源：崔胜民. 智能网联汽车新技术[M]. 北京：化学工业出版社，2016.)

五、GNSS 与 INS

根据场景以及定位性能的需求不同，车辆定位方案是多种多样的。在大多数的车联网应用场景中，通常需要通过多种技术的融合来实现精准定位，包括 GNSS(Global Navigation Satellite System)、无线电(例如蜂窝网、局域网等)、惯性测量单元(Inertial Measurement Unit，IMU)、传感器以及高精度地图。其中，GNSS 或其差分补偿 RTK(Real-Time Kinematic)是最基本的定位方法。考虑到 GNSS 技术在遮挡场景、隧道以及室内的不稳定(或不可用)，其应用场景受限于室外环境。基于传感器的定位是车辆定位的另一种常见方法，然而高成本和对环境的敏感性也限制了其应用前景。通常，GNSS 或传感器等单一技术难以满足现实复杂环境中车辆高精度定位的要求，无法保证车联网定位的稳定性。因此会通过其他一些辅助方法如惯性导航、高精度地图等，以满足高精度定位需求。

1. 全球卫星导航系统

全球卫星导航系统(Global Navigation Satellite System，GNSS)是在地球表面或近地空间的任何地点为用户提供全天候的三维坐标和速度以及时间信息的空基无线电导航定位系统，包括美国的 GPS、俄罗斯的格洛纳斯卫星导航系统(GLONASS)、欧洲的伽利略系统(GALILEO)和中国的北斗系统(BDS)。

全球卫星导航系统由覆盖全球的多颗卫星组成，可保证地球上任何一点在任何时候都能观测到四颗卫星，以获得观测点的经纬度、高度，为全球导航、定位、定时等功能提供三维的位置、速度等信息(见图 3-34)。

1) GPS

GPS 定位卫星星座有 24 颗卫星均匀分布在 6 个轨道面上，轨道倾角为 55°，每一轨道面相距 60°，即轨道的高度为 60°。各轨道平面上卫星间的仰角相隔 90°，其中一个轨道平面上的卫星比西部相邻轨道平面上相应的卫星提前 30°。

以美国 GPS 定位导航系统为例，卫星导航系统由地面控制部分、空间部分和用户设备部分三部分组成(见图 3-35)。

第三章 感知与定位

图 3-34 GPS 定位卫星星座示意图

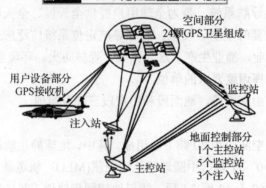

图 3-35 GPS 系统组成

(1) 地面控制部分。

地面控制部分由主控站、地面天线、监测站和通信辅助系统组成。主控站采集各监测站的数据；地面天线接收 GPS 卫星信号；监测站监测和采集数据；通信辅助系统实现两个或两个以上地点之间的通信(见图 3-36)。

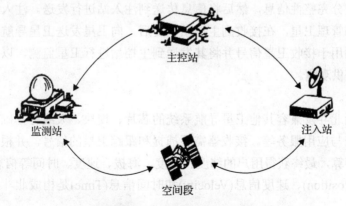

图 3-36 地面控制部分示意图

(2) 空间部分。

GPS 的空间部分的 24 颗工作卫星组成一个 GPS 卫星组，其中 21 颗是导航卫星，3 颗是活动卫星。24 颗卫星以 55°的轨道倾角绕地球运行。卫星的运行周期约为 12 小时。每个工作卫星发射导航和定位信号，用户可以使用这些信号来实现导航。

(3) 用户设备部分。

用户设备部分包括卫星导航接收器和卫星天线，主要功能是根据一定的卫星截止角捕获被测卫星，并跟踪这些卫星的运行情况。当接收器捕获被跟踪的卫星信号时，可以测量接收天线对卫星伪距和距离的变化率，并解调卫星轨道参数等数据，基于这些数据，接收器中的微处理器可以根据定位解算方法进行定位计算，并计算用户地理位置的纬度、经度、高度、速度、时间等信息。

2) 北斗卫星定位系统

北斗卫星定位系统(以下简称北斗系统)是中国着眼于国家安全和经济社会发展需要，自主建设运行的全球卫星导航系统，是为全球用户提供全天候、全天时、高精度的定位、导航和授时服务的国家重要时空基础设施。北斗导航定位系统广泛应用于船舶运输、公路运输、铁路运输、海上作业、渔业生产、水文预报、森林防火、环境监测等行业，以及军事、公安、海关等有特殊指挥调度要求的单位。

北斗卫星定位系统由空间段、地面段和用户段三部分组成。

(1) 空间段。

北斗卫星定位系统空间段由 30 颗卫星组成，其中，地球静止轨道卫星(GEO：轨道高度 35786km，轨道倾角为 0°)3 颗、中圆地球轨道卫星(MEO：轨道高度约 21500km，轨道倾角为 55°。回归特性为 7 天 13 圈)24 颗、倾斜地球同步轨道卫星(IGSO：高度与 GEO 卫星相同，轨道倾角为 55°)3 颗。5 颗地球静止轨道卫星的固定位置为东经 58.75°、80°、110.5°、140°和 160°。中地轨道卫星运行在三个轨道面上，轨道面均匀分布 120°。

(2) 地面段。

北斗卫星定位系统地面段由主控站、注入站和监测站，以及星间链路运行管理设施组成。主控站用于系统运行管理和控制，接收来自监测站的数据，并对其进行处理，生成卫星导航信息和差分完整性信息，然后将信息传送到注入站进行发送。注入站用于向卫星发送信号、控制和管理卫星，在接收到主控站调度后，向卫星发送卫星导航信息和差分完整性信息。监测站用于接收卫星信号并将其发送到主控站进行卫星监测，以确定卫星轨道，并为时间同步提供观测。

(3) 用户段。

用户段包括北斗及兼容其他卫星导航系统的芯片、模块、天线等基础产品，以及终端设备、应用系统与应用服务等。接收器需要捕捉和跟踪卫星的信号，并根据数据以一定的方式进行定位计算，最终获得用户的纬度、经度、海拔、速度、时间等信息。

位置信息(Position)、速度信息(Velocity)和时间信息(Time)是构成北斗信息服务的"三要素"。

位置信息：北斗系统可向全球提供优于 10m 的定位服务，亚太地区定位精度达到 5m。

北斗系统提供的位置信息服务，输出结果为"经度、纬度、高程"或者"x, y, z"，同时，通过精密单点定位、星基增强、地基增强等方式，可将定位精度提高到米级、分米级乃至厘米级。

速度信息：北斗系统提供的测速精度能力优于 0.2m/s。

时间信息：北斗系统可为用户提供优于 20ns 的授时服务，在此基础上利用差分授时、双向比对等技术手段，可进一步提升授时精度。

北斗系统用户终端系统最多可容纳 54W/h 的用户，具有双向消息通信功能。

北斗系统工作频率：2491.75MHz。

3) 全球导航卫星定位基本原理

GNSS 定位主要解决两个问题：①观测瞬间卫星的空间位置；②测量站点卫星之间的距离。空间位置即 GNSS 卫星在某坐标系中的坐标，为此首先要建立适当的坐标系来表征卫星的参考位置，而坐标又往往与时间联系在一起，因此，定位是基于坐标系统和时间系统来进行的。

定位，就是利用至少 4 颗卫星去解决位置、时间、速度这三个参数，其中最常用的是位置。

在二维平面，一个固定点用已知的半径长确定一个圆，两个固定点用已知的半径确定两个点，用户就在其中一个点上。将这个原理映射到三维，两个球相交确定一个圆，三个球相交确定两个点，即三角测量法定位基本原理：分别以三个卫星的位置为圆心，三个卫星距地面某点距离为半径作球面，用户必然处在两个点的其中一个上，将远离地球的点舍弃，另一个点就是用户的位置，如图 3-37 所示。

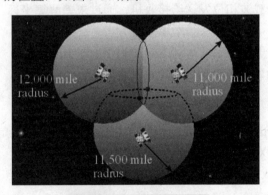

图 3-37 三角定位基本原理

实际卫星定位中存在许多误差，例如空间电离层误差、时钟误差、位置误差、地球潮汐误差等，影响定位精度。

对于解决时钟误差，每颗卫星上有精密的原子钟工作，GPS 接收机使用普通石英钟。接收机接收多颗卫星的时间信号并计算自身误差，将自身时钟调校到统一的时间值，此即精准时间戳。

采用差分定位，可以消除空间电离层误差、位置误差、地球潮汐误差等，实现精准定位。差分 GNSS 的基本原理如图 3-38 所示，首先，当两个 GPS 接收机距离较近，那么两者接收的 GPS 信号通过几乎同一块大气区域，所以两者的信号误差非常近似。可以在一定地域范围内设置一台或多台接收机，将一台已知精密坐标的接收机作为差分基准站，差分基准站在地面建立精确坐标(此即地基增强系统)。然后由导航卫星对基站进行实时的定位，得到基站实时的位置坐标，因受前面提到的对流层、电离层、多路径效应等多因素干扰，两者之间必然存在综合定位误差，通过计算两者之间的差值，就能把定位误差值锁定，从而计算出差分校正量，减少误差，提高定位精度。

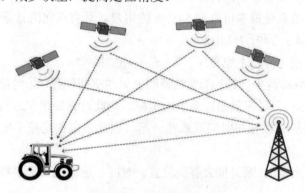

图 3-38 差分定位基本原理

一般以基站为中心的 20～40km 半径范围内，对流层、电离层运动等对卫星定位影响基本一致，所以只要基站把计算出来的综合定位误差实时播发给该范围内终端，它们就可以在卫星定位时，把定位误差一并计算进去，从而实现亚米级甚至厘米级的高精度定位。

RTK(Real-Time Kinematic)载波相位差分技术是目前业内用于计算误差的主流方法之一，即将基准站采集的载波相位发送给接收机，通过求差解算坐标。RTK 技术硬件设备成本高。

另外，GPS 信号的更新频率应达到 100Hz 以上，即 10ms 更新一次位置信息，方可保证以 100km/h 行驶的自动驾驶车辆的基本定位安全要求。

2. 惯性导航系统

惯性导航系统(Inertial Navigation System，INS)是利用惯性测量单元(IMU)的角度和加速度信息来计算载体的相对位置的一种定位技术。

IMU 利用陀螺仪或加速度传感器等惯性传感器的参考方向和初始位置信息来确定载体位置。

典型的六轴 IMU 由六个传感器组成，这些传感器排列在三个正交轴上，每根轴上都有一个加速度计和一个陀螺仪。加速度计可以测量载体的瞬时加速度信息，根据计算获得载体的瞬时速度和位置；陀螺仪可以测量瞬时角速率或角位置信息，提供各轴(及其上加速度计)在各时刻的方向。基于上述过程，空间载体的瞬时运动参数，包括直线运动和角运动参数，可以由 IMU 测量得到。惯性导航可以利用这些测量值来计算载体的空间位置和速度，并且通过 IMU 提供的三轴角速度数据，估计车辆姿态，如侧倾、俯仰和航向等。

1) 陀螺仪

如图 3-39 所示，陀螺仪由旋转轴、转子、内框、外框组成。转子可以在内部框架内高速旋转,其中旋转轴具有旋转角速度。内框可以绕内框轴相对于外框自由转动,外框绕外框轴相对于支架自由转动,两个旋转的角速度称为牵连角速度。旋转轴、内框架轴和外框架轴的轴线相交于一点,称为陀螺支点,整个陀螺可以围绕支点任意旋转。

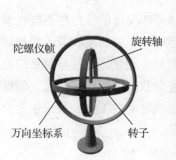 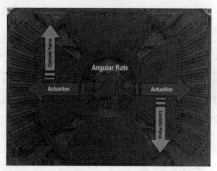

图 3-39 陀螺仪

陀螺仪利用科里奥利力(旋转物体在有镜像运动时所受到的切向力)原理,利用振动来诱导和探测科里奥利力。核心元件是一个微机械单元,在设计上按照一个音叉机制共振运动,利用科里奥利力原理把角速率转化成一个特定感测机构的位移,利用科里奥利力使感测质量发生位移,位移大小与角速率成正比,位移引起定子和转子之间运动,导致电容变化。

陀螺有多种类型,根据陀螺转子主轴的进动程度可分为二自由度陀螺和单自由度陀螺。根据支撑系统可分为滚珠轴承陀螺、液浮/气浮和磁悬浮陀螺、挠性陀螺和静电陀螺。根据物理原理可分为转子陀螺、半球谐振陀螺、微机电陀螺、环形激光陀螺和光纤陀螺。

2) 加速度传感器

如图 3-40 所示,加速度传感器采用 MEMS 工艺,将检测惯性力造成微小变形的机械机构集成在芯片上,为悬臂构造。当加速度变化时,惯性力使其移动,与上下电容基板之间的距离变化,产生与加速度成正比的电容变化。

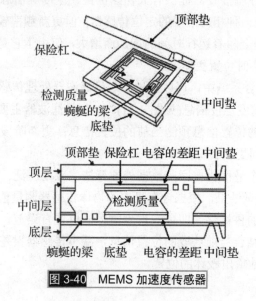

图 3-40 MEMS 加速度传感器

根据加工工艺，可分为块状硅微加速度传感器和表面工艺微加速度传感器；根据不同的测量原理，可分为压阻式、压电式、隧道式、电容式和热式。MEMS加速度传感器在车辆稳定性控制系统中早已得到普遍应用，在智能汽车惯性导航领域，也是重要的传感器之一。

惯性导航在实现过程中，惯性系统既不向载体外部发送信号，也不接收来自外部的信号，是一种完全自主的导航。惯性导航系统信号还可用于协助接收器天线与定位导航卫星对准，从而减少干扰对系统的影响。对于导航载波相位测量，惯性导航系统能够很好地解决卫星定位导航周期跳变和信号丢失后全周模糊度参数的重新计算问题。惯性导航系统的主要缺点是定位误差随着时间的推移而累积，经过长时间的工作，累积误差会有不同程度的变化。

3. GNSS 与 INS 融合

INS 利用安装在载体上的惯性器件敏感载体的运动，输出载体的姿态和位置信息。具有很强的自主性、保密性、灵活性，机动性强，具备多功能参数输出，但是导航精度随时变化，它不能长时间单独工作，必须连续校准。GNSS 由于需要接收足够数量的卫星才能够实现定位，受各种物理、电磁信号等遮挡影响比较大。

从 GNSS 和 INS 的优缺点来看，两者具有很强的互补性。在短时间内 INS 的误差比 GNSS 小，但长时间使用时，必须通过 GNSS 离散测量值进行修正，通过抓取系统漂移量，达到快速估计状态参数与收敛的目的。

当卫星定位导航信号受到高强度干扰或卫星系统接收机故障时，惯性导航系统可独立进行导航定位；另外，惯性导航系统具有定位精度高、数据采样率高等特点，能在短时间内为卫星定位导航提供辅助信息，利用这些辅助信息，接收机可以保持较低的跟踪带宽，从而提高系统获取卫星信号的能力。当卫星定位导航信号条件显著改善以允许跟踪时，惯性导航系统向卫星定位导航接收器提供有关初始位置、速度等信息，以便快速重新获取导航代码和载波。GNSS 是一种相对准确的定位传感器，但更新频率较低，不能满足实时计算的要求。INS 的定位误差会随着运行时间的增加而增大，但由于它是一种高频传感器，可以在短时间内提供稳定的实时位置更新。

在 GNSS 和 INS 组合系统中，可以通过卡尔曼滤波器处理传感器测量值，从而给出更加准确、稳定的载体高精度定位信息(见图3-41)。卡尔曼滤波器主要分为两个阶段：预测阶段根据最后一个时间点的位置信息预测当前的位置信息；更新阶段通过对目标位置的当前观测修正位置预测，从而更新目标的位置。

卡尔曼滤波器是一个最优化自回归数据处理算法，应用广泛。使用卡尔曼滤波器可以组合 GNSS 和 INS 的测试结果，根据含有噪声的物体传感器测量值，预测出物体的位置坐标和速度。它具有很强的鲁棒性，即使观察到物体的位置有误差，也可以根据物体的运动规律预测一个位置，再结合当前获取的位置信息，减小传感器误差，增强位置测量的连续性和稳定性，更加准确地输出载体的位置。

第三章 感知与定位

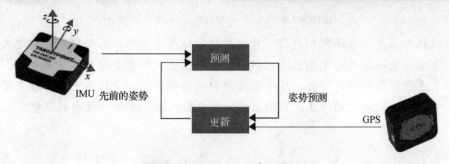

图 3-41 GNSS 和 INS 组合定位

【本段知识拓展】

单车智能定位与导航

1. 三角测量定位

GPS 定位是根据三角测量定位原理实现的。GPS 用户终端同时跟踪 4 颗 GPS 卫星并捕获其信号。

设地面点 p 到卫星 i 的距离矢量为 S_i，地心圆点 O 到卫星 p 的距离矢量为 S_O，地心圆点 O 到地面点 p 的距离矢量为 S_p，如图 3-42 所示，如果卫星钟和地面钟不存在任何时差，说明此时伪距观测量代表了 p 点与卫星之间的真实距离 S_i，其值为

$$S_i = c(t_i - t_j) - c\tau \tag{1}$$

式中，c 为光速；t_i 为地面接收机已同步的观测时刻；t_j 为卫星已同步的发射时刻；τ 为传播途径中的附加时延。

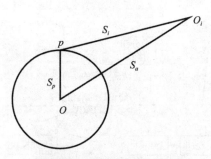

图 3-42 三角测量定位原理

实际上卫星钟和地面钟存在一定的时差，所以实际测量的并非真实距离，而是伪距，即

$$\rho_{pi} = c(t_{pi} - t_{pj}) \tag{2}$$

式中，ρ_{pi} 为地面点 p 到卫星 i 的伪距；t_{pi} 为含有时钟差的地面站接收时刻；t_{pj} 为含有时钟差的卫星发射时刻。

实际上接收时，地面站接收机的接收时刻要与 GPS 时间同步。这样，时钟差为两个微小量 Δt_i 和 Δt_j，即

$$t_{pi} = t_i + \Delta t_i \tag{3}$$

$$t_{pj} = t_j + \Delta t_j \tag{4}$$

$$\rho_{pi} = c(t_i - t_j) + c(\Delta t_i - \Delta t_j) = S_i + c\tau + c(\Delta t_i - \Delta t_j) \tag{5}$$

当接收机对卫星信号跟踪锁定后,可以从接收信号中提取,从而得到导航电文和伪距观测量。导航电文一般分为电离层修正数、卫星钟改正数和卫星星历参数三部分。进一步经过对卫星星历参数的统计计算,可求出发射时刻卫星在地心坐标系中的三维坐标值 X_i、Y_i 和 Z_i。关于卫星时钟差的修正,利用卫星钟改正数依据式(6)给予适当的调整:

$$\Delta t_j = \alpha_o + \alpha_1(t - t_0) + \alpha_2(t - t_0)^2 \tag{6}$$

$$t = t_{pj} - \Delta t_j \tag{7}$$

式中,t 为观测时间;t_0 为卫星钟基准时间。

设 p 点的地心坐标为 X_p、Y_p 和 Z_p,则 p 点至卫星 i 的实际距离为

$$S_i = \sqrt{(X_i - X_p)^2 + (Y_i - Y_p)^2 + (Z_i - Z_p)^2} \tag{8}$$

将式(8)代入式(5)得

$$\rho_{pi} = \sqrt{(X_i - X_p)^2 + (Y_i - Y_p)^2 + (Z_i - Z_p)^2} + c\tau + c(\Delta t_i - \Delta t_j) \tag{9}$$

式中,τ 为大气修正,可参考空间大气模型进行修正。这时,式(9)中只有4个未知量,X_p、Y_p、Z_p、$\Delta t_i - \Delta t_j$。需要同时观测4颗卫星,可以得到式(9)的4个方程,这些非线性方程可以通过线性化方法或者卡尔曼滤波技术进行求解,得到 p 点的坐标 X_p、Y_p、Z_p。

以上计算所得数据,还需进行差分运算,从而得到更精确的定位信息。

2. 差分全球导航定位

差分全球导航定位系统利用差分技术使用户从 GPS 中获得更高的精度。DGPS 由基准站、数据传输设备和移动站组成,如图3-43所示。

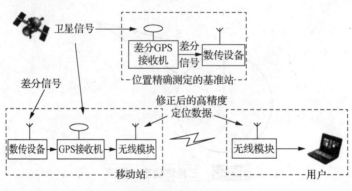

图3-43 DGPS 组成

基准站的位置已经精确测定,基准站上的接收机通过接收 GPS 信号,将测得的位置与该固定位置的真实位置坐标的差值作为公共误差校正量,再通过无线数据传输设备将该校正量传送给移动站的接收机。移动站的接收机利用该校正量对本地位置进行校正,最后得到厘米级定位精度。

根据基准站发送信息的方式将 DGPS 定位分为三类:位置差分、伪距差分、相位差分。

1) 位置差分

位置差分要求基准站和移动站相距 100km 以内,并且观测同一组卫星。安装在基准站

的 GPS 接收机观测 4 颗卫星后即可进行三维定位,解算出基准站的观测坐标。将已知坐标与观测坐标之差作为位置改正数,通过基准站的数据传输设备发送出去,移动站接收并对其解算的移动站坐标进行改正。得到的改正后的移动坐标已经消除了基准站和移动站的共同误差。

2) 伪距差分

利用基准站已知坐标和卫星星历可计算出基准站与卫星之间的计算距离,将计算距离与观测距离之差作为改正数,发送给移动站,移动站利用此改正数来修正测量的伪距,最后,用户利用修正后的伪距来解出自身位置,这可消除公共误差,提高定位精度。

3) 相位差分

与伪距差分原理相同,由基准站通过数据传输设备实时将其载波观测量及站坐标信息传送给移动站。移动站接收 GPS 卫星的载波相位和来自基准站的载波相位,组成相位差分观测值进行实时处理,即可实时给出厘米级的定位结果。

实现载波相位差分 GPS 的方法有修正法和差分法。前者与伪距差分相同,基准站将载波相位修正量发送给移动站,以改正其载波相位,然后求解坐标;后者将基站采集的载波相位发送给移动站,进行求差解算坐标。

(资料来源:崔胜民. 智能网联汽车新技术[M]. 北京:化学工业出版社,2016.)

六、高精度地图信息

高精度地图将大量的道路数据、车道周边的固定对象等行车辅助信息存储为结构化数据,这些信息包括:车道线的位置、类型、宽度、坡度和曲率等车道信息;交通标志、交通信号灯等信息,车道限高、下水道口、障碍物及其他道路细节,还包括高架物体、防护栏、树木、道路边缘类型、路边地标等基础设施信息(见图 3-44)。

图 3-44　高精度地图信息模型示意图

与传统地图相比,高精度地图信息的丰富性和准确性都有显著的提升。高精度地图包含的信息有以下内容和特点。

(1) 道路参考线：为了实现车道级导航、路径规划功能，需要在原始地图数据中抽象道路结构，形成由顶点组成的拓扑图形结构，同时为了优化数据的存储，需要将道路用连续的曲线段来表示。

(2) 道路连通性：除道路参考线外，高精度地图还应描述道路的连通性。比如路口中没有车道线的部分，需要将所有可能的行驶路径抽象成道路参考线，在高精度地图数据库中体现。

(3) 车道模型：除了记录道路参考线、车道边缘(标线)和停车线外，高精度地图数据库还需要记录无车道道路的拓扑结构，且除车道的几何特性外，道路模型还包括车道数、道路坡度、功能属性等。

(4) 对象模型：记录道路和车道行驶空间范围边界区域的元素，模型属性包括对象的位置、形状和属性值。这些地图元素包括路牙、护栏、互通式立交桥、隧道、龙门架、交通标志、可变信息标志、轮廓标志、收费站、电线杆、交通灯、墙壁、箭头、文字、符号、警告区、分流区等。

高精度地图信息的主要功用包括以下三个方面。

(1) 高精度地图在自动驾驶中的作用。

高精度地图数据中提供道路甚至车道的曲率值，当车辆转弯时可以根据曲率提前减速，控制传感器甚至大灯转向辅助。高精度地图也提供隧道等详细信息，车辆在进入前可以提前开启大灯或调整传感器感光参数。

高精度地图提供坡度，能够辅助车辆控制油门节省能源。高精度地图提供各种交通标志和提示信息标牌的精确位置及形状，能够辅助车辆进行高精度定位。

高精度地图的限速信息精确到车道，能够为车辆提供精准的限速信息，智能网联汽车用于精准控制执行器操作。

高精度地图信息在 L4 级自动驾驶的 ODD 应用的分析如表 3-2 所示。

表 3-2 高精度地图信息定义 ODD

名称	内容	对自动驾驶的作用
位置信息	经纬度，WGS84，输出：20Hz	定位车辆在世界坐标系中的绝对横纵向位置、航向角等信息，该信息用于评估车辆当前行驶在道路的何种位置
	水平定位误差	
	海拔，100m 精度	
	航向	
	横向定位	
	纵向定位	
	置信度	
道路信息	道路类型	输出道路类型包括虚线、实线信息，用于变道可行性确认
	限速	用于对车辆纵向速度进行限速控制
	限高	用于对特殊类型车辆在路径规划时进行有效的规划控制

续表

名　称	内　容	对自动驾驶的作用
道路信息	施工道路	1)用于定义对危险情况的提前处理，此时系统不报接管，而是采取换道、减速等措施避免碰撞事故。 2)用于对该路段排除在 ODD 设计范围外的处理逻辑，对于 L4 来说，在设计 ODD 范围时，可以直接将施工路段排除在设计运行范围外，这样当车辆驶入施工路段时，直接退出 L4 自动驾驶控制，并报立即接管
	车道变化	如并道或二岔路，系统需要在接收到相应信号时，提前进行变道控制
	交通灯	在 L4 自动驾驶设计过程中，如果是应用于城市或城间道路，则必须提前预知交通灯信息，这是很多传感器探测范围内无法及时探测到的
	间断的护栏	该信号用于及时告知系统当前道路处于 ODD 范围外，系统此时降级为辅助驾驶 1 级 ACC 控制车辆纵向，并报横向立即接管
	收费站	用于对该路段排除在 ODD 设计范围外的处理逻辑，对于 L4 来说，在设计 ODD 范围时，可以直接将收费站前一定距离处排除在设计运行范围外，这样当车辆即将驶入收费站时，直接退出 L4 自动驾驶控制，并报立即接管；此时系统也可直接控制减速行驶至收费站范围内停车
	车道数	该信息一般不用，不过在特殊导航下匝道时，车道数用于判定当前车辆驾驶过程中需要下匝道时，需要变道的车道数量
	道路边沿	用于辅助本车进行对中控制
车道信息	车道类型	用于对变道、限速可行性的控制判断，如应急车道不允许自动变道，匝道需要提前限速等
	车道编号	与车道数作用一致，两者配合使用
	车道线	车道线一般是以回旋曲线方程表示，用于系统根据其进行车辆对中及换道控制
	车道线类型	用于对换道可行性判断，如虚线允许变道，实线不许变道
	车道宽度	用于对车辆对中或换道可行性判断
	车道曲率	用于对车辆对中或换道可行性判断
	车道纵坡度	用于对车辆纵向加减速精准控制，特别是对于定速巡航控制偏差可以起到很好的控制判断作用
	车道横坡	对车辆向心力来说，横向坡度可以辅助进行甩尾控制
	车道限速	用于对对中及换道过程中系统根据本车在车道内的限速信息进行自动限速

续表

名称	内容	对自动驾驶的作用
车道级导航信息	路径规划数	从高精度地图角度发出的规划目标路径条数
	规划路径	自动驾驶规划的所有路径用于后续运动规划决策控制
	目标车道号	用于导航作用下的换道控制规划
	换道提示	用于在导航路径下提前一定距离对驾驶员是否换道进行提示，自动驾驶系统一般是在该提示后开始进行自动变道
	路径距离	该距离显示了相应规划路径的长度、远近
相对定位位置	横向定位，距离车道线左右距离	用于对车身姿态在本车道内的判定，作用于对中和换道，可实现更为精准的横向偏差控制
	纵向定位，车身原点相对于道路类型变化交界点的距离	该距离保证自动驾驶可以提前在道路类型变化点前做出安全的换道反应，对于自动驾驶换道控制安全性起着决定性作用
	置信度	由于传感器也在同时检测横向及纵向定位结果，置信度可以很好地表示出高精度地图检测的准确性，只有在高置信度的情况下，探测结果才能用于自动驾驶控制

高精度地图具有先验感知特征。高精度地图能够辅助汽车超视距感知，当车辆道路环境被其他物体遮挡，或者转弯，或者超出汽车电子设备感知范围时，高精度地图能够帮助车辆对行进方向进行环境的感知。

高精度地图能够辅助车辆快速识别道路环境周边固定物体及车道标线。高精度地图能够提高自动驾驶车辆数据处理效率，自动驾驶车辆感知重构周围三维场景时，可以利用高精度地图作为先验知识减小数据处理时的搜索范围。

(2) 高精度地图在 V2X 中的作用。

V2X 是智能网联汽车在网联化方面的基础。在 V2X 环境中，V2X 系统与高精度地图分工合作，通过路侧基础设施(信号灯、标识牌等路侧单元)与车辆进行通信，车辆能够直接获取道路基础环境信息，并能够利用基础设施进行高精度定位。高精度地图主要用于车道规划和辅助对不能发射信号的基础设施的感知，如路肩、隔离带等。

高精度地图云中心可以通过与基础设施中的道路边缘计算网格进行通信，实现信息的收集与分发。道路边缘计算网格与车辆进行实时通信，车辆从道路边缘计算网格获取道路环境信息，并上报车辆传感器识别变化的信息，道路边缘计算网格经过初步处理后将数据发送到高精度地图云中心，云中心综合多方证据信息进行处理，提前预测道路环境变化，将可能引起道路交通恶化的预测信息发送给边缘计算网格并通知车辆，车辆可以提前做出决策。

(3) 高精度地图对自动驾驶规划的作用。

高精度地图能够辅助车辆进行车道级动态路径规划，车辆在拥有高精度定位功能前提下，在无外部环境干扰的情况下可以根据高精度地图的车道参考线前进并到达目的地。现实中道路环境存在各种干扰情况,包括其他车辆、行人等,因此车辆需要更复杂的传感器进行感知决策。

具体在车道级规划中的作用:高精度地图提供有车道中心线,以及车道中心线连通关系,自动驾驶车辆可以在这个数据基础上结合当前位置及前进方向进行有限范围(如 10km 范围内)准实时的车道级路径规划,规划结果用于辅助决策单元生成控制指令。

具体在辅助决策中的作用:基于高精度地图的车道级动态路径规划及辅助感知成果最终都将作为参考信息提供给决策单元,决策单元在已知固定环境、已知线路和动态目标的基础上通过算法生成控制指令。

【本段知识拓展 1】

标准智能运输系统　智能驾驶电子地图数据模型与交换格式

第 1 部分:高速公路,第 2 部分:城市道路

(国家推荐标准,国家市场监督管理总局、国家标准化管理委员会发布,2019 年)

全国智能运输系统标准化技术委员会(SAC/TC 268)发布了智能驾驶电子地图数据模型与交换格式的相关国家标准征求意见稿。根据交通运输行业标准制修订工作计划安排,由北京四维图新科技股份有限公司等单位起草了国家标准《智能运输系统　智能驾驶电子地图数据模型与交换格式　第 1 部分:高速公路》和《智能运输系统　智能驾驶电子地图数据模型与交换格式　第 2 部分:城市道路》。

高速公路.pdf

在标准文件中,规定了智能汽车电子地图中高速道路数据模型与交换格式的产品要求,包括术语和定义、精度、坐标系统、数据内容和基本属性,以及电子地图数据的模型、不同类型的数据在使用环境中的主要作用等。其用以智能汽车电子地图为主要应用内容的智能导航定位产品,如自动驾驶汽车、高级辅助智能驾驶汽车、高精度车辆监控和调度等的生产和应用,并可以依据此标准中国地图厂商向用户提供智能电子地图交换格式数据的统一数据产品说明。

城市道路.pdf

汽车自动驾驶系统包括环境感知与定位、智能规划与决策、控制执行三大核心模块,高精度地图又是各类感知系统中尤为关键的一环。高精度地图可以不受各种气候环境的影响为车辆纵向加减速和横向转向、变道等决策提供精确定位以及精准车道预测,可避免因传感器在沙尘暴、浓雾等极端气候下发生误判致使自动驾驶系统失效诱发交通事故,保证自动驾驶车辆在任何环境下的安全。其应用可以极大地降低自动驾驶车辆对于昂贵传感器的依赖,有利于降低成本,更快地进入批量产业化。

鉴于高精度地图是智能驾驶的关键性基础技术,是否有高质量、高精度的电子地图直接影响自动驾驶行业的发展,但目前常用的导航地图存在精度不足、格式不统一等问题。自动驾驶高精度地图行业在中国也还处在发展的初级阶段,现阶段行业内还没有高精度地图的相关标准。《智能运输系统　智能驾驶电子地图数据模型与交换格式》系列标准拟计划

分为两部分：(1)第1部分：高速公路；(2)第2部分：城市道路。该标准致力于为高速道路场景进行数据模型和交换格式的制定。第1部分和第2部分已申报国标。

高速公路：

高精度定位，除了全局性地了解道路状况外，自动驾驶也需要实时确定车辆自身的确切位置，定位精度越高，自动驾驶的可靠性越高。高精度定位将自动驾驶汽车的环境感知结果与高精度地图进行对比，得到车辆在高精度地图中的精确位置和姿态。由此可见，实现高精度定位是自动驾驶汽车路径规划的前提条件。因此，准确定位对于自动驾驶车辆行驶来说是至关重要的，道路两侧或者道路内侧的基础设施是实现高精度定位的基础要素，如交通标牌、交通灯、杆状物、停止线、减速带等。

自动驾驶车辆也需要获取道路的附属设施以控制车辆的驾驶。本标准定义了共15个对象，分别为交通灯、交通标牌、路侧设施、路面标志、减速带、收费站、检查站、桥、路侧建筑物、杆状物、龙门架、隧道、人行横道、停止线、紧急电话亭。每一个对象都作为一个独立的子章节分别对其场景、数据模型、属性、几何、关联关系、表结构进行明确的定义和表达。

《智能运输系统 智能驾驶电子地图数据模型与交换格式 第1部分：高速公路》规定了智能汽车电子地图中城市道路数据模型与交换格式的产品要求，包括术语和定义，精度、坐标系统、数据内容和基本属性，以及电子地图数据的模型、不同类型的数据在使用环境中的主要作用等，为智能驾驶电子地图数据模型与交换格式的统一规范提供依据。

城市道路：

城市道路相比高速公路而言，路况更为复杂，自动驾驶的实现难度更大，更具挑战性，更需要高精度地图的强有力支撑。因此，需要针对普通路特有要素及特征，如普通路路口、环岛、主辅路出入口等，定义数据模型和数据交换格式，为城市道路的高精度地图制作提供标准规格，有利于解决不同城市道路不同地图之间数据不兼容、服务水平不一致的问题，为城市道路自动驾驶提供有力保障。

交通灯、公交车站、停车场、安全岛共4个对象在标准中详细定义表达。

① 交通灯一般由红灯、绿灯、黄灯组成，用于指挥交通运行。城区交通灯按照交通流量设定改变路口通行状态，进而改变道路拓扑关系，因此，此标准定义了交通灯的数据模型、属性、与道路或者车道的关联关系和表结构，其中属性包括交通灯的类型和形状，与交通灯组合共同提高自动驾驶车辆的准确性；与道路或车道的关联关系告知自动驾驶车辆交通灯所控制的车道信息。

② 城市道路附属设施公交车站对于自动驾驶车辆的高精度定位和行人避让都提供了必要信息，因此定义了公交车站的数据模型、类型和表结构的表达。

③ 停车场信息对于自动驾驶车辆的自动停车功能非常重要，因此定义停车场的数据模型、属性、几何表达和关联关系。

④ 一些安全岛设有两个安全岛灯，分别在安全岛的两端，提醒司机闪避，以确保岛上行人的安全。部分安全岛配合交通信号标志或斑马线使用，以控制道路的交通流量，保证过路行人的安全。此标准中定义安全岛的数据模型、几何表达、关联关系及表结构。

该标准主要对智能驾驶车辆所依托的基础数据高精度地图的数据格式和交换格式的具体要求进行了定义。通过标准统一了道路、车道及路侧设施的表达、模型及交换格式，可以实现不同车辆和不同图商数据的交互，能够最大化利用成果数据，解决不同城市道路不同地图之间数据不兼容、服务水平不一致的问题，为城市道路自动驾驶提供有力的保障。

【本段知识拓展 2】

高精度地图的生产

高精度地图与传统地图相比，具有不同的采集原理和数据存储结构。传统地图依赖于拓扑结构和传统的数据库，将各种元素作为对象堆放在地图上，将道路存储为路径。在高精度地图中，为了提高存储效率和增强机器的可读性，地图在存储时分为矢量层和对象层。在高精度地图生产过程中，通过提取车辆上传感器采集的原始数据，获取高精度地图特征值，构成特征地图；在此基础上，进一步提取、处理和标注矢量图形，包括道路网络信息、道路属性信息、道路几何信息和道路上主要标志的抽象信息，如图 3-45 所示。

(1) 原始点云

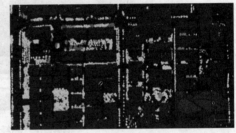
(2) 分类点云

(3) 单体白膜

(4) 精细模型

图 3-45　高精度地图采集信息

1. 高精度地图采集车

高精度地图采集车的装备较为复杂，通过装配两个激光雷达(位于后方)和 4 个摄像机(两前两后)的方式来满足所需要的 10cm 级别精度，完成标牌、障碍物、车道线等道路信息的三维模型搭建。采集设备如图 3-46 所示。

LiDAR(激光雷达)。激光雷达首先通过向目标物体发射一束激光，然后根据接收—反射的时间间隔确定目标物体的实际距离。根据距离及激光反射的角度，通过简单的几何变换可以计算出物体的位置信息。汽车周围环境的结构化存储通过环境点云实现。

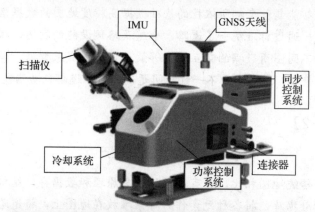

图 3-46　高精度地图采集车

激光雷达通过测量光脉冲的飞行时间来判断距离,在测量过程中激光雷达要产生汽车周围的环境点云,这一过程要通过采样完成。一种典型的采样方式是在单个发射器和接收器上在短时间内发射较多的激光脉冲,如在 1s 内发射万级到十万级的激光脉冲。脉冲发射后,接触到需要被测的物体并反射回接收器上。每次反射和接收都可以获得一个点的具体地理坐标。在发射和反射这一行为进行得足够多时,便可以形成环境点云,从而将汽车周围的环境量化。

Camera(摄像机)。通过车载摄像机,可以捕捉到路面及其周围交通环境的静态信息,通过对图片中关键交通标志、路面周围关键信息的提取,来完成对地图的初步绘制。车载摄像机是高精度地图的信息采集的关键设备,其主要是通过图像识别和处理的原理来进行。

IMU(惯性测量单元,陀螺仪)。用于测量物体三轴姿态角(或角速率)以及加速度的装置。一般情况下,一个 IMU 包含了三个单轴的加速度计和三个单轴的陀螺仪。加速度计检测物体在载体坐标系统独立三轴的加速度信号,而陀螺仪检测载体相对于导航坐标系的角速度信号,测量物体在三维空间中的角速度和加速度,并以此解算出物体的姿态。

GPS(全球定位系统)。GPS 接收机的任务就是确定四颗或者更多卫星的位置,并计算出它与每颗卫星之间的距离,然后利用这些信息使用三维空间的三边测量法推算出自己的位置。要使用距离信息进行定位,接收机还必须知道卫星的确切位置。GPS 接收机高速接收每颗卫星在各个时刻的位置。在大城市中由于高大建筑物的阻拦，GPS 多路径发射问题比较明显，这样得到的 GPS 定位信息容易产生从几十厘米到几米的误差，因此单靠 GPS 并不能实现精准定位。

轮测距器。通过轮测距器可以推算智能车的位置。在汽车的前轮通常安装了轮测距器，会分别记录左轮与右轮的总转数。通过分析每个时间段左右轮的转数，我们可以推算出车辆向前行驶的距离，以及向左右转了多少度。

百度的高精度地图采集车的传感器配置情况为：①最顶部的 32 线激光雷达、三个 360°全景摄像机、一个前视的工业摄像机、一个包含 IMU(惯性测量单元，是测量物体三轴姿态角(或角速率)以及加速度的装置)和 GPS 装置的组合式导航系统以及一个 GPS 天线。②从具体分工来看，激光雷达负责采集点云数据，摄像机负责采集图片，天线负责接收卫星定位信号，导航系统负责采集 GPS 轨迹。

2. 高精度地图的生成

(1) 实地采集。

实地采集是制作高精度地图的第一步，主要通过采集车的现场采集来完成。利用激光雷达、高精度差分—惯导—卫星定位系统，通过激光反射形成点云，完成对环境中各种物体的采集，并通过高精度定位系统记录行驶轨迹和环境中物体的高精度位置信息。

高精度地图采集员驾驶采集车以 60～80km/h 的速度行驶，每天至少采集 150km 的高精度地图数据。在车内的副驾驶位置，放有负责控制采集设备的计算机系统，用于采集员实时监控采集情况。在采集过程中，采集员不仅要不断确认采集设备是否工作正常，而且需要根据天气和环境情况来选择不同的摄像机参数。

(2) 加工。

对采集的数据进行数据处理，提取高精度地图所需的表达信息，形成数据库。加工过程包括人工处理、深度学习的感知算法(图像识别)等。

把不同传感器采集的数据进行融合，即把 GPS、点云、图像等数据叠加在一起，进行道路标线、路沿、路牌、交通标志等道路元素的识别。对于在同一条道路上下行双向采集带来的重复数据，也会在这一环节进行自动整合和删除。

自动化处理的数据还不能达到百分百的准确，需要人工再进行最后一步的确认和完善。目前每位员工每天修正的数据量在 30～50km。修正后的数据上传到高精度地图管理平台。

(3) 数据更新。

因为道路的整改工作会经常发生，包括突发性路况，数据库应适时更新。后续地图更新可以采取众包方式或与政府实时交通处理部门合作来解决。众包数据更新如图 3-47 所示。

使用安装成本相对低廉的车载传感器的智能网联汽车收集路况与道路特征，然后通过深度学习和图像识别算法将其转换为结构化数据，生成高精度地图众包信息。数据来源于用户，而且服务于用户，不仅可以向此类车辆提供高精度地图，还可以提供高精度定位服务。

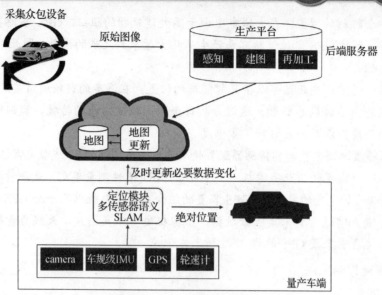

图 3-47 高精度地图数据更新

【本段知识拓展3】

公路工程适应自动驾驶附属设施总体技术规范

我国自动驾驶已经进入产业化初期，为更好地支撑车辆在现有道路上部分或完全自动化运行，制定专门针对自动驾驶公路附属设施方面的技术规范，具有重要意义。

据交通运输部公路科学研究院介绍，目前公路工程附属设施的技术要求主要针对人的生理、心理特点，以保障人驾驶车辆的路上安全、顺畅行驶为目标而确定。而针对自动驾驶的公路工程附属设施，将加入人工智能所需的元素，为自动驾驶提供基础保障。

自动驾驶附属设施总体技术规范.pdf

公路工程适应自动驾驶附属设施一般包含交通安全设施、公路管理设施和其他相关附属设施，包括高精度地图、定位设施、路侧计算设施等。

针对服务于自动驾驶的公路附属设施，对定位设施、通信设施、交通标志标线、交通控制与诱导设施、交通感知设施、路侧计算设施、供能与照明设施七个方面做出了具体的标准规范(见图 3-48)，同时对高精度地图、自动驾驶检测与服务、网络安全等软件层面也做出标准规定。

从适应自动驾驶的角度来看，公路现有附属设施部分是可直接利用，部分则需要进行升级改造。高速公路和一级公路的交通环境相对封闭、路面结构更平整、道路线型更平顺，相比于其他等级的公路，更有利于车辆实现部分或完全自动驾驶功能，并且高速公路和一级公路的安全设施和管理设施更加完备、更易于升级改造，以及自动驾驶的发展阶段、技术经济性等方面的因素，宜首先从高速公路和一级公路的自动驾驶专用道以及自动驾驶专用公路方面进行技术规范。

第三章 感知与定位

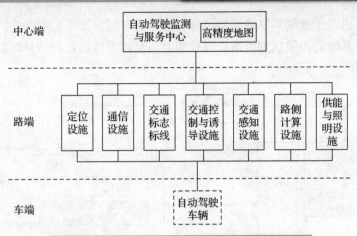

图 3-48 公路工程适应自动驾驶附属设施标准体系

根据上述技术规范，未来，公路工程附属设施将具备实现车辆与道路附属设施通过无线通信网络进行信息交换的车路通信；有交通标线、标志、护栏等基本要素，每 100m 相对误差不超过 0.1m 的高精度地图；有数字化交通标志、标线、自动驾驶专用车道，以及观测、监测基准站，高精度定位控制站等。

第二节 网联感知

一、基于车路协同的自动驾驶系统组成

1. 系统架构

参考 T/ITS 0098—2017《合作式智能运输系统通信架构》，基于车路协同的高等级自动驾驶系统中各个子系统及其接口之间的交互如图 3-49 所示，主要分为中心子系统、道路子系统(Road Sub-system，RSS)和车辆子系统(Vehicle Sub-system，VSS)三个部分。

(1) 中心子系统：通过车辆子系统和道路子系统汇聚的数据，提供全局或者局部的 ITS 应用服务。

(2) 道路子系统：包括路侧单元(RSU)、自动驾驶智能路侧计算控制单元(Automatic Driving - Intelligent Computing Control Unit - Road Side，AD-ICCU-RS)、路侧感知设备以及其他路侧交通控制设施(如信号灯)。道路子系统可以收集道路环境及交通状态信息，形成全局感知消息，并可将信息共享给车辆子系统及中心子系统。同时，在特定场景下，道路子系统也可下发决策规划数据及控制数据到车辆子系统(主要用于路侧对自动驾驶车辆进行集中式决策控制)。

(3) 车辆子系统：包括车载单元(OBU)、自动驾驶智能车端计算控制单元(Automatic Driving - Intelligent Computing Control Unit – Onboard，AD-ICCU-OB)、车载感知设备以及车辆线控系统。车辆子系统可以感知收集道路环境及交通状态信息用于自动驾驶车辆决策控制的依据，并可将感知信息共享至道路子系统或周边具备通信能力的车辆。同时，车辆子

系统可接收来自道路子系统共享的感知消息，用于对车载感知信息的补充；车辆子系统可接收来自道路子系统的决策规划类消息及控制类消息，并依据此类信息对自动驾驶车辆进行实时决策控制。

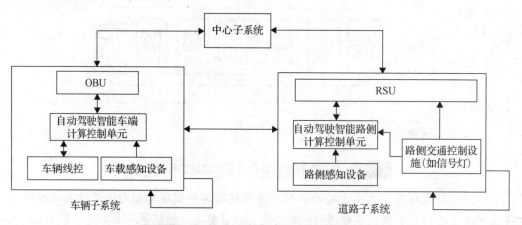

图 3-49　基于车路协同的自动驾驶系统示意图

2. 系统功能

车路协同的高等级自动驾驶场景下，RSS 和 VSS 各组成单元的功能、RSS 存在的部署方式、RSS 与 VSS 间的交互方式等简析如下。

1) RSS 各组成单元功能

RSS 各组成单元功能如下。

(1) 路侧感知设备：具备感知功能的设备集，包括但不限于激光雷达、摄像机、毫米波雷达等设备。感知设备实时采集当前所覆盖范围的图像、视频、点云等原始感知数据，并将原始感知数据输入 AD-ICCU-RS。

(2) AD-ICCU-RS：包括对来自路侧感知设备的原始感知数据的实时处理，以此来获取道路交通环境中的交通参与者的状态信息、道路的状况信息、道路事件信息以及道路交通信息、天气信息等，并实时将处理后的信息通过 RSU 通知给 VSS 或其他 RSS；同时，当需要对车辆采用集中式控制的方式时，AD-ICCU-RS 可根据当时的交通状况及车辆的个体状况制定控制策略，并将决策规划策略及控制数据下发到 VSS。

(3) RSU(Road Side Unit)：为 RSS 提供了通信能力，是本标准所定义的数据集的交互通道。通信能力包括 RSS 间的通信能力以及 RSS 与 VSS 间的通信能力。

(4) 路侧交通控制设施：提供道路交通的控制能力，正常状况下，车辆需按照交通控制设施的指令运行，包括信号灯、动态限速等交通控制信号及指令。

RSS 在实际部署时，RSU、路侧感知设备以及路侧交通控制设施部署在路侧；而 AD-ICCU-RS 存在部署在路侧、边缘机房/MEC 等多种部署方式，是硬件和软件的合体，其中硬件可以以独立的物理设备或虚拟资源的方式给软件提供载体。图 3-50 和图 3-51 分别给出了 AD-ICCU-RS 路侧部署和边缘机房/MEC 部署的示意图。

第三章 感知与定位

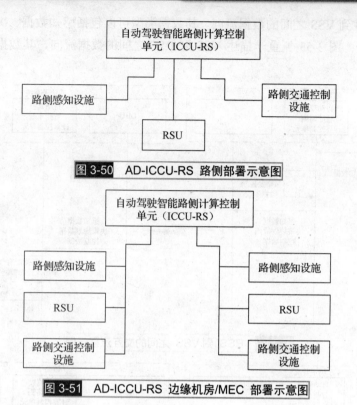

图 3-50 AD-ICCU-RS 路侧部署示意图

图 3-51 AD-ICCU-RS 边缘机房/MEC 部署示意图

2) VSS 各组成单元功能

VSS 各组成单元功能如下。

(1) 车载感知设备：具备感知功能的设备集，包括但不限于激光雷达、摄像机、毫米波雷达等设备。感知设备实时采集当前所覆盖范围的图像、视频、点云等原始感知数据，并将原始感知数据输入 AD-ICCU-OB。

(2) AD-ICCU-OB：能力包括对来自车载感知设备的原始感知数据的实时处理，以此来获取道路交通环境中的交通参与者的状态信息等，并可将实时处理后的信息通过 OBU 通知给 VSS 或 RSS；同时，实时生成车辆的行驶策略，并将行驶策略发送至自动驾驶车辆的线控系统。

(3) 车辆线控：通过车辆总线、车内以太网等链路对车辆进行控制，包括控制车辆的制动系统、转向系统、传动系统、车身控制等，能够控制车辆加速、减速、转向、灯光、双闪等。

(4) OBU：为 VSS 提供了通信能力，是本标准所定义的数据集的交互通道。通信能力包括 VSS 间的通信能力以及 VSS 与 RSS 间的通信能力。

3. 系统交互

在实际应用中，RSS 与 RSS、VSS 与 VSS、RSS 与 VSS 之间会存在各种各样的信息交互。图 3-52～图 3-55 给出了各系统间以及系统内原始感知数据、感知数据、决策规划数据、控制数据等的数据流向，以及数据处理策略及控制数据生成位置的简单示例。其中图 3-52

侧重于描述 RSS 到 VSS 之间的数据流向，其数据类型可以包括感知数据、决策规划数据以及路侧控制数据；图 3-53 侧重于描述 VSS 到 RSS 之间的数据流向，其数据类型主要是感知类数据。

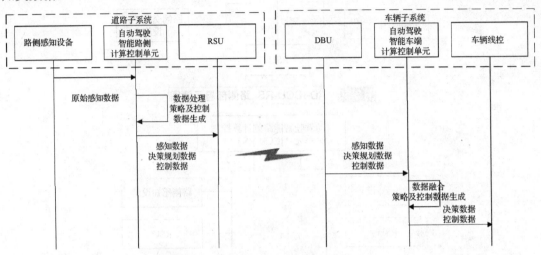

图 3-52　RSS 到 VSS 之间的交互流程示例

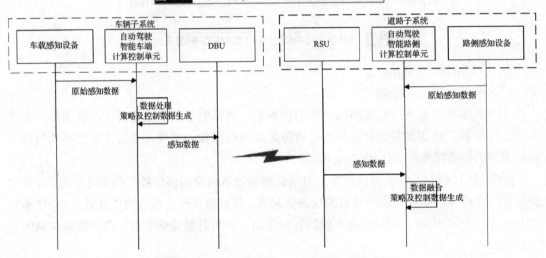

图 3-53　VSS 到 RSS 之间的交互流程示例

RSS、VSS 在与其他子系统进行交互时，都涉及子系统内部的模块之间的交互，所涉及的数据交互内容指的是系统间(即 RSU 与 OBU 间)的数据交互。

上述子系统间的交互更多的是聚焦于高等级自动驾驶的应用场景，但需要说明的是，上述 RSU 及 OBU 间的消息同时适用于具备 V2X 通信能力的车辆。

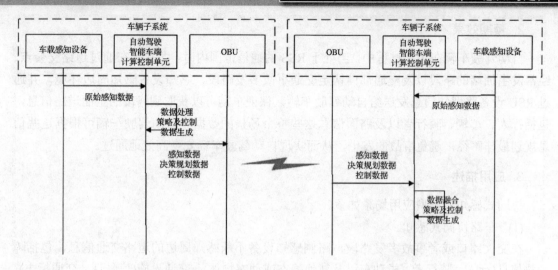

图 3-54　VSS 与 VSS 之间的交互流程示例

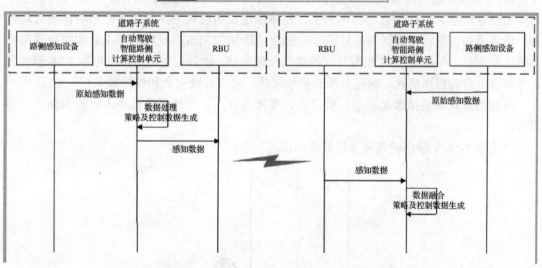

图 3-55　RSS 与 RSS 之间的交互流程示例

二、协同式感知

1. 应用概要

自动驾驶车辆在真实路况行驶时，常因其他物体遮挡而存在感知盲区，借助路侧或其他车辆感知到的信息，能够帮助车辆更好地得到全局的路况信息。协同式感知是指在混合交通环境下，由路侧感知设备或车载感知设备感知周边道路交通信息，并通过 AD-ICCU-RS 或 AD-ICCU-OB 处理后，通过 RSU 或 OBU 将感知结果发送给自动驾驶车辆，自动驾驶车辆接收到这些信息后可以增强自身感知能力，辅助车辆做出正确的控制决策，并在特定场景下实现仅通过路侧感知设备的感知信息也能完成自动驾驶的功能，从而实现自动驾驶车辆可以低成本地安全通信。

2. 预期效果

自动驾驶车辆在运行过程中，当处于 RSS 的通信范围内时，尤其是在通过道路交会点、经常发生拥堵的路段以及交通部门认定交通事故多发路段，感知设备感知周边环境，并通过 RSU 设备将感知信息发送给自动驾驶车辆，保证车辆可以获取到路段的全面道路信息，包括行人、车辆、骑行者以及路面信息这些整个场景的数据。自动驾驶车辆可根据这些信息规划最佳路径，避免事故的发生，从而实现自动驾驶车辆安全高效地通过。

3. 应用描述

协同式感知的典型应用场景如下。

(1) 车路协同式感知。

在交叉路口或者事故多发路段，路侧感知设备不断感知周边的道路交通信息，包括障碍物信息(行人、骑行者、机动车以及其他静态或动态物体)、交通设施(信号灯、交通标志)、路面状况(坑洼、道路维修或封闭等)、行驶环境(天气环境、交通状况等)，所感知内容包括物体的位置信息、速度信息、物体大小、物体描述、历史轨迹并预估所感知物体的运动轨迹；路侧感知设备将感知到的信息实时传送给 AD-ICCU-RS，AD-ICCU-RS 实时处理接收到的感知信息，再通过 RSU 实时传送给自动驾驶车辆；收到信息的车辆可根据 RSS 感知消息并融合自身的感知信息，制定合理的行车策略，提高行驶安全和通行效率。

路侧感知设备包括激光雷达、摄像机、毫米波雷达、红外摄像机等，但不局限于这些设备。

参考图 3-56 车路协同式感知场景具体描述如下。

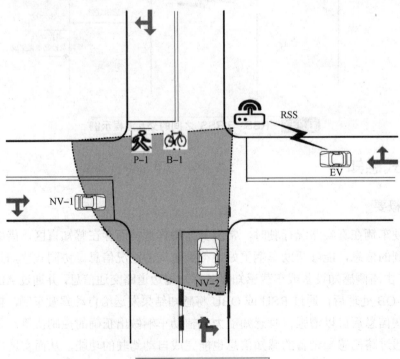

图 3-56　车路协同式感知

路侧感知设备(如摄像机、雷达等)探测到交叉路口行人 P-1、骑行者 B-1 以及车辆 NV-1 和 NV-2。

路侧感知设备将感知到的原始信息发送给 AD-ICCU-RS 进行实时的处理。

AD-ICCU-RS 将处理后的感知信息发送给 RSU，并通过 RSU 实时发送给其覆盖范围内的自动驾驶车辆。

自动驾驶车辆的 OBU 接收感知信息，并将消息发送给 AD-ICCU-OB，AD-ICCU-OB 根据接收到的感知消息并融合自身的感知信息，制定车辆的行驶策略，并将策略传递给车辆线控系统，进而实现对车辆的实时控制。

(2) 车车协同式感知。

车辆通过自身感知设备(摄像机、雷达等)探测到周围其他交通参与者，包括但不限于车辆、行人、骑行者等目标物，并将探测目标的类型、位置、速度、方向等信息进行处理后(基于多传感器融合感知或者单传感器感知)通过 OBU 发送给周围其他车辆，收到此信息的其他车辆可提前感知到不在自身视野范围内的交通参与者，并可根据接收到的感知消息并融合自身的感知信息，制定合理的行车策略，提高行驶安全和通行效率。

参考图 3-57，车车协同式感知场景具体描述如下。

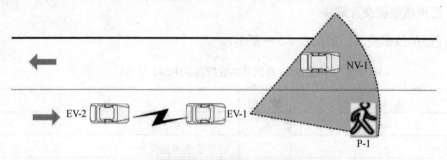

图 3-57　车车协同式感知

自动驾驶车辆 EV-1 的车载感知设备(如摄像机、雷达等)探测到其感知范围内的障碍物有车辆 NV-1(NV：Normal Vehicle，未装载通信系统的普通车辆) 以及行人 P-1。

车载感知设备将感知到的原始信息发送给 AD-ICCU-OB 进行实时的处理。

AD-ICCU-OB 将处理后的感知信息发送给 OBU，并通过 OBU 实时发送给其覆盖范围内的自动驾驶车辆 EV-2(EV：Equipped Vehicle，装载通信系统的车辆)。

自动驾驶车辆 EV-2 的 OBU 接收感知信息，并将消息发送给 AD-ICCU-OB，AD-ICCU-OB 根据接收到的感知消息并融合自身的感知信息，制定车辆的行驶策略，并将策略传递给车辆线控系统，进而实现对车辆的实时控制。

4. 基本工作原理

RSS 或 VSS 通过 RSU 或 OBU 将处理后的感知的信息周期性广播给周边的自动驾驶车辆；或者由自动驾驶车辆请求感知共享并确认后，将处理后的感知信息单播或组播给周边发出请求的自动驾驶车辆。

自动驾驶车辆接收来自其他系统发送的感知消息，当自动驾驶车辆具备感知功能时，将来自其他系统的感知数据和本车的感知数据融合处理，得到最终的结果数据，用于车辆的自动驾驶系统的决策控制输入。

自动驾驶车辆接收来自其他系统发送的感知消息，当自动驾驶车辆不具备感知功能时，将来自其他系统的感知数据用于车辆的自动驾驶系统的决策控制输入。

5. 通信方式

感知数据提供车辆和接收车辆之间，路侧单元(RSU)和感知数据接收车辆之间通过直连的方式通信，通信方式可为广播、单播或组播形式。

6. 主要技术要求

车速范围 0~120km/h。

通信距离≥200m。

(有数据共享期间)数据更新频率≥10Hz。

应用层端到端系统时延≤100ms。

定位精度≤1.5m。

7. 应用层数据交互需求

应用层的数据交互，参见表 3-3～表 3-7。

表 3-3　路侧感知数据共享(RSU 发送)

数　　据		单　位	备　　注
时刻		ms	
位置感知			消息发送时的位置
目标物描述(列表)	目标物分类		ENUM：行人/骑行者/车辆/障碍物
	目标物 id		INTEGER：目标物 ID
	数据来源		ENUM
	目标物状态		INTEGER 序列
	目标物状态保持时间	ms	描述目标物当前状态的持续时长
	目标物感知置信度		INTEGER 序列，描述了一定置信水平下的感知精度
	目标物类型		INTEGER 序列
	目标物位置(经纬度)	deg	
	目标物位置(海拔)	m	
	位置置信度		
	目标物详细信息		包括大小，角点数据等
	目标大小置信度		描述了一定置信水平下的目标大小精度
	目标物速度	m/s	
	速度置信度		描述了一定置信水平下的速度精度

续表

数据		单位	备注
目标物描述(列表)	目标物航向	deg	
	航向置信度		描述一定置信水平下的目标物航向角的精度
	目标物加速度	m/s²	
	目标物加速度置信度		描述了一定置信水平下的加速度精度
	目标物跟踪时长		包括静止、运动等不同运动状态路侧或车辆连续感知的时长
	目标物历史轨迹		包括各个时刻的位置、速度等信息
	目标物轨迹预测		描述目标物的轨迹预测

表 3-4 目标物类型

类型	备注
全量物体	包括动态及静态物体
动态物体	高精度地图中没有标记的障碍物
静态物体	高精度地图中标记的障碍物

表 3-5 目标物状态

状态	备注
静止	
运动	

表 3-6 目标物详细信息

状态	备注
描述点集合	三维，可用经纬高描述
长宽高	
离地高度	

表 3-7 车端感知数据共享(OBU 发送)

数据		单位	备注
时刻		ms	
位置		deg	感知消息发送时的位置
目标物描述	目标物分类		行人/骑行者/车辆/障碍物
	目标物 id		INTEGER：目标物 ID
	数据来源		ENUM

续表

数据		单位	备注
目标物描述	目标物状态		INTEGER 序列
	目标物感知置信度		描述障碍物感知结果的可信程度
	目标物类型		INTEGER 序列
	目标物位置(经纬度)	deg	
	目标物位置(海拔)	m	
	位置置信度		描述了一定置信水平下的位置精度
	目标物详细信息		包括大小，角点数据等
	目标大小置信度		描述了一定置信水平下的大小精度
	目标物速度	m/s	
	速度置信度		描述了一定置信水平下的速度精度
	目标物航向	deg	
	航向置信度		描述了一定置信水平下的方向精度
	目标物加速度	m/s^2	
	目标物加速度置信度		描述了一定置信水平下的加速度位置精度
	目标物跟踪时长		包括静止、运动等不同运动状态路侧或车辆连续感知的时长

第三节 网联定位

一、网联定位技术指标

自动驾驶车辆不同的应用场景，对定位的技术要求也各不相同。典型的车联网业务对定位的需求见表 3-8。

表 3-8 C-V2X 主要应用场景及定位指标

应用场景	典型场景	通信方式	定位精度(m)
交通安全	紧急制动预警	V2V	≤[1.5]
	交叉路口碰撞预警	V2V	≤[5]
	路面异常预警	V2I	≤[5]
交通效率	车速引导	V2I	≤[5]
	前方拥堵预警	V2V，V2I	≤[5]
	紧急车辆让行	V2V	≤[5]

续表

应用场景	典型场景	通信方式	定位精度(m)
信息服务	近场支付	V2I，V2V	≤[3]
	动态地图下载	V2N	≤[10]
	泊车引导	V2V，V2P，V2I	≤[2]

封闭或半封闭园区的无人摆渡、无人清扫、无人派送，以及矿区的无人采矿、无人运输等，已经成为自动驾驶的典型应用。高精度定位是实现自动驾驶或者远程驾驶的基本前提，因此对定位性能的要求也非常严苛，其中 L4/L5 级自动驾驶对于定位的需求如表 3-9 所示。

表 3-9　L4/L5 级自动驾驶汽车定位系统指标要求

项　目	指　标	理　想　值
位置精度	误差均值	<10cm
位置鲁棒性	最大误差	<30cm
姿态精度	误差均值	<0.5°
姿态鲁棒性	最大误差	<2.0°
场景	覆盖场景	全天候

二、网联定位系统架构

高精度定位作为车联网整体系统中的关键部分，结合对车辆高精度定位的场景分析和性能需求，主要包括终端层、网络层、平台层和应用层，如图 3-58 所示。①终端层实现多源数据融合(卫星、传感器及蜂窝网数据)算法，保障不同应用场景、不同业务的定位需求；②平台层提供一体化车辆定位平台功能，包括差分解算能力、地图数据库、高清动态地图、定位引擎，并实现定位能力开放；③网络层包括 5G 基站、RTK 基站和路侧单元 RSU，为定位终端实现数据可靠传输；④应用层基于高精度定位系统能够为应用层提供车道级导航、线路规划、自动驾驶等应用。

1. 终端层

为满足车辆在不同环境下的高精度定位需求，需要在终端采用多源数据融合的定位方案，包括基于差分数据的 GNSS 定位数据、惯导数据、传感器数据、高精度地图数据以及蜂窝网数据等。

2. 网络层

系统网络层主要实现信号测量和信息传输，包括 5G 基站、RTK 基站和 RSU 路侧单元的部署。5G 作为更新一代的通信技术，可以保证较高的数据传输速率，满足高精度地图实时传输的需求。5G 基站也可完成与终端的信号测量，上报平台，在平台侧完成基于 5G 信号的定位计算，为车辆高精度定位提供辅助。基于 5G 边缘计算，可实现高精度地图信息的实时更新，提升高精度地图的实时性和准确性。

地基增强站主要完成 RTK 测量，地基增强站可以与运营商基站共建，大大降低网络部署以及运维成本。同时可通过 5G 网络实现 RTK 基站测量数据的传输，可实现参考站快速灵活部署。

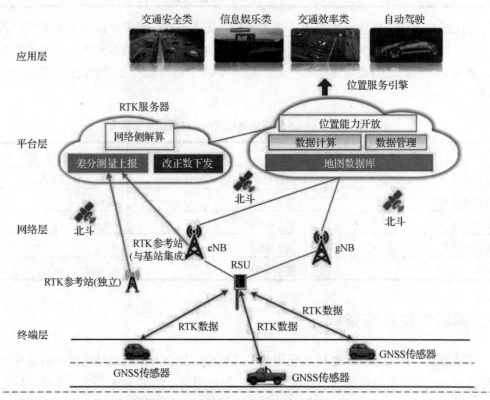

图 3-58　车辆高精度定位系统网络架构图

RSU 一方面可实现 RTK 信息播发，避免传统的 RTK 定位中终端初始位置的上报；另一方面 RSU 可提供局部道路车道级地图、实时动态交通信息广播。

3. 平台层

平台层可实现功能模块化，主要包括以下内容。

(1) 高精度地图。静态高精度地图信息，如车道线、车道中心线、车道属性变化等，此外还包含道路的曲率、坡度、航向、横坡等参数，能让车辆准确地转向、制动、爬坡等，还包含交通标志牌、路面标志等道路部件，标注出特殊的点如 GNSS 消失的区域、道路施工状态等。

(2) 交通动态信息。例如道路拥堵情况、施工情况、交通事故、交通管制、天气情况等动态交通信息。

(3) 差分解算。平台通过 RTK 基站不断接收卫星数据，对包括电离层误差、对流层误差、轨道误差以及多路径效应等误差在内的各种主要系统误差源进行了优化分析，建立整网的电离层延迟、对流层延迟等误差模型，并将优化后的空间误差发送给移动车辆。

(4) 数据管理。例如全国行政区划数据、矢量地图数据、基础交通数据、海量动态应急救援车辆位置数据、导航数据、实时交通数据、POI(Point Of Interest，兴趣点)数据等，这里的数据是经过数据生产工艺，进行整合编译后的运行数据。

(5) 数据计算。包括路径规划、地图静态数据计算、动态实时数据计算、大数据分析、数据管理等功能。

4．应用层

在应用层，为用户提供地图浏览、规划路线显示、数据监控和管理等功能，以及基于位置的辅助驾驶、自动驾驶等车联网业务。

第四节　传感器信息融合

1．传感器信息融合基本概念

汽车自动化的程度越高，集成在车辆中的传感器的数量和类型也越多，以此保证信息获取充分且有冗余、保障车辆自动行驶的安全。

各类传感器因其测量原理，在环境感知方面都有各自明显的优缺点，相关传感器对比如表3-10所示。

表3-10　感知传感器对比

性　能	激光雷达	毫米波雷达	超声波雷达	摄像机	红外线
成本	目前很高	适中	很低	适中	适中
探测角度	15°～360°	10°～70°	120°	30°	30°
远距离探测	强	弱	弱	弱	一般
夜间环境	强	强	强	弱	强
全天候	弱	强	弱	弱	弱
不良天气环境	弱	强	一般	弱	弱
温度稳定性	强	强	弱	强	一般
车速测量能力	弱	强	一般	弱	一般
路标识别	×	×	×	√	×

摄像机具有较高的分辨率，对目标的颜色和纹理比较敏感，可以完成目标分类、检测、分割、识别等任务，但是不能得到精确的探测距离，而且易受光照、天气条件的影响。

激光雷达可以获得目标精确的三维信息，对环境的可重构性很强，检测范围能够达到150m。对光照不敏感，晚上也可以正常工作。但是角分辨率大，目标稀疏，无法获得目标纹理，分类不准，而且在雨、雾、雪等恶劣天气中，性能会下降。对扬尘、水雾也比较敏感，易产生噪点。

毫米波雷达可以提供精确的距离和速度信息，探测距离也比较远，可以全天候工作，但分辨率较低，无法提供物体高度信息。

毫米波雷达可以弥补激光雷达、视觉传感器在环境适应性上的不足。视觉传感器或者激光雷达可以弥补毫米波雷达在目标分类上的不足等。

因为传感器不同能力的表现，在自动驾驶不同的技术应用上，采取的方案也不尽相同。

(1) 车道线识别技术：通常使用摄像机，用于连续跟踪识别道路上车道线，这项技术目前在车辆偏离报警系统、车道保持系统上已经得到广泛应用。

(2) 行人检测技术：通常采用"摄像机+毫米波雷达"的方案，快速检测出车辆前方行人及危险程度，该技术目前常用于碰撞预警系统、碰撞避免系统、自动刹车系统等。

(3) 车辆检测：通常采用"摄像机+毫米波雷达"的方案，从而快速检测前方车辆及速度、方位、危险度等。目前常用于碰撞预警系统、碰撞避免系统、自动刹车系统、自动跟车系统、主动巡航系统等。

(4) 交通标识识别：通常使用摄像机，快速识别道路中出现的交通标识、交通信号灯及其他指示信息。该技术在交通标识识别系统、交通信号灯识别系统、路口辅助系统中得到广泛应用。

(5) 倒/后方障碍物检测：通常采用"毫米波雷达+摄像机"的方案，检测车辆倒/后方出现的车、人及其他障碍物，常用于变道辅助系统、自动泊车系统、盲区探测系统等。

为了保证安全，必须对传感器进行信息融合(Multi-Sensor Information Fusion，MSIF)。多传感器融合可以显著提高系统的冗余度和容错性，提高自动驾驶系统的安全系数，从而保证决策的速度和正确性，这是自动驾驶系统向先进的自动驾驶方向发展，最终实现自动驾驶的必然趋势。

多传感器融合系统所实现的功能要远超这些独立系统能够实现的功能总和。使用不同的传感器种类可以在某一种传感器全都出现故障的环境条件下，额外提供一定冗余度。这种错误或故障可能是由自然原因(如一团浓雾)或是人为现象(如对摄像机或雷达的电子干扰或人为干扰)导致。

传感器信息融合就是利用计算机技术将来自多传感器或多源的信息和数据，在一定的准则下加以自动分析和综合，以完成所需要的决策和估计而进行的信息处理过程。多传感器信息融合技术的基本原理就像人的大脑综合处理信息的过程一样，将各种传感器进行多层次、多空间的信息互补和优化组合处理，最终产生对观测环境的一致性解释。

在这个过程中要充分地利用多源数据进行合理支配与使用，而信息融合的最终目标则是基于各传感器获得的分离观测信息，通过对信息进行多级别、多方面组合导出更多有用信息。这不仅是利用了多个传感器相互协同操作的优势，而且也综合处理了其他信息源的数据来提高整个传感器系统的智能化。

2. 传感器信息融合的特点

(1) 信息的冗余性。

对于环境的某个特征，可以通过多个传感器(或者单个传感器的多个不同时刻)得到它的多份信息，这些信息是冗余的，并且具有不同的可靠性，通过融合处理，可以从中提取出更加准确和可靠的信息。此外，信息的冗余性可以提高系统的稳定性，从而能够避免因单个传感器失效而对整个系统所造成的影响。

(2) 信息的互补性。

不同种类的传感器可以为系统提供不同性质的信息，这些信息所描述的对象是不同的环境特征，它们彼此之间具有互补性。如果定义一个由所有特征构成的坐标空间，那么每个传感器所提供的信息只属于整个空间的一个子空间，和其他传感器形成的空间相互独立。

(3) 信息处理的及时性。

各传感器的处理过程相互独立，整个处理过程可以采用并行导热处理机制，从而使系统具有更快的处理速度，提供更加及时的处理结果。

自动驾驶车上使用了多种多样的传感器，不同类型的传感器在功用上互相补充，提高自动驾驶系统的安全系数。自动驾驶要求传感器融合具备一个必需的性质——实时性。

MSDF 面临的主要挑战是如何将收集来的大量数据集中在一起，并做出正确决策。如果 MSDF 出错，意味着下游阶段没有必要的信息，就是使用了错误的信息做出了错误的决策。可以看到，自动驾驶汽车会通过安装在车身周围的摄像机收集视觉数据，也会通过雷达(激光雷达、毫米波雷达等)来收集诸如周围物体运动速度的数据，但是这些数据是从不同角度来描述现实世界的同样或不同样的物体。

使用越多的传感器，对计算能力的要求就越高，这意味着自动驾驶汽车必须搭载更多的计算机处理器和内存，这也会增加汽车的重量，需要更多的功率，还会产生更多的热量。诸如此类的缺点还有很多。

智能汽车的显著特点在于智能，汽车自身能通过车载传感系统感知道路环境，自动规划行车路线并控制车辆到达预定目标。车载感知模块包括视觉感知模块、毫米波雷达、超声波雷达、360°环视系统等，多源传感器的协同作用识别道路车道线、行人车辆等障碍物。

(4) 信息处理的低成本性。

一方面多个传感器可以花费更少的代价来得到相当于单个传感器所能得到的信息量；另一方面，如果不将单个传感器所提供的信息用来实现其他功能，单个传感器的成本和多传感器的成本之和是相当的。

3. 融合方式

在信息融合处理过程中，根据对原始数据处理方法的不同，信息融合的主要方式有三种：集中式、分布式和混合式。

(1) 集中式：将各传感器获得的原始数据直接送至中央处理器进行融合处理，可以实现实时融合，其数据处理的精度高，算法灵活，缺点是对处理器要求高，可靠性较低，数据量大，故难以实现。

(2) 分布式：每个传感器对获得的原始数据先进行局部处理，包括对原始数据的预处理、分类及提取特征信息，并通过各自的决策准则分别做出决策，然后将结果送入融合中心进行融合以获得最终的决策。分布式对通信带宽需求低、计算速度快、可靠性和延续性好，但跟踪精度没有集中式高。

(3) 混合式：把上述两种方式进行不同的组合，保留了上述两种方式的优点。

【本节知识拓展】

传感器标定的概念

传感器标定是确定传感器输入量和输出量之间的关系,包括内参标定和外参标定。

传感器内参标定一般指将传感器读数校正至实际数值,一般通过修正变换进行,更关注准确度。不同的传感器有不同的标定内容,例如视觉传感器内参标定主要关注像素、色温、畸变等,距离传感器内参标定主要关注距离检测值与实际值是否在误差范围内。通常,内参标定在传感器制造厂完成。

传感器外参标定一般指传感器与外界工作环境进行参数融合的标定。例如定位传感器通常自身有一个坐标系,在不同传感器融合过程中,数据在不同坐标系下转换需要使用两个坐标系的外参,通常为旋转矩阵和平移矩阵。例如把激光雷达安装到车体以后,需要把激光雷达的坐标系转化到统一的车体坐标系。

静态特性是指在静态信号作用下,传感器输出量与输入量之间的一种函数关系。

传感器的动态特性是指传感器在测量快速变化的输入信号情况下,输出量对输入量的相应特性。

传感器标定应该使静态特性和动态特性都符合要求。

标定传感器要遵守的一个原则:用精度高的测量规范对精度较低的测量规范进行校正。测量时序注意随机误差,对此测量值一般呈正态分布,可对此测量取平均值消除随机误差的影响。

【本章知识拓展 1】

OBU 信息交互

OBU(On Board Unit)即车联网 C-V2X 实现车辆与外界信息交互通信的控制器。OBU 包括四个子系统,如图 3-59 所示。

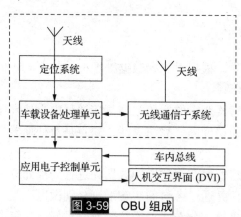

图 3-59 OBU 组成

(1) 无线通信子系统:接收、发送空中信息,一个车载设备可以装配多个无线通信子系统。

(2) 定位系统:包括全球导航卫星系统 GNSS 接收器,用于提供车辆的位置、方向、速度、时间等信息。该子系统可通过车速信号、惯性测量单元、差分定位系统等技术来实现增强定位。

(3) 车载设备处理单元：运行程序以生成需要发送的空中信号，处理接收的空中信号。

(4) 天线：实现射频信号的接收、发送。

车载设备通过接口与应用电子控制单元相连，应用电子控制单元中运行程序实现车用通信系统的应用，并通过人机交互界面(Human Machine Interface，HMI)，以图像、声音、震动等方式，来实现对驾驶员的提醒，在某些场合，应用电子控制单元和车载设备处理单元在一个物理设备中实现。

OBU 与车内的自动驾驶域控制器互通信息。自动驾驶域控制器与车内中央控制器互通信息，亦可通过中央控制器间接读取车内信息娱乐系统、车身系统、动力底盘系统的必要信息。OBU 还与车内的 ETC 设备、通信设备等互联。OBU 互联的车外设备：各种个人移动终端、各种道路设备、RSU、蜂窝通信网基站、各类云控平台等。

OBU 模组可以通过发送或接收以下数据：车辆的时速、相对位置、刹车、直行还是左拐等所有与行驶安全相关的数据，甚至包括拍摄周围事物的图片或者音视频等，分析和预判其他车辆的驾驶行为，从而实现主动的安全策略，提升行驶安全，为半自动驾驶、自动驾驶提供数据支持。

OBU 模组需要通过分析接收到路边基础设施的警示信息，如十字路口的盲区碰撞、道路险情、道路施工、急救车辆、交通堵塞和事故警告，以及视线盲区的交通信号或标志指示，提示用户相应的险情，推荐优化的驾驶行为，促进道路车辆行驶和周边信息的合理化和完善化。

OBU 模组通过支持强大的安全通信，通过智能钥匙，实现无钥匙进入和远程启动等功能。同时还要通过强大的计算能力，实时推算行人或者骑行者的行动轨迹，为驾驶员提供驾驶预判，避免发生交通事故。

OBU 模组通过强大而迅捷的数据处理能力以及海量的数据存储机制，处理超高速率、超高吞吐量、高可靠性、超低时延的网络数据。

OBU 发出的状态数据流详细分析见表 3-11。

OBU 接收的状态数据流详细分析见表 3-12。

表 3-11 车联网无线通信设备 OBU 发出数据流

类 别	子 类 别	数 据 流
车辆位置	导航信息，路线规划信息	出发地
		目的地
		路线
		预计行程时长
		行程开始时间，预计抵达时间

续表

类 别	子 类 别	数 据 流
车辆位置	车辆精确位置	经度，纬度，海拔，数据精度
	车辆姿态	X 轴、Y 轴、Z 轴加速度，横摆角速度
	行驶状态	行驶方向，车速，方向盘转角，变速箱挡位
	车道信息	车道 ID，变道操作
车辆状态	车辆传感器数据	传感器类型，传感器 ID
	传感器状态	工作模式，诊断结果，故障码
	动力控制系统状态	工作模式，诊断结果，故障码
	制动系统状态	工作模式，诊断结果，故障码
	照明系统状态	工作模式，诊断结果，故障码
	雨刷系统状态	工作模式，诊断结果，故障码
	实时事件快照信息	ESC 触发位置与时间
		ABS 触发位置与时间
		TRC 触发位置与时间
		碰撞传感器触发位置与时间
	车辆累计行驶记录	行驶时间，行驶里程
	发动机状态	工作模式，诊断数据，故障数据
	电动车辆充电系统状态	电量(%)，电压，充电状态，充电完成
	车辆 OBU 状态	工作模式，诊断结果，故障码
环境状态	空气温度	空气温度(℉/℃)
	空气湿度	空气湿度(%RH)
	光照强度	车辆外部光照强度(lx)
	降水量	雨量(mm/min)
人员状态	驾驶员状态	疲劳程度
		是否酒驾
		错误操作次数
		生命体征
	乘员状态	人数
		生命体征
C-V2V 安全	车辆异常姿态	X 轴、Y 轴、Z 轴加速度，角速度
	制动系统状态	制动踏板位置信号
		ESC 工作状态
		ABS 工作状态
		TRC 工作状态
		制动助力系统状态

续表

类别	子类别	数据流
C-V2V 安全	车辆突发事件信息	气囊触发信号，碰撞传感器触发信号，紧急情况报警
	周围环境状态	空气温度，空气湿度，光照强度，雨量
	交叉路口车辆状态信息	车辆位置
		接近速度
		行驶方向
		方向盘转角
	车辆违规行为信息	超速，超速趋势，闯红灯，闯红灯趋势，超载/超员
	道路异常状态	ESC 触发位置与时间，ABS 触发位置与时间，TRC 触发位置与时间
	车辆轨迹预测	车辆未来位置，置信因数
车队管理	车队状态	车辆数量
		车队位置
		车速
		空间
	车辆状态	加入车队
		车队协同
		退出车队
	车队操作指令	加入车队指令
		车队协同指令
		退出车队指令

表 3-12　车联网无线通信设备 OBU 接收数据流

类别	子类别	数据流
安全预警	预警信息	重大事件活动预警
		交通状况预警
		气象预警
		事故预警
		灾难预警
	超速警告	车速限值
		超速警告
	占用车道提醒	
V2V 安全	车辆基本信息	车型，燃料类型，发动机类型，车辆性能，控制自动化水平，平均排放，平均油耗，当前乘客人数或其他数据
	车队状态	车辆数量，车队位置，车速，空间

续表

类 别	子 类 别	数 据 流
V2V 安全	车队互操作指令	加入车队指令，车队协同指令，退出车队指令
	附近车辆制动状态	制动踏板位置信号
		ESC 工作状态
		ABS 工作状态
		TRC 工作状态
		制动助力系统状态
	附近车辆动力、制动、控制系统工作状态	
	附近环境状态	空气温度(℉/℃)
		空气湿度(%RH)
		车辆外部光照强度(lx)
		雨量(mm/min)
	车辆违规行为信息	超速，超速趋势，闯红灯，闯红灯趋势，超载/超员
	已经发现的道路异常状态	
	附近车辆精确位置	经度，纬度，海拔，数据精度
	附近车辆姿态	X 轴，Y 轴，Z 轴加速度，横摆角速度
	附近车辆行驶状态	方向，车速，加速度，方向盘转角，变速箱挡位
	养护施工车辆警报	车辆警报信号
	客运车辆警报	
	紧急事件性质和绕行路线	紧急事件类型，造成的交通影响，绕行路线(路线 ID，路线段 ID)
	危险品车辆警告	危险品车辆标识
	附近车辆物理尺寸	货运车辆长、宽、高、容量
	车辆类型	车辆类型代码(乘用车，客运车辆，货运车辆，特殊车辆)，车辆当前优先级
	车辆轨迹预测	车辆未来位置，置信因数
交叉路口安全	交叉路口避撞提醒	车辆存在标识，车辆位置，车辆速度，碰撞预警
	交叉路口高精度地图	交叉路口几何结构
	交叉路口信号相位	当前相位(代码)，当前相位剩余时间
	交叉路口信号剩余时间	信号类型(代码)，当前信号剩余时间
	交叉路口优先级	车辆类型代码(乘用车，客运车辆，货运车辆，特殊车辆)，车辆当前优先级
	交叉路口附近车辆状态	方向，车速，加速度，方向盘转角，变速箱挡位
	交叉路口违规行为信息	超速，超速趋势，闯红灯，闯红灯趋势

续表

类 别	子 类 别	数 据 流
交叉路口安全	交叉路口标示线信息	标示线类型(人行横道，停车线等)，标示线位置
	交叉路口附近车道	车道数量，车道位置，车道宽度，车道限制
	公铁交叉路口信息	公铁交叉路口提醒，公铁交叉路口状态(关闭、同行)，当前状态剩余时间
信息安全	数字签名证书	数字签名
	车辆身份标识	车辆身份识别码
	信道优先级和抢占信息	
动态标识	标识和信息发布单位	单位编码
	动态限速信息	车速限值，限速路段 ID，限速时长
	低速行驶区信息	车速限值，低速路段 ID，低速限速时长
	限制区域信息	限制条件，限制路段 ID，限制时长，通行申请回复(同意/拒绝)
	道路封闭信息	道路封闭标识，封闭路段 ID，封闭时长
	车道关闭信息	车道关闭标识，关闭车道 ID，关闭时长
	匝道控制信息	车速限制，匝道几何结构
	分流引导信息	
	道路状态预警信息	路面塌陷，路面湿度，路面积水标识，路面结冰标识
	路侧标识信息	
	交通管制信息	
	推荐车速	推荐车速(km/h)
	排放限值信息	当前区域排放限值信息
	排放检测结果	区域检测值，车辆检测值
应急	紧急情况下的对话	
	紧急情况下的安全控制	门锁开启指令，报警禁用指令
	紧急广播信息	交通事故，自然灾害，极端天气，犯罪事件，重大活动事件
	临时施工区信息	施工区标识，施工区类型，施工区位置，施工区周围限速值，施工进展，施工预计时长，施工区误入警报
	应急处置信息	基础设施状态(工作状态，故障代码)
		突发事件类型
		突发事件处理进展
		避难场所位置
		可提供应急服务类型
	紧急疏散信息	疏散区域 ID，疏散计划(时间，路线)
	中心确认收到报警信息	确认标识，进一步信息请求

续表

类 别	子 类 别	数 据 流
地图信息	道路配置信息	
	地图更新	路线规划，几何数据，停车导航
	辅助定位信息	
支付服务	停车场服务信息	
	充电站信息	
	费率表、票价等信息	
	停车收费信息	停车场 ID，停车费价格，停车时长，停车费总额
	通行收费信息	通行收费路段 ID，通行费价格，通行费总额
	充电收费信息	充电站 ID，充电量，电费价格，充电收费总额
	账户确认信息	账户 ID，付款方式，余额，信用值
	支付完成确认信息	确认标识
	其他出行中的服务和支付信息	
其他服务信息	客运计划表、路线、票价等信息	
	多式联运服务信息	
	其他出行服务和旅游信息	

(资料来源: 智能网联汽车信息物理系统参考架构 1.0, 国家智能网联汽车创新中心, 2019 年 10 月.)

【本章知识拓展 2】

MEC 融合应用

1. MEC 与 C-V2X 融合的内涵

MEC 与 C-V2X 融合的理念是将 C-V2X 业务部署在 MEC 平台上，借助 Uu 接口或 PC5 接口支持实现"人—车—路—云"协同交互，可以降低端到端数据传输时延，缓解终端或 RSU (路侧智能设施)的计算与存储压力，减少海量数据回传造成的网络负荷，提供具备本地特色的高质量服务。MEC 与 C-V2X 融合的场景视图如图 3-60 所示。

2. MEC 与 C-V2X 融合的特性

不同的 C-V2X 应用场景从时延、带宽和计算能力等方面对网络环境提出了各类不同要求。例如，在 3GPP 对 eV2X(增强型 V2X)场景的需求分析中(TR38.913)，时延要求最严格的自动驾驶和传感器共享场景，对时延的要求最低达到 3ms；带宽需求最大的传感器共享场景，对带宽的要求最高达到了 1Gbps；全局路况分析场景对服务平台的计算能力提出要求，要能快速对视频、雷达信号等感知内容进行精准分析和处理。

MEC 与 C-V2X 融合可以对 C-V2X 端到端通信能力进行增强，也可以对 C-V2X 应用场景提供辅助计算、数据存储等支持。MEC 与 C-V2X 融合具有网络信息开放、低时延高性能、本地服务等特性。不同的 C-V2X 场景可能需要其中某一个或数个方面的能力；同一个 C-V2X 场景也可能通过 MEC 与不同通信技术的组合来实现。

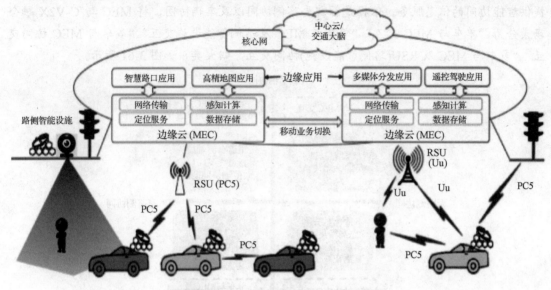

图 3-60　MEC 与 C-V2X 融合的场景视图

（1）网络信息开放：在网络管理允许的情况下，MEC 能够承载网络信息开放功能，通过标准化接口开放边缘网络的实时状态信息，包括无线网络信息、位置信息、用户信息等。例如，在 C-V2X 的应用中，对高精度定位的需求较大，利用 MEC 的位置信息开放可以辅助车载终端实现快速定位，有效提高定位效率和精度。另外，利用 MEC 开放的无线网络信息也可以对 TCP 传输的控制方法进行优化，有效规避高清视频等多媒体数据传输过程中发生的网络拥塞。

（2）低时延高性能：MEC 运行在靠近用户终端的网络边缘位置，能够显著降低 C-V2X 业务的传输时延、提供强大的计算与存储能力、改善用户体验。例如，驾驶安全类 C-V2X 业务对通信时延提出了苛刻的要求，将此类业务部署在 MEC 上，相比于部署在中心云上可以显著减少业务响应时间。另外，MEC 也可以为车载/路侧/行人终端提供在线辅助计算功能，实现快速的任务处理与反馈。

（3）本地服务：MEC 具备本地属性，可以提供区域化、个性化的本地服务，同时缓解回传网络负载压力；也可以将接入 MEC 的本地资源与网络其他部分隔离，将敏感信息或隐私数据控制在区域内部。例如，在智慧交叉路口场景中，MEC 可以融合和分析多个路侧及车载传感器采集的数据，并对大量数据提供实时、精确和可靠的本地计算与分析。

3. MEC 与 C-V2X 融合的场景分类

MEC 与 C-V2X 融合场景，可按照"路侧协同"与"车辆协同"的程度进行分类。无须路侧协同的 C-V2X 应用可以直接通过 MEC 平台为车辆或行人提供低时延、高性能服务；当路侧部署了能接入 MEC 平台的路侧雷达、摄像机、智能红绿灯、智能化标识等智能设施时，相应的 C-V2X 应用可以借助路侧感知或采集的数据为车辆或行人提供更全面的信息服务。在没有车辆协同时，单个车辆可以直接从 MEC 平台上部署的相应 C-V2X 应用获取服务；在多个车辆同时接入 MEC 平台时，相应的 C-V2X 应用可以基于多个车辆的状态信息，提供智能协同的信息服务。依据是否需要路侧协同以及车辆协同，将 MEC 与 C-V2X 融合场景分为"单车与 MEC 交互""单车与 MEC 及路侧智能设施交互""多车与 MEC 协同交互""多车与 MEC 及 RSU(路侧智能设施)协同交互"四大类，如图 3-61 所示。

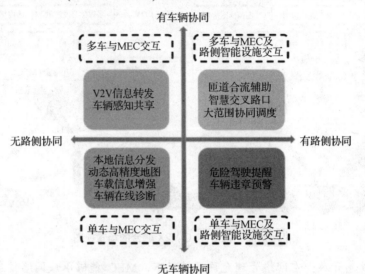

图 3-61　MEC 与 C-V2X 融合场景

4. MEC 与单车交互场景

1) 场景概述

在 C-V2X 应用中，本地信息分发、动态高精度地图、车载信息增强、车辆在线诊断等功能通过单车与 MEC 进行交互即可实现。应用场景如图 3-62 所示。

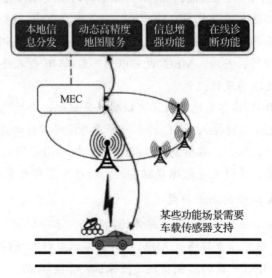

图 3-62　单车与 MEC 交互场景示意图

2) 本地信息分发

MEC 作为内容分发的边缘节点，实现在线分发和流量卸载的功能。可为车辆提供音视频等多媒体休闲娱乐信息服务、区域性商旅餐饮等信息服务，或提供软件/固件升级等服务。在此类场景中，MEC 的部署位置可根据接入用户数和服务流量灵活选择，通常可选择部署在 RSU 或基站的汇聚节点后，为相对较大的范围提供服务。车辆无须装配智能传感器等设备，在网络部署了 MEC 及相应的功能服务后，具备对应通信模组的车辆可以直接使用此类服务。

3) 动态高精度地图

MEC 可以存储动态高精度地图，向车辆分发高精度地图信息，减少时延并缓解对核心网传输带宽的压力。在应用中，车辆向 MEC 发送自身具体位置以及目标地理区域信息，部署在 MEC 的地图服务提取相应区域的高精度地图信息发送给车辆。当车辆传感器检测到现实路况与高精度地图存在偏差时，可将自身传感信息上传至 MEC 用于对地图进行更新，随后 MEC 的地图服务可选择将更新后的高精度地图回传至中心云平台。在此类场景中，MEC 提供存储高精度地图能力、用于动态地图更新的计算能力，同时提供与中心云的交互能力。在网络部署了 MEC 及相应的功能服务后，车辆可利用对应的通信模组使用此类应用服务，在车辆配备智能传感器时，可以通过上传自身传感信息对地图进行更新。

4) 车载信息增强

MEC 提供车载信息增强功能，车辆可将车载传感设备感知的视频/雷达信号等上传至 MEC，MEC 通过车载信息增强功能提供的视频分析、感知融合、AR 合成等多种应用实现信息增强，并将结果下发至车辆进行直观显示。在此类场景中，MEC 提供用于视频分析、感知融合、AR 合成等多个应用的计算能力，同时提供低时延、大带宽的通信能力。在网络部署了 MEC 及相应的功能服务后，车辆需装配智能传感器及显示设备，并利用对应的通信模组实现数据上传和下载。

5) 车辆在线诊断

MEC 可支持自动驾驶在线诊断功能。当车辆处于自动驾驶状态时，可将其状态、决策等信息上传至 MEC，利用在线诊断功能对实时数据样本进行监控分析，用于试验、测试、评估或应对紧急情况处理。同时 MEC 可定期将样本及诊断结果汇总压缩后回传中心云平台。在此场景中，MEC 提供支持实时处理大量数据的计算能力、数据存储能力和低时延的通信能力，同时提供与中心云的交互能力。在网络部署了 MEC 及相应的功能服务后，车辆需将自身传感、决策、控制信息通过对应的通信模组上传至 MEC。

6) 场景小结

对每一大类场景中具体应用场景对 MEC 的能力要求按照"带宽""时延""计算""存储""边—云协同""用户位置""用户 ID""网络状态"8 个子项进行了分类统计。统计结果定性的以星级进行描述，★代表 1 星，☆代表半星，每个要求子项的定义如下。

① 带宽：★代表 10Mbps 以下，★★代表 10～100Mbps，★★★代表 100Mbps 以上。

② 时延：★代表 100ms 以上，★★代表 20～100ms，★★★代表 20ms 以下。

③ 计算：★代表支持信号控制级计算能力，★★代表支持图像处理级计算能力，★★★

代表需要支持智能决策、视频编解码、大数据分析类计算能力。

④ 存储：★代表 TB 级存储或支持内存数据库，★★代表 PB 级或支持结构性、关系型数据库，★★★代表 EB 级或支持海量非结构性数据库。

边—云协同/用户位置/用户 ID/网络状态：从零星至★★★分别代表了统计意义上对该要求的需求程度，零星表示完全不需要，★★★表示完全必需。

在单车与 MEC 交互场景中，车辆与部署在 MEC 上的服务进行交互，无须 RSU 及其他车辆参与。在此类场景中，各具体应用场景对 MEC 的能力要求见表 3-13。

表 3-13　单车与 MEC 交互场景对 MEC 的能力要求

场景	带宽	时延	计算	存储	边—云协同	用户位置	用户 ID	网络状态
本地信息分发	★☆	★☆	★☆	★☆	★★	★★★	★★	★★★
动态高精度地图	★★	★★	★★	★	★★★	★★★	★★★	★★★
车载信息增强	★★	★★☆	★★☆	★	★★	★★★	★★	★★★
车辆在线诊断	★☆	★★	★★	★	★★★	★★	★★★	★★

5. MEC 及 RSU(路侧智能设施)与单车交互场景

1) 场景概述

在 C-V2X 应用中，危险驾驶提醒、车辆违章预警等功能可通过单车、RSU(路侧智能设施)及 MEC 进行交互实现。应用场景如图 3-63 所示。

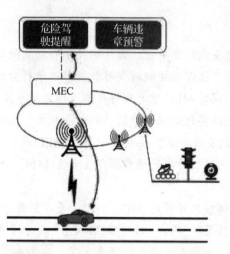

图 3-63　单车与 MEC 及 RSU 交互场景

2) 危险驾驶提醒

MEC 部署了危险驾驶提醒功能后，可结合 RSU，通过车牌识别等功能分析车辆进入高速的时间，定期为车辆提供疲劳驾驶提醒；或在夜间通过视频分析，提醒车辆正确使用灯光；或在感知到突发车辆事故时，提醒附近车辆谨慎驾驶；或在天气传感器感知到高温"镜面效应"、雨雪大雾等恶劣天气时，提醒车辆安全驾驶。此外，MEC可阶段性地将危险驾驶信息汇总后上传中心云平台。在此场景中，路侧的各类传感设施实时将感知信息上传至MEC，MEC主要提供用于视频分析、感知融合、事件与消息整合等计算能力，保证传感信息传输的通信带宽，以及与中心云平台进行交互的能力，同时也应提供对跨基站、跨MEC业务连续性的必要支持。车辆无须装配智能传感器等设备，在网络部署了MEC及相应的功能服务后，具备对应通信模组的车辆可以直接使用此类服务。

3) 车辆违章预警

MEC部署了车辆违章预警功能后，可结合RSU，通过视频识别、雷达信号分析等应用实现车牌识别，并对超速、逆行、长期占据应急车道等违章行为进行判定，并将违章预警信息下发对应车辆，提醒车辆遵守交通规则行驶。此外，MEC可阶段性将违章信息汇总后上传中心云平台。在此场景中，路侧的摄像机、雷达等智能设施实时将感知信息上传至MEC，MEC主要提供支持视频分析、信号处理、违章判定功能等计算能力，保证传感信息传输的通信带宽，以及与中心云平台进行交互的能力。在网络部署了MEC及相应的功能服务后，具备对应通信模组的车辆可以直接使用此类服务。

4) 场景小结

在MEC及RSU与单车交互的场景中，车辆、RSU与部署在MEC上的服务进行交互，无须其他车辆参与。典型场景对MEC的能力要求见表3-14。

表3-14 MEC及RSU与单车交互场景对MEC的能力要求

场景	带宽	时延	计算	存储	边—云协同	用户位置	用户ID	网络状态
危险驾驶提醒	★★	★★	★★☆	★☆	★★★	★★★	★★	★★
车辆违章预警	★☆	★	★★	★☆	★★★	★★★	★★★	★★

6. MEC与多车协同交互场景

1) 场景概述

在C-V2X应用中，V2V信息转发、车辆感知共享等功能可通过多车与MEC协同交互实现。应用场景如图3-64所示。

2) V2V信息转发

MEC部署了V2X信息转发功能后，可作为桥接节点，以V2N2V的方式实现车与车之间的通信，实时交流车辆位置、速度、方向及刹车、开启双闪等车辆状态信息，提升道路安全。在此场景中，车辆无须装备PC5通信模组，可通过Uu接口将车辆状态信息发送至MEC，并接收MEC下发的其他车辆信息。MEC应提供超低时延的信息传输功能。

3) 车辆感知共享

MEC部署车辆感知共享功能，可将具备环境感知车辆的感知结果转发至周围其他车辆，用于扩展其他车辆的感知范围。也可以用于See-Through场景及当前车遮挡后车视野时，前车对前方路况进行视频监控并将视频实时传输至 MEC，MEC 的车辆感知共享功能对收到的视频进行实时转发至后方车辆，便于后方车辆利用视频扩展视野，有效解决汽车行驶中的盲区问题，提高车辆的驾驶安全。在此场景中，MEC 提供传感信息、视频流等信息的转发功能，需要保证低时延、大带宽的通信能力。在 See-Through 应用场景中，需要对跨基站、跨 MEC 的业务连续性提供必要支持。配置了车载传感器/摄像机和 C-V2X 通信模组的车辆可向其他车辆共享自身传感信息，仅配置通信模组的车辆可接收其他车辆共享的传感信息。

图 3-64 多车与 MEC 协同交互场景示意图

4) 场景小结

在 MEC 与多车协同交互场景中，多个车辆与部署在 MEC 上的服务进行交互，无须 RSU 参与。典型场景对 MEC 的能力要求见表 3-15。

表 3-15 MEC 与多车协同交互场景对 MEC 能力要求

场景	带宽	时延	计算	存储	边—云协同	用户位置	用户 ID	网络状态
V2V 信息转发	★★	★★☆	★★	★	☆	★★★	★	★★
车辆感知共享	★★★	★★☆	★★	★	☆	★★★	★	★★☆

7. MEC 及 RSU(路侧智能设施)与多车协同交互场景

1) 场景概述

在 C-V2X 应用中，匝道合流辅助、智慧交叉路口、大范围协同调度等功能可通过多车、RSU(路侧智能设施)及 MEC 进行协同交互实现。应用场景如图 3-65 所示。

2) 匝道合流辅助

MEC 部署匝道合流辅助功能，在匝道合流汇入点部署监测装置(如摄像机)对主路车辆和匝道车辆同时进行监测，并将监测信息实时传输到 MEC，同时相关车辆也可以将车辆状态信息发送至 MEC，MEC 的匝道合流辅助功能利用视频分析、信息综合、路况预测等应用功能对车、人、障碍物等的位置、速度、方向角等进行分析和预测，并将合流点动态环境分析结果实时发送给相关车辆，提升车辆对于周边环境的感知能力，减少交通事故，提升交通效率。

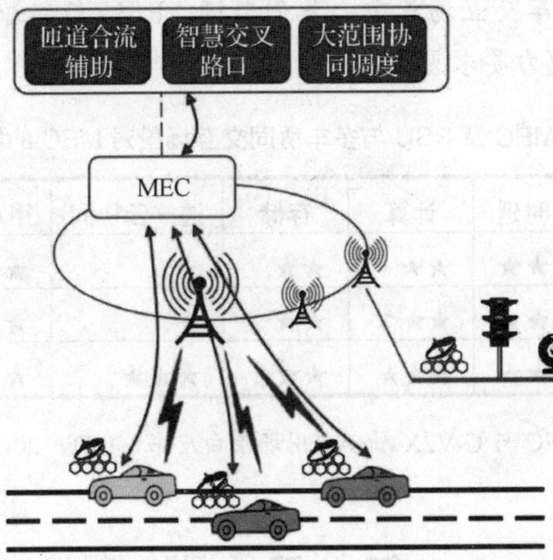

图 3-65 多车与 MEC 及 RSU 协同交互场景示意图

在此场景中，MEC 提供用于监测信息分析及环境动态预测的计算能力，以及低时延、大带宽的通信能力。车辆可通过 Uu 通信模式与 MEC 直接交互，或通过 PC5 通信模式经 RSU 与 MEC 进行交互。

3) 智慧交叉路口

MEC 部署智慧交叉路口功能，交叉路口处的路侧智能传感器(如摄像机、雷达等)将路口处探测的信息发送至 MEC，同时相关车辆也可以将车辆状态信息发送至 MEC。MEC 的智慧交叉路口功能通过信号处理、视频识别、信息综合等应用功能对交叉路口周边的车辆、行人等位置、速度和方向角等进行分析和预测，并将分析结果实时发送至相关车辆，综合提升车辆通过交叉路口的安全性和舒适性；同时 MEC 可以通过收集和分析相关信息，对交通信号灯各相位配时参数进行优化，提高交叉路口的通行效率。

在此场景中，MEC 提供用于路侧感知信息分析及路况动态预测的计算能力，以及低时延、大带宽的通信能力。车辆可通过 Uu 通信模式与 MEC 直接交互，或通过 PC5 通信模式经 RSU 与 MEC 进行交互。

4) 大范围协同调度

MEC 部署大范围协同调度功能，可在重点路段、大型收费口处借助视频传感信息，通过 MEC 进行路况分析和统一调度，实现一定范围内大规模车辆协同、车辆编队行驶等功能，或在城市级导航场景中，MEC 根据区域车辆密度、道路拥堵严重程度、拥堵节点位置以及车辆目标位置等信息，利用路径优化的算法对车辆开展导航调度，避免拥堵进一步恶化。在此场景中，MEC 收集多种传感信息及大量车辆状态信息，提供海量数据处理、综合路径规划等计算能力，提供各类综合信息的存储能力，并提供与中心云平台进行交互的能力。

此外，在大范围导航规划应用中，MEC 还应提供对跨基站、跨 MEC 业务连续性的必要支持。MEC 的部署位置可根据接入用户数和服务范围灵活选择。在网络部署了 MEC 及相应的功能服务后，具备对应通信模组的车辆可以直接使用此类服务。

5) 场景小结

在 MEC 及 RSU 与多车交互场景中,多个车辆、RSU 与部署在 MEC 上的服务进行交互。典型场景对 MEC 的能力要求见表 3-16。

表 3-16　MEC 及 RSU 与多车协同交互场景对 MEC 的能力要求

场景	带宽	时延	计算	存储	边—云协同	用户位置	用户 ID	网络状态
匝道合流辅助	★★	★★	★★	★★	★☆	★★★	★☆	★★
智慧交叉路口	★★☆	★★	★★☆	★★	★☆	★★★	★	★★
大范围协同调度	★★☆	★★	★★★	★★☆	★★★	★★★	★★	★★

(资料来源:MEC 与 C-V2X 融合应用场景白皮书,IMT—2020 (5G)推进组,2019 年 1 月.)

复习题

1. 简述摄像机的基本结构、原理、类型。
2. 简述激光雷达的基本结构、原理、类型、性能指标。
3. 简述毫米波雷达的基本结构、原理、类型。
4. 简述超声波雷达的基本结构、原理。
5. 简述全球卫星导航系统的基本组成、原理。
6. 简述惯性导航的基本结构、原理。
7. 简述 GNSS 与 INS 的融合。
8. 简述高精度地图的信息内容和特点。
9. 简述基于车路协同的自动驾驶系统组成。
10. 简述基于车路协同的自动驾驶系统的 RSS 各组成单元功能。
11. 简述基于车路协同的自动驾驶系统的 VSS 各组成单元功能。
12. 简述基于车路协同的自动驾驶系统的 RSS 与 RSS、VSS 与 VSS、RSS 与 VSS 之间的信息交互。
13. 简述协同式车路协同感知的典型应用场景。
14. 简述协同式车车协同感知的典型应用场景。
15. 简述车路协同式自动驾驶系统基本工作原理。
16. 简述车路协同式自动驾驶系统主要技术要求、数据交互需求。
17. 简述车联网定位系统网络架构。
18. 简述传感器信息融合的含义。

第四章 智能驾驶计算平台架构

【知识要求】

- 掌握智能驾驶计算平台基本结构。
- 掌握智能驾驶计算平台基于不同厂商的技术方案的功能抽象的基本概念。
- 熟悉智能驾驶计算平台的功能模块：传感器抽象、感知融合、定位、预测、决策规划、执行器抽象。

智能驾驶计算平台自底向上可以划分为硬件平台、系统软件、功能软件和应用软件四层结构，如图4-1所示。硬件平台基于异构分布式架构，提供可持续扩展的计算能力。系统软件包括操作系统和中间件，为上层提供调度、通信、时间同步、调试诊断等基础服务。功能软件层包括感知、决策、规划和控制等智能驾驶核心功能的算法组件。硬件平台层、系统软件层和功能软件层共同向上支撑应用软件层的开发，最终实现智能驾驶系统产品化交付。

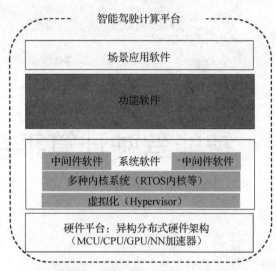

图4-1 智能驾驶计算平台的结构

第一节 智能驾驶功能软件平台架构

智能驾驶功能软件平台基于不同厂商的技术实现方案进行功能抽象，共分为传感器抽象功能、感知融合功能、预测功能、定位功能、决策规划功能和执行器抽象六个功能模块。主机厂基于自身策略，在设计和开发功能软件时可以选择不同的功能模块和算法组件，实现拼插式功能组合，灵活构建智能驾驶系统级解决方案，如图4-2所示。

(1) 传感器抽象功能：对毫米波雷达、激光雷达、摄像头、超声波雷达、GNSS、IMU和轮速计等车载传感器的环境感知情况进行数字抽象。传感器抽象是针对单个传感器的输出抽象，输出包括测量原始数据、特征数据以及目标数据中的一种或多种。

(2) 感知融合功能：对传感器抽象模块的输入数据进行融合，结合多种传感器的特性、工况和环境信息，完成对物理世界的数字呈现。感知融合功能支持根据不同传感器的组合从而实现不同的感知任务。其中，传感器组合可以是激光雷达、摄像头、毫米波雷达中的一种或者多种的组合；感知任务包括移动目标识别与跟踪、自由空间、交通灯和交通标志识别、道路结构识别等。

(3) 预测功能：依据环境信息和交通参与者历史测量信息，对其他交通参与者的未来行驶意图和轨迹进行预测。其中，其他交通参与者包括行人、车辆、非机动车等。预测功能的输出是决策规划功能的关键输入之一，特别是在城市交叉路口等场景下，对行人、目标车辆等障碍物的轨迹预测效果将严重影响智能驾驶系统的整体表现。

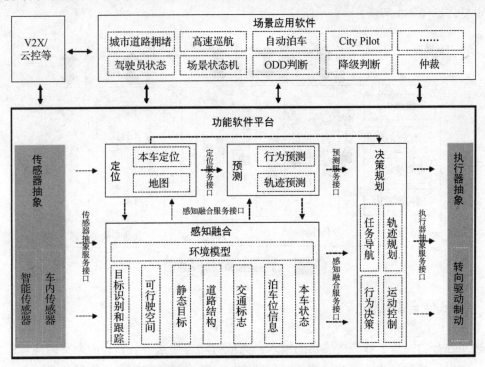

图 4-2 智能驾驶功能软件平台架构

(4) 定位功能：根据高精度地图、传感器等信息输入提供本车位置，包括本车的绝对位置以及在静态动态环境中的相对位置。

(5) 决策规划功能：根据感知融合、自身定位和交通参与者预测等信息输入来完成本车行驶轨迹的决策和规划，并根据决策结果输出对车辆的控制命令或者告警信息。

(6) 执行器抽象：功能执行决策规划模块输出的车辆控制命令，驱动汽车的转向、驱动和制动等执行部件。

第二节 功能模块

一、传感器抽象功能

传感器抽象功能主要提供两种类型的服务接口，一种是智能传感器的信息服务接口，传感器类型包括摄像头、激光雷达、毫米波雷达和超声波雷达中的一种或者多种，提供的信息包括原始数据、特征数据和目标数据中的一种或者几种。这些数据主要是依赖于单个传感器的输出，同时也会提供传感器的性能和状态信息。另一种是其他车载传感器，包括汽车内常用的传感器，既有传统的轮速传感器、加速度传感器、里程计、车辆行驶状态等反映车辆本身状态的传感器，也包含全球定位系统、惯性导航系统等定位传感器，以及通过 V2X 和其他车辆、路侧基础设施、云端等进行信息交互的 V2X 通信模块。传感器抽象服务接口不在智能驾驶功能软件平台设计规范中定义，可以参考 ISO/DIS 23150:2020 等规范中的定义，如图 4-3 所示。

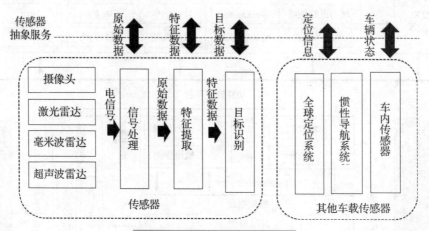

图 4-3　传感器抽象功能示意图

二、感知融合功能

感知融合功能基于各种传感器的输入，完成对动态交通参与者和静态交通环境信息的识别，输出可移动物体、道路结构、可行驶空间、静态目标和交通标志等信息服务，也可以综合输出完整的环境模型信息，如图 4-4 所示。

感知融合功能服务接口的具体内容在《智能驾驶功能软件平台设计规范第二部分：感知融合功能服务接口》中定义。

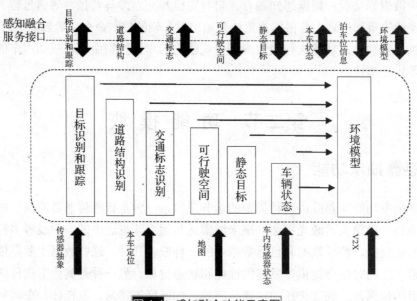

图 4-4　感知融合功能示意图

三、定位功能

定位服务依赖传感器抽象功能和感知融合功能中的部分服务，提供本车的绝对位置、姿态、速度和加速度等信息，如图 4-5 所示。

定位功能服务接口的具体内容在《智能驾驶功能软件平台设计规范 第五部分：定位功能服务接口》中定义。

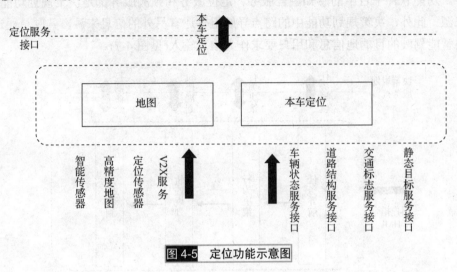

图 4-5　定位功能示意图

四、预测功能

预测功能依据感知融合和自动定位等信息输入，对行人、车辆、骑行者等交通参与者的行为意图和行驶轨迹做出预测。具体的信息输入包括传感器获取到的可移动目标的当前数据和历史数据，含地图信息在内的周围静态交通环境信息，本车的位置和状态信息，通过 V2X 获取到的交通参与者的信息等。其中，行人的姿态和手势、车辆灯光等信息都是预测服务的重要依据，如图 4-6 所示。

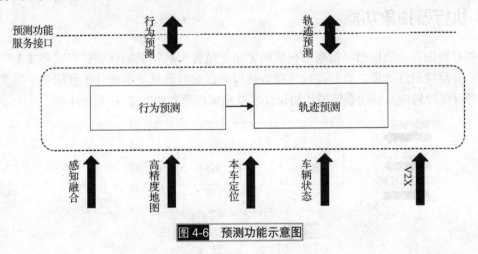

图 4-6　预测功能示意图

预测功能服务接口的具体内容在《智能驾驶功能软件平台设计规范 第三部分：预测功能服务接口》中定义。

五、决策规划功能

决策规划功能是本车最终驾驶行为决策和轨迹规划模块，输出对于车辆姿态控制的控制命令。功能软件平台中的感知融合服务、定位服务和预测服务都是决策规划功能的输入信息来源。此外，决策规划功能中的路点导航组件还有另外的信息来源，驾驶员通过 HMI 接口将智能驾驶的目的地信息和用户要求作为信息输入(见图 4-7)。

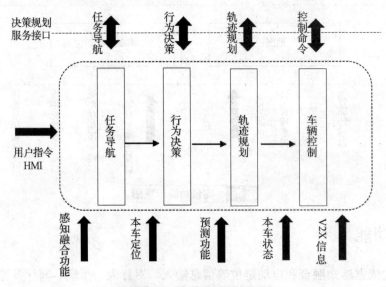

图 4-7　决策规划功能示意图

决策规划功能服务接口的具体内容在《智能驾驶功能软件平台设计规范 第四部分：决策规划功能服务接口》中定义。

六、执行器抽象功能

执行器抽象功能根据决策规划模块的输出，结合车辆当前的行驶状态来完成车辆实际控制，并反馈最终结果。执行器抽象服务接口不在智能驾驶功能软件平台规范中定义，可以参考《线控转向及制动系统通信协议要求及测试规范》中的定义(见图 4-8)。

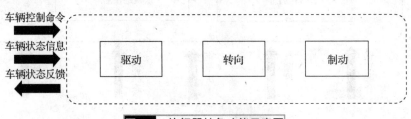

图 4-8　执行器抽象功能示意图

【本章技术案例】

City Pilot 功能软件设计开发应用示例

以 City Pilot 为例来说明如何根据本规范定义的智能驾驶功能软件平台系统架构来进行功能软件的设计和分工,从而实现跨产业界的分工协作并加速功能软件的开发。功能软件设计的步骤可以分为三步:首先进行应用场景的分解,其次完成分场景的功能抽象,最后根据功能软件平台系统架构来完成整体功能的搭建组装。

第1步,应用场景分解。

City Pilot 主要实现城市场景开放道路场景通行功能,完成点到点的智能驾驶任务,具体来说包括以下场景:本车道自由行驶、本车道跟随、本车道启停、遇障停车、本车道避障绕行、任务变道、超车、避障变道、超车变道、靠边停车、并行驾驶、定点启停、取消变道、变道避障、指定地点停车、开放道路路口通行、无障碍物行驶和红绿灯启停等。

第2步,功能抽象。

可以根据上述场景进行功能抽象,分解成最小化的功能模块和算法组件。

(1) 场景应用软件:设定功能应用的场景,判断条件,默认配置,场景策略和人机交互需求等应用逻辑支持 City Pilot 的场景功能实现。

(2) 传感器抽象服务:选配对应传感器,支持实现该应用。

(3) 感知融合服务:为解决本车道行驶、变道行驶、路口通行,必须有红绿灯检测、动态目标识别和跟踪、融合算法、自由空间检测、道路结构检测、车辆状态反馈。

(4) 定位服务:融合定位信息、地图。

(5) 预测服务:提供对行人、机动车、非机动车的预测服务,包括行为预测、轨迹预测。

(6) 决策规划服务:导航、行为决策、轨迹规划、车辆控制。

第3步,组合搭建。

按功能软件平台参考架构进行解耦分解后,可以通过集成不同厂商提供的功能模块和算法组件实现应用功能开发集成,具体的分工如下。

(1) 场景应用层软件:对整体的功能软件平台组件的整体逻辑进行实现,特别是需要和驾驶员交互的逻辑,场景规则的配置,各种异常情况的处理逻辑和降级等。

(2) 传感器抽象服务:选配对应传感器,支持实现该应用。

(3) 感知融合服务。

① 红绿灯检测:选用 A 公司提供的视觉红绿灯检测算法,B 公司提供的 V2X 红绿灯服务。

② 动态目标识别和跟踪:选用 C 公司提供的激光 3D 目标检测和跟踪算法,或者 D 公司的视觉目标检测和跟踪算法,或者 E 公司的激光+视觉+雷达目标检测和跟踪算法。

③ 融合算法:选用 F 公司提供的航迹融合算法。

④ 自由空间检测:选用 A 公司或者 G 公司提供的视觉自由空间检测算法。

⑤ 道路结构检测:选用 H 公司或者 I 公司提供的视觉道路结构检测算法。

⑥ 车辆状态反馈：对车辆状态进行收集整理，包括轮速、方向盘转角、方向盘扭矩等，填充车辆状态服务项。

(4) 定位服务。

① 融合定位信息：选用 K 公司提供的融合定位算法。

② 地图：选用 O 公司提供的地图服务。

(5) 预测服务。

① 行为预测：选用 J 公司提供的行人、机动车、非机动车行为预测算法。

② 轨迹预测：选用 K 公司提供的行人、机动车、非机动车轨迹预测算法。

(6) 决策规划服务。

① 导航：选用 O 公司提供的地图以及导航服务。

② 行为决策：选用 P 公司提供的行为决策服务。

③ 轨迹规划：选用 P 公司提供的轨迹规划服务。

④ 车辆控制：选用 M 公司提供的车辆控制服务。

根据上面的功能分解和搭建，最终设计成如图 4-9 所示的 City Pilot 功能。

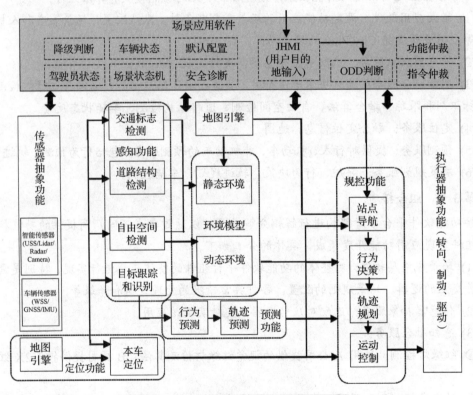

图 4-9　City Pilot 功能软件系统架构示意图

(1) 导航信息构建：通过场景应用软件的人机交互平台，进行运行设计域的判断，为功能软件输入预设的各种 City Pilot 的场景功能域配置。开启 City Pilot 功能，根据用户的目的地和偏好信息，输入给决策规控模块。功能软件平台考虑本车位置和地图，站点导航功能规划整体的行驶路线。

(2) 动态行驶命令形成：功能软件平台完成周边环境感知和环境模型构建，规划一条可执行轨迹并输出命令控制车辆方向和加减速。

(3) 场景应用软件交互：场景应用软件监控功能软件平台的运行，特别需要进行仲裁和驾驶员参与的场景，最终决策输入功能软件平台执行。

(资料来源：智能驾驶功能软件平台设计规范第一部分：系统架构，国汽(北京)智能网联汽车研究院有限公司等，2020年7月)

【本章知识拓展】

智能驾驶功能软件平台设计规范

——国汽(北京)智能网联汽车研究院有限公司等，2020年7月

高级别智能驾驶是一项庞大的系统工程，是多个领域前沿技术的融合体，其中涵盖芯片、操作系统、通信和云等ICT技术，感知、推理、决策控制等智能算法技术，以及驱动、转向、制动等车辆底层控制技术。目前，高级别智能驾驶还处于成熟的前夜，亟须跨产业紧密合作来解决所面临的技术困难，全产业链合力共同促进智能驾驶产业的发展。

第一部分：系统架构.pdf

汽车行业在平台化和标准化方面已经有40多年的成功经验，主机厂基于一个汽车底盘平台可以衍生出多款车型，多个主机厂之间甚至可以共享同一个汽车底盘平台以降本增效。汽车智能驾驶系统亦可以借鉴汽车底盘平台化的成功经验。根据《车载智能计算基础平台参考架构1.0》(2019年)中关于车载计算平台架构的描述，车载计算平台自底向上可以划分为硬件平台、系统软件、功能软件和应用软件四层。功能软件层包含感知融合、定位、预测和决策规划等核心功能和算法模块，是智能驾驶系统的核心部分。通过构建一个标准化的功能软件平台，定义功能软件层的系统架构以及功能模块和算法组件的逻辑服务接口，可以明确产业分工和边界，缩短智能驾驶系统的开发周期并降低系统集成成本。

第二部分：感知融合功能服务接口.pdf

第三部分：预测功能服务接口.pdf

基于上述背景，国汽(北京)智能网联汽车研究院有限公司、华为技术有限公司、中国软件评测中心、中国第一汽车集团有限公司、东风汽车集团有限公司、重庆长安汽车股份有限公司、上海汽车集团股份有限公司商用车技术中心、广州汽车集团股份有限公司、吉利汽车研究院(宁波)有限公司、北京汽车研究总院有限公司、开沃新能源汽车集团有限公司、中国汽车工程研究院股份有限公司、禾多科技(北京)有限公司、湖南湘江智芯云途科技有限公司、长沙智能驾驶研究院有限公司、畅加风行(苏州)智能

第四部分：决策规划功能服务接口.pdf

第五部分：定位功能服务接口.pdf

科技有限公司 16 家单位联合起草并发布业界首个智能驾驶功能软件平台设计规范，这将开创智能驾驶产业生态发展的新模式，推动软件定义汽车的加速实现。

《智能驾驶功能软件平台设计规范》由以下五部分组成。

第一部分：系统架构。

第二部分：感知融合功能服务接口。

第三部分：预测功能服务接口。

第四部分：决策规划功能服务接口。

第五部分：定位功能服务接口。

复 习 题

1. 简述智能驾驶计算平台基本结构。
2. 简述智能驾驶计算平台基于不同厂商的技术方案的功能抽象的基本概念。
3. 简述智能驾驶计算平台的传感器抽象功能模块。
4. 简述智能驾驶计算平台的感知融合功能模块。
5. 简述智能驾驶计算平台的定位功能模块。
6. 简述智能驾驶计算平台的预测功能模块。
7. 简述智能驾驶计算平台的决策规划功能模块。
8. 简述智能驾驶计算平台的执行器抽象功能模块。

第五章　网联式自动驾驶技术应用

【知识要求】

- 熟悉智能汽车车联网技术应用场景。
- 了解自动驾驶典型场景(智慧路口协作、自动代客泊车、高速公路车辆编队、智慧矿山网联自动驾驶)。
- 熟悉网联式自动驾驶技术标准：前向碰撞预警。
- 了解国家车联网产业标准体系建设指南。

C-V2X 是基于 3GPP 全球统一标准的通信技术，包含 LTE-V2X、5G-V2X 及后续演进。C-V2X 技术基于蜂窝网络，提供 Uu 接口(蜂窝通信接口)和 PC5 接口(直连通信接口)，可复用蜂窝网的基础设施，部署成本更低、网络覆盖更广，在密集的环境中，C-V2X 支持更远的通信距离、更佳的非视距通信性能、增强的可靠性、更高的容量和更佳的拥塞控制。C-V2X 技术旨在将"人—车—路—云"等交通参数与要素有机地联系在一起，为交通安全和效率类应用提供通信基础，将车辆与其他车辆、行人、路侧设施等交通元素有机结合，弥补单车智能的不足，推动协同式应用服务发展。C-V2X 拥有清晰的、具有前向兼容性的 5G 演进路线，5G 技术的低时延、高可靠性、高速率、大容量等特点，可以帮助车辆之间进行位置、速度、驾驶方向和驾驶意图的信息交互，而且可用于道路环境感知、远程驾驶、编队驾驶等技术。

第一节　网联式自动驾驶技术应用场景

一、网联式自动驾驶场景

基于 C-V2X 的应用场景可分为三大类：交通安全类(Safety)、交通效率类(Traffic Efficiency)以及信息服务类(Infotainment/Telematics)。

交通安全是 C-V2X 最重要的应用场景之一。通过 C-V2X 车载终端设备及智能路侧设备的多源感知融合，对道路环境实时状况进行感知、分析和决策，在可能发生危险或碰撞的情况下，智能汽车进行提前告警，为车辆出行提供更可靠、安全、实时的环境信息获取，从而减少交通事故或降低交通致伤亡率，对于汽车行驶安全有重要的意义。典型的 C-V2X 交通安全类应用有交叉路口碰撞预警、前方事故预警、盲区监测、道路突发危险情况提醒等。例如，交叉路口碰撞预警，是指在交叉路口，车辆探测到与侧向行驶的车辆有碰撞风险时，通过预警声音或影像提醒驾驶员以避免碰撞。该场景下车辆需要具备广播和接收 V2X 消息的能力。

提高交通效率是 C-V2X 的重要作用。通过 C-V2X 增强交通感知能力，实现交通系统网联化、智能化，构建智慧交通体系，通过动态调配路网资源，实现拥堵提醒、优化路线导航，为城市大运量公共运输工具及特殊车辆提供优先通行权限，提升城市交通运行效率，进一步提高交通管理效率，特别是区域化协同管控的能力。典型的 C-V2X 交通效率类应用包括前方拥堵提醒、红绿灯信号播报和车速引导、特殊车辆路口优先通行等。例如，车速引导，是指路边单元(RSU)收集交通灯、信号灯的配时信息，并将信号灯当前所处状态及当前状态剩余时间等信息广播给周围车辆。车辆收到该信息后，结合当前车速、位置等信息，计算出推荐的行驶速度，并向车主进行提示，以提高车辆不停车通过交叉口的可能性。该场景需要 RSU 具备收集交通信号灯信息，并向车辆广播 V2X 消息的能力，周边车辆具备收发 V2X 消息的能力。例如，车辆编队行驶，是指头车为有人驾驶车辆或自主式自动驾驶车辆，后车通过 V2X 通信与头车保持实时信息交互，在一定的速度下实现一定车间距的多车稳定跟车,具备车道保持与跟踪、协作式自适应巡航、协作式紧急制动、协作式换道提醒、出入编队等多种应用功能。

提供出行信息服务是 C-V2X 应用的重要组成部分,是全面提升政府监管、企业运营、大众出行水平的手段。C-V2X 信息服务类典型应用包括紧急呼叫业务、突发恶劣天气预警、车内电子标牌等。例如,紧急呼叫业务,是指当车辆出现紧急情况时(如安全气囊引爆或侧翻等),车辆能自动或手动通过网络发起紧急救助,并对外提供基础的数据信息,包括车辆类型、交通事故时间地点等。服务提供方可以是政府紧急救助中心、运营商紧急救助中心或第三方紧急救助中心等。该场景需要车辆具备 V2X 通信的能力,能与网络建立通信联系。例如,远程遥控驾驶,是指驾驶员通过驾驶操控台远程操作车辆行驶。搭载在车辆上的摄像头、雷达等,通过 5G 网络大带宽将多路感知信息实时传达到远程驾驶操控台;驾驶员对于车辆方向盘、油门和刹车的操控信号,通过 5G 网络的低时延、高可靠性实时传达到车辆上,轻松准确地对车辆进行前进、加速、制动、转弯、后退等驾驶操作。

智能汽车 C-V2X 技术具体应用场景汇总见表 5-1。

表 5-1 智能网联汽车 C-V2X 应用场景

序号	类别	应用场景	实现方式
1	交通安全	前向碰撞预警	V2V
2		跟车过近提醒(区别于 FCW,发生在 FCW 之前)	V2V
3		RSU 提醒碰撞(V2V 不可能的情况下)	V2I
4		碰撞不可避免告警	V2V/V2I
5		左转辅助/告警	V2V
6		汇入主路辅助/碰撞告警	V2V
7		交叉路口碰撞告警(有信号灯/无信号灯/非视距等,存在路边单元)	V2I
8		交叉路口碰撞告警(有信号灯/无信号灯/非视距等,不存在路边单元)	V2V
9		超车辅助/逆向超车提醒/借道超车	V2V
10		盲区告警/换道辅助	V2V
11		紧急制动预警(紧急电子刹车灯)	V2V
12		车辆安全功能失控告警	V2V
13		异常车辆告警(包含前方静止/慢速车辆)	V2V
14		静止车辆提醒(交通意外,车辆故障等造成)	V2V
15		摩托车靠近告警	V2V/V2P
16		慢速车辆预警(拖拉机,大货车等)	V2V
17		非机动车(电动车,自行车等)靠近预警	V2P
18		非机动车(电动车,自行车等)横穿预警/行人横穿预警	V2P

续表

序号	类别	应用场景	实现方式
19	交通安全	紧急车辆提示	V2V/V2I/V2N
20		大车靠近预警	V2I/V2V
21		逆向行驶提醒(提醒本车及其他车)	V2V
22		前方拥堵/排队提醒	V2I/V2V/V2N
23		道路施工提醒	V2X
24		前方事故提醒	V2I
25		道路湿滑/危险路段提醒(大风、大雾、结冰等)	V2I
26		协作信息分享(危险路段、道路湿滑、大风、大雾、前方事故等)	V2I
27		闯红灯(黄灯)告警	V2I
28		自适应近/远灯(如会车灯光自动切换)	V2V
29		火车靠近/道口提醒	V2I/V2P
30		限高/限重/限宽提醒	V2I
31		疲劳驾驶提醒	V2V
32		注意力分散提醒	V2V
33		超载告警/超员告警	V2N/V2P
34	交通效率	减速区/限速提醒(隧道限速、普通限速、弯道限速等)	V2I/V2N/V2V
35		减速/停车标志提醒(倒三角/"停")	V2I
36		减速/停车标志违反警告	V2X
37		车速引导	V2I/V2V/V2N
38		交通信息及建议路径(路边单元提醒)	V2I/V2N
39		增强导航(接入 Internet)	V2N/V2I
40		商用车导航	V2N
41		十字路口通行辅助	V2V/V2I/V2N
42		专用道动态使用(普通车动态借用专用车道)/专用车道分时使用(分时专用车道)/潮汐车道/紧急车道	V2I
43		禁入及绕道提示(道路封闭,临时交通管制等)	V2I
44		车内标牌	V2I
45		电子不停车收费	V2I
46		货车/大车车道错误提醒(高速长期占用最左侧车道)	V2I
47		自适应巡航(后车有驾驶员)	V2V
48		自适应车队(后车无驾驶员)	V2V

续表

序号	类别	应用场景	实现方式
49	信息服务	兴趣点提醒	V2I/V2V
50		近场支付	V2I/V2N
51		自动停车引导及控制	V2I/V2N
52		充电站目的地引导(有线/无线电站)	V2I/V2N
53		电动汽车自动泊车及无线充电	V2I/V2N
54		本地电子商务	V2I/V2N
55		汽车租赁/分享	V2I/V2N
56		电动车分时租用	V2I/V2N
57		媒体下载	V2I/V2N
58		地图管理，下载/更新	V2I/V2N
59		经济/节能驾驶	V2X
60		即时消息	V2V
61		个人数据同步	V2I/V2N
62		SOS/eCall 业务	V2I/V2N
63		车辆被盗/损坏(包括整车和部件)警报	V2I/V2N
64		车辆远程诊断，维修保养提示	V2I/V2N
65		车辆关系管理(接入 Internet)	V2I/V2N
66		车辆生命周期管理数据收集	V2I/V2N
67		按需保险业务(即开即交保等)	V2I/V2N
68		车辆软件数据推送和更新	V2I/V2N
69		卸货区管理	V2I/V2N
70		车辆和 RSU 数据校准	V2I
71		电子号牌	V2I

二、典型自动驾驶场景分析

1. 智慧路口协作通行

在众多城市路况中，以交叉路口最为复杂，不同方向上的车辆、非机动车、行人都要在有限的时间内通过交叉路口，因此交叉路口通常是通行效率的瓶颈和交通事故频发地。事故一旦发生，不仅造成人员伤亡，还会阻碍整个交叉路口的通行。

针对交叉路口场景，车联网应用包括闯红灯预警、绿波车速引导、协同启动、信号灯配时动态优化和路口车道动态管理等。其中，闯红灯预警和绿波车速引导，随着车辆智能化程度提升，以及 C-V2X 应用与 ADAS 融合，可以更多地参与到车辆主动控制环节等。协同启动则实现 C-V2X 与车辆控制的结合，排队等待车辆通过 V2V 通信与头车绑定，在信号灯由红变绿过程中，头车起步时排队等待车辆同步启动，解决了受制于人类反应速度和车辆加速时间的延迟问题，有效提升交通出行效率。

【本段知识拓展】

全息视角智慧路口

2019年9月，奥迪汽车联合中国移动、华为、地平线等在无锡智慧交通示范区完成多项智慧路口的应用示范，如图5-1所示，包括信号灯信息显示、闯红灯预警及主动制动、路口协同启动、绿波车速显示、绿波引导车速巡航控制等。

城市路口是城市道路智能化改造的重中之重，是"智慧的路"优先落地场景之一。城市道路由于道路环境复杂，人车混行，对交通安全和效率的要求非常高。其中，交叉路口更是交通事故频发地、通行效率瓶颈所在。城市交叉口的智能化升级所涉及的硬件设施，无锡车联网先导区拟建设的全息视角智慧路口主要设备包括以下几方面。

(1) 信号机：用于城市道路交通信号灯控制，并支持C-V2X信息交互，与RSU通信可实现红绿灯灯态、交通事件、交通状态等信息推送。

(2) 行人检测摄像机：用于检测人行横道的过街行人，检测数据发送至信号机可实现行人过街信号控制，通过RSU发送至车辆及V2X平台，可提醒车辆注意过街行人。

(3) 视频检测器：安装在交叉口进口车道，通过采集各车道的交通视频流，处理分析各方向交通流视频采集相关交通数据，并传输给信号机及V2X平台，信号机根据检测数据可实时优化交通信号灯配时。

(4) 边缘计算装置：集路口多元数据接入、交换、结构化分析处理及智能计算功能于一体的装置，规范多种设备终端接入协议，实现路口本地智能化分析处理，为系统提供感知、认知数据支持。

(5) RFID读写器：RFID读写器可获取通过检测点的车辆RFID唯一标识信息，具体包括ID号、车辆号牌、号牌种类、车辆颜色等信息，可用于车辆身份识别、公交优先通行、重点车辆管控等应用。

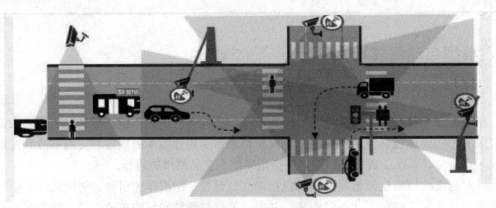

图5-1 智慧路口示意图

2. 自动代客泊车

自动代客泊车(Automated Valet Parking，AVP)是针对驾驶人在公共场所停车难以及停车场管理等诸多痛点问题而设计的应用场景，当前主要包括车端解决方案和车场协同解决方案。

车端解决方案是利用车载视觉或激光雷达等，通过低速自动驾驶技术，实现在限定区域(园区、地上停车场及地下停车场等场景)的自主代客泊车功能。

车场协同解决方案是依靠智能型停车场基础设施与车辆间的互联(V2I)，安装在停车场内的传感器引导车辆行驶到车位，并在这一过程中监控车辆的行驶路径和周围环境，车辆则需要能够安全地把停车场基础设施发出的指令转换为驾驶操作指令，并在必要时及时制动汽车。车场协同解决方案的优点是对车辆的感知和智能化程度要求不高，只需要电子制动、自动换挡、电子助力转向及远程互联等基本功能；缺点则是对停车场的改造成本较高(见图 5-2)。

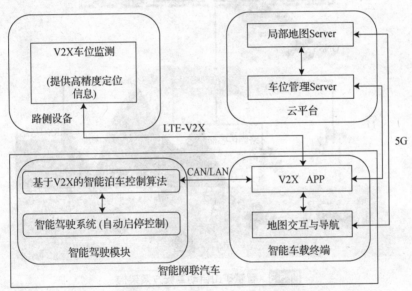

图 5-2 车场协同自动泊车系统架构

3. 高速公路车辆编队行驶

高速公路场景下的车辆编队行驶可以节省燃油(根据北美货运效率委员会数据，至少节油 10%)，车辆编队行驶还能有效降低劳动强度。长途货运卡车通常需要两名司机轮流驾驶，通过车辆编队行驶，只有头车需要司机专心驾驶，跟随车辆几乎不需要人类驾驶员接管，给司机提供更多休息时间，车队司机人数也可适当减少。

4. 智慧矿山网联自动驾驶

在矿山环境下，从开采到运输的各环节存在诸多痛点，如安全事故频发、矿车司机招聘困难，以及管理运营成本高昂等，对于网联自动驾驶的需求迫切。与此同时，由于矿区独特的工况条件，如人员严格管控、矿车行驶限速严格控制、行驶路线固定等，使得实现网联自动驾驶相对较容易。

智慧矿山网联自动驾驶是指通过 5G、大数据、MEC 等新一代信息通信技术,实现对矿区环境下的车、人、物、路、位置等资源进行有效的智能监控、调度、管理、协同,提升智能化程度和安全生产水平,降低人工和油耗成本。

智慧矿山网联矿车自动驾驶解决方案架构如图 5-3 所示,需要进行感知基础设施和网联设备的部署安装。首先,需要在道路沿线安装 C-V2X 路侧单元、MEC 平台等,为矿车提供无线通信和计算能力。矿车端则需要能支持 LTE-V2X、NR Uu 网络通信,同时还需要安装前视摄像头、激光雷达、毫米波雷达、高精度 GNSS 等传感器。同时,在云端需要建设车联网云控基础服务平台,为车辆提供定位、高精度地图更新、故障监测、智能调度等功能。

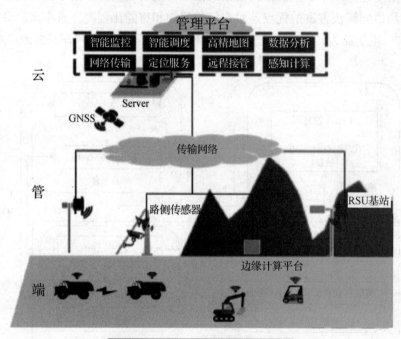

图 5-3 智慧矿山自动驾驶方案架构

第二节 网联式自动驾驶技术标准

网联式自动驾驶典型技术应用的技术标准内容包括应用定义、主要场景、系统基本原理、通信方式、基本性能要求和数据交互需求六个方面。

以下对前向碰撞预警(Forward Collision Warning,FCW)技术进行简要分析。

1. FCW 应用定义和预期效果

前向碰撞预警(FCW)是指主车(HV)在车道上行驶,与在正前方同一车道的远车(RV)存在追尾碰撞危险时,FCW 应用将对 HV 驾驶员进行预警。本应用适用于普通道路或高速公路等车辆追尾碰撞危险的预警。FCW 应用辅助驾驶员避免或减轻前向碰撞,提高道路行驶安全性。

2. FCW 主要场景

FCW 包括以下主要场景。

(1) HV 行驶，RV 在 HV 同一车道正前方停止(见图 5-4)。

HV 正常行驶，RV 在位于 HV 同一车道的正前方停止。

HV 和 RV 需具备短程无线通信能力。

HV 行驶过程中在即将与 RV 发生碰撞时，FCW 应用对 HV 驾驶员发出预警，提醒驾驶员与位于正前方的车辆 RV 存在碰撞危险。

预警时机需确保 HV 驾驶员收到预警后，能有足够时间采取措施，避免 RV 发生追尾碰撞。

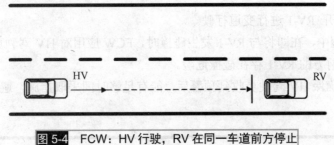

图 5-4　FCW：HV 行驶，RV 在同一车道前方停止

(2) HV 行驶，RV 在 HV 相邻车道前方停止(见图 5-5)。

HV 正常行驶，RV 在位于 HV 相邻车道的前方停止。

HV 和 RV 需具备短程无线通信能力。

HV 行驶过程中不会与 RV 发生碰撞，HV 驾驶员不会收到 FCW 预警信息。

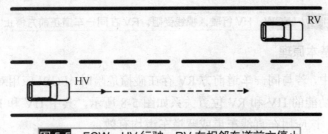

图 5-5　FCW：HV 行驶，RV 在相邻车道前方停止

(3) HV 行驶，RV 在 HV 同一车道正前方慢速或减速行驶(见图 5-6)。

HV 正常行驶，RV 位于 HV 同一车道的正前方慢速或减速行驶。

HV 和 RV 需具备短程无线通信能力。

HV 行驶过程中在即将与 RV 发生碰撞时，FCW 应用对 HV 驾驶员发出预警，提醒驾驶员与位于正前方的车辆 RV 存在碰撞危险。

预警时机需确保 HV 驾驶员收到预警后，能有足够时间采取措施，避免与 RV 发生追尾碰撞。

图 5-6 FCW：HV 行驶，RV 在同一车道前方慢速或减速行驶

(4) HV 行驶，HV 视线受阻，RV-1 在 HV 同一车道正前方停止(见图 5-7)。

HV 跟随 RV-2 正常行驶，RV-1 在同一车道上 RV-2 的正前方停止，HV 的视线被 RV-2 遮挡。

HV 和 RV-1 需具备短程无线通信能力，RV-2 是否具备短程无线通信能力不影响应用场景的有效性。

RV-2 为了避开 RV-1 进行变道行驶。

HV 行驶过程中，在即将与 RV-1 发生碰撞时，FCW 应用对 HV 驾驶员发出预警，提醒驾驶员与位于正前方的 RV-1 存在碰撞危险。

预警时机需确保 HV 驾驶员收到预警后，能有足够时间采取措施，避免与 RV-1 发生追尾碰撞。

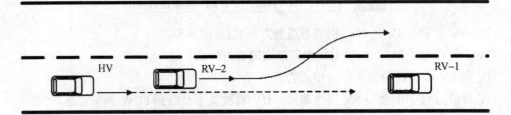

图 5-7 FCW：HV 行驶，视线受阻，RV 在同一车道正前方停止

3. FCW 系统基本原理

HV 行驶过程中，若与同一车道前方 RV 存在碰撞危险时，FCW 应用对 HV 驾驶员进行预警。触发 FCW 功能的 HV 和 RV 位置关系如图 5-8 所示，其中 HV 和 RV 在同一车道，RV 在 HV 的前方。该应用在直线车道或弯道车道均有效。

FCW 基本工作原理如下。

分析接收到的 RV 消息，筛选出位于同一车道前方(前方同车道)区域的 RV。

进一步筛选处于一定距离范围内的 RV 作为潜在威胁车辆。

计算每一个潜在威胁车辆碰撞时间(Time-To-Collision，TTC)或防撞距离(collision avoidance range)，筛选出与 HV 存在碰撞危险的威胁车辆。

若有多个威胁车辆，则筛选出最紧急的威胁车辆。

系统通过 HMI 对 HV 驾驶员进行相应的碰撞预警。

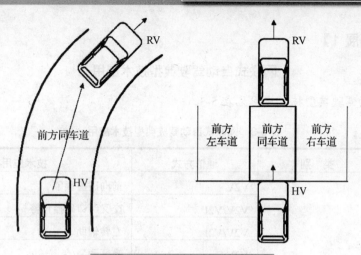

图 5-8　FCW：HV 和 RV 位置关系

4. FCW 通信方式

HV 和 RV 需具备短程无线通信能力，车辆信息通过短程无线通信在 HV 和 RV 之间传递(V2V)。

5. FCW 基本性能要求

主车车速范围 0～130km/h。

通信距离 ≥ 300m。

数据更新频率 ≤ 10Hz。

系统迟延 ≤ 100ms。

定位精度 ≤ 1.5m。

6. FCW 数据交互

FCW 数据交互需求(远车数据)见表 5-2。

表 5-2　FCW 数据交互需求(远车数据)

数　　据	单　位
时刻	ms
位置(经纬度)	deg
位置(海拔高度)	m
车头方向角	deg
车体尺寸(长度、宽度)	m
速度	m/s
三轴加速度	m/s^2
横摆角速度	deg/s

【本节知识拓展 1】

网联式自动驾驶典型技术应用

网联式自动驾驶典型技术应用见表 5-3。

表 5-3 网联式自动驾驶典型技术应用

序号	类别	通信方式	技术应用
1	安全	V2V	前向碰撞预警
2		V2V/V2I	交叉路口碰撞预警
3		V2V/V2I	左转辅助
4		V2V	盲区预警/变道辅助
5		V2V	逆向超车预警
6		V2V-Event	紧急制动预警
7		V2V-Event	异常车辆提醒
8		V2V-Event	车辆失控预警
9		V2I	道路危险状况提示
10		V2I	限速预警
11		V2I	闯红灯预警
12		V2P/V2I	弱势交通参与者碰撞预警
13	效率	V2I	绿波车速引导
14		V2I	车内标牌
15		V2I	前方拥堵提醒
16		V2V	紧急车辆提醒
17	信息服务	V2I	汽车进场支付

各项技术应用的技术规范见《合作式智能运输系统 车用通信系统 应用层及应用数据交互标准》，中国汽车工程学会标准(T/CSAE 53—2017)。

【本节知识拓展 2】

《国家车联网产业标准体系建设指南》

针对车联网产业发展需要，加快共性基础标准制定，加紧研制自动驾驶及辅助驾驶(Advanced Driver Assistant System，ADAS)相关标准、车载电子产品关键技术标准、无线通信关键技术标准、面向车联网产业应用的 5G eV2X 关键技术标准制定，满足产业发展需求。到 2020 年，基本建成国家车联网产业标准体系。车联网产业标准体系建设结构如图 5-9 所示。

第五章　网联式自动驾驶技术应用

图 5-9　车联网产业标准体系结构

《国家车联网产业标准体系建设指南》充分发挥标准在车联网产业生态环境构建中的顶层设计和基础引领作用，按照不同行业属性划分为智能网联汽车标准体系、信息通信标准体系、电子产品与服务标准体系等分册，为打造创新驱动、开放协同的车联网产业提供支持。

1. 智能网联汽车标准体系

智能网联汽车标准体系如图 5-10 所示。

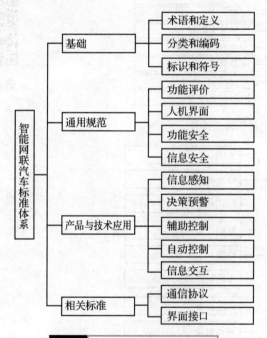

总体要求.pdf

图 5-10　智能网联汽车标准体系

2. 信息通信标准体系

信息通信标准体系如图 5-11 所示。

3. 电子产品与服务标准体系

电子产品与服务标准体系如图 5-12 所示。

205

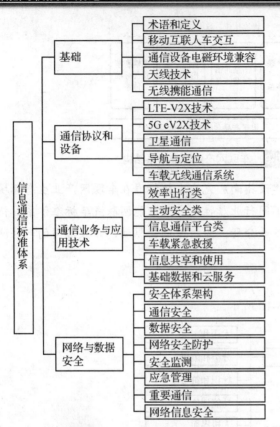

图 5-11　信息通信标准体系

信息通信.pdf

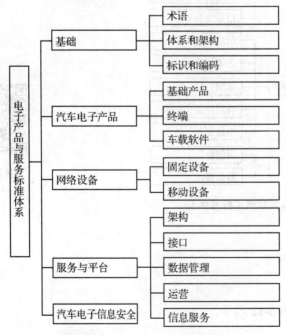

电子产品与服务.pdf

图 5-12　电子产品与服务标准体系

4. 智能交通相关标准体系

智能交通相关标准体系如图 5-13 所示。

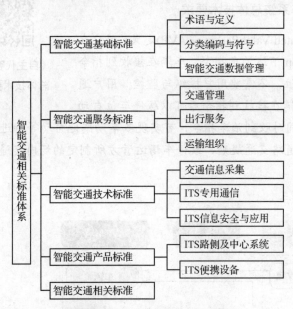

图 5-13　智能交通相关标准体系

智能网联汽车.pdf

5. 车辆智能管理标准体系

车辆智能管理标准体系如图 5-14 所示。

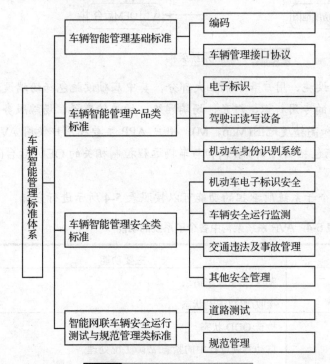

图 5-14　车辆智能管理标准体系

车辆智能管理.pdf

【本节知识拓展3】

自主代客泊车系统总体技术要求

自主代客泊车系统(Automated Valet Parking,AVP)定义:用户在指定下客点下车,通过手机App下达泊车指令,车辆在接收到指令后可自动行驶到停车场的停车位,不需要用户操纵与监控;用户通过手机App下达取车指令,车辆在接收到指令后可以从停车位自动行驶到指定上客点;若多辆车同时收到泊车指令,可实现多车动态地自动等待进入泊车位。车辆自动行驶过程中应能遵守道路交通规则,或停车场运营方所制定的场内交通规则。

《自主代客泊车系统总体技术要求》.pdf

1. 系统架构

AVP系统架构如图5-15所示。

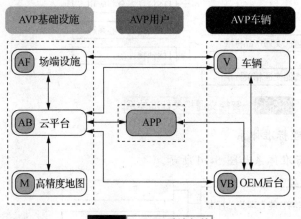

图5-15 AVP系统架构

AVP系统主要包括基础设施、用户和车辆三大部分,其中基础设施包括场端设施(AVP Facility,AF,包括停车场内的专用标识、灯光、场端网络、场端传感器、场端服务器等)、云平台(AVP Backend,AB)和高精度地图(Map,M);用户APP主要指用户使用AVP服务过程中的人机交互界面;车辆包括AVP车辆(V)和与车辆远程控制相关的OEM后台(Vehicle Backend,VB)。

AVP系统典型架构中各个子系统所承担的功能可以按照表5-4所示进行分配。

表5-4 AVP系统架构中各个子系统的功能

子系统名称(缩写)	主要功能
用户前端(APP)	发送预约/取车请求 接收/通知车辆状态
场端设施(AF)	检查ODD状态 自动驾驶过程中的紧急/故障工况处理 场端感知及判断

续表

子系统名称(缩写)	主要功能
云平台(AB)	停车位状态监控 预约停车位 车位分配 全局路径规划
地图(M)	地图管理
车辆(V)	车端感知及判断 车辆定位 局部路径规划 车辆运动控制
车辆后端(VB)	车辆的远程唤醒和启动

2. 定位功能要求

AVP 泊车过程中,环境、定位精度和信息交互等对泊车效果、泊车安全、泊车体验等有一定影响,其中定位精度对地图内容以及地图精度有很强的依赖,在不同的环境条件下和功能场景对定位精度的要求也不同。

1) 环境要求

AVP 泊车场景包括地面和室内两种场景,常用定位技术包括 GPS、IMU、视觉、激光等。要满足定位要求,AVP 停车场环境应满足以下要求。

(1) 信号覆盖要求:以车端智能为主,基于场端改造,场端提供定位信号,信号覆盖停车场内所有可行驶区域和可泊车区域。

(2) 基本环境要求:光线在 30~100000lx;实时雨量不高于小雨、实时雪量不高于小雪、能见度不低于 200m;地面和立体标志标记和底色对比清晰、无明显反光,标志无水、雪、落叶、污物等覆盖;(标志密度)停车场中任意通道行进 10m,可见可识别标志不少于 6 个。

2) 定位精度要求

AVP 自主泊车在三个场景对定位精度有不同的要求:一是从起始位置自动驾驶到停车位附近,二是自主泊车进入停车位;三是停车场内车辆启动时初始定位。两个阶段对定位精度有着不同的要求。

3) 场端定位要求

包括道路自动驾驶与泊车入位定位两种场景。

(1) 道路自动驾驶定位要求。

行车速度:不高于 15km/h。

定位精度(相对精度):横向定位误差不大于 20cm、纵向定位误差不大于 30cm、高度误差不大于 30cm、偏航角误差不大于 5°。

(2) 泊车入位定位要求。

泊车过程定位精度(相对精度):横向定位误差不大于 5cm、纵向定位误差不大于 5cm、偏航角误差不大于 3°。

4) 车端定位要求

包括道路自动驾驶、泊车入位及初始定位三种场景。

(1) 道路自动驾驶定位要求。

行车速度：不高于 15km/h；定位精度(相对精度)：横向定位误差不大于 20cm、纵向定位误差不大于 30cm、高度误差不大于 30cm、偏航角误差不大于 5°。

(2) 泊车入位定位要求。

泊车过程定位精度(相对精度)：横向定位误差不大于 5cm、纵向定位误差不大于 5cm、偏航角误差不大于 3°。

(3) 初始定位要求。

车辆启动时需要定位自身在停车场内的位置，包括车辆位于停车位内情景和位于非停车位区域的场景，定位精度要求如下(相对精度)：横向定位误差不大于 20cm、纵向定位误差不大于 20cm、高度误差 50cm(应准确定位到楼层)、偏航角误差不大于 5°。

5) 车场融合定位要求

(1) 道路自动驾驶定位要求。

行车速度：不高于 15km/h。

定位精度(相对精度)：横向定位误差不大于 20cm、纵向定位误差不大于 50cm、高度误差不大于 30cm、偏航角误差不大于 3°。

(2) 泊车入位定位要求。

泊车过程定位精度(相对精度)：横向定位误差不大于 10cm、纵向定位误差不大于 20cm、偏航角误差不大于 3°。

(3) 初始定位要求。

车辆启动时需要定位自身在停车场内的位置，包括车辆位于停车位内情景和位于非停车位区域的场景，定位精度要求如下(相对精度)：横向定位误差不大于 20cm、纵向定位误差不大于 20cm、高度误差 50cm(应准确定位到楼层)、偏航角误差不大于 5°。

6) 场端辅助定位

AVP 自主泊车功能的实现主要以车端自身传感识别定位能力与停车场智能改造相结合技术路线，应满足要求：带宽的下载/上传速率 5Mbps，频率不低于 20Hz，时延不高于 50ms，无线接入点(AP)间漫游不间断且间断时间 2s 自动上报。

7) 定位功能失效

(1) 失效场景。

失效场景包含场端通信连接失效、场端车辆被遮挡位于传感器盲区、地图下载失败、场景与地图不匹配、视觉特征数量不足。

(2) 失效类型。

失效类型分为无法定位、定位出错、场景更新。

(3) 失效处理。

失效处理措施为即时停车、安全区域停车、云端/场端接管、上报信息给场/云端。

3. 地图数据规范

AVP 地图采用相对坐标系，精度误差小于 20cm/100m。经纬度、高程单位均以 m 为单位，坐标值精确至 0.001m。

AVP 地图中的各类数据和要素包括停车场、道路、车道、纵向标线、横向标线、路口、停车位、定位标志、运营区域、道路附属物、关键点、动态交通、定位标志等。SLAM 地图要求如下。

(1) 坐标系。

采用相对坐标系，精度误差小于 20cm/100m。坐标中 X、Y、Z 均以 m 为单位，精确至 0.001m。

(2) 数据采集车。

① 激光发射器不低于 16 线，平视，采集车顶不高于 190cm，车身少遮挡，传感器时间戳准确(毫秒级)。

② 环视摄像头安装位置应监测到车身前提下的大视角、时间戳精确毫秒级(建议硬件同步)，正常环视安装高度。

③ 惯导应提供内外参、精确位置或原始数据。

④ 采集车速应控制在 5～10km/h，对应自动驾驶车辆传感器安装需求：环视安装高度(正常环视安装高度)。

(3) 传感器数据采集。

① 激光雷达应提供单帧、连续化点云、10～20f/s、对应时间戳。

② 环视应提供彩色、分开 4 张单张、20～30f/s、对应时间戳。

③ GPS：10～20f/s，无 GPS 信号区域提供轨迹信息作为参考。

④ IMU：100～200f/s。

⑤ 授时：GPS 授时。

⑥ 准确内外参。

⑦ 相机内参：摄像头焦距，球心中心点，畸变——统一的标定方式。

4. 感知功能要求

车端感知系统感知范围主要在车端传感器视野范围内，目的主要包括以下三个方面。

(1) 安全性：实时、准确识别周边影响行车安全的行人、动物以及物体，应对突发事件，提前预知安全因素以采取必要操作，避免发生交通安全事故。

(2) 功能性：基于车辆行驶性能、周边路况和通行规则，能够实时、准确识别 AVP 功能相关的信息，保证准确、安全地完成 AVP 泊车功能。

(3) 体验舒适性：为车辆高效、平顺行驶提供参考依据。由于感知范围更大，可以对同一位置进行持续感知检测等特点，车—场协同以及 V2X 除需覆盖车端感知系统感知范围外，还可以对停车场运营维护、路网引导等提供支持。

由于不同的感知检测对自动驾驶系统的影响不同，车端感知功能将从以下四个方面提出相应要求。

(1) 关键安全感知，指对自动驾驶具有关键性安全影响的感知内容，当感知失效时容易引起严重事故。

(2) 次要安全感知，指不易引起严重事故，但感知失效时会引发次生安全问题的感知内容。

(3) 功能感知，指与 AVP 功能定义相关的感知内容，当感知失效时可能导致 AVP 功能失效。

(4) 体验相关感知，指和 AVP 体验舒适度相关的感知内容。针对车—场协同以及 V2X 场景，则添加停车场运营维护和路网引导两方面的功能要求。

感知功能要求为实现 AVP 功能的低标准要求，AVP 停车场环境在标准定义环境范围内发生变化时，如天气、光线、季节发生变化，感知功能要求保持一致。

1) 车端感知功能

(1) 关键安全感知。

① 感知内容。

(a) 行人、车辆、小动物、自动车骑行者、电动车骑行者。

(b) 运动速度估计：速度估计误差应低于 2km/h。

② 识别率，目标出现(目标可视度大于 50%)300ms 内未识别到视为识别失败。

(a) 车辆 15m 距离范围内，识别率应达到 99.99%。

(b) 车辆 15m 至 30m 距离范围内，识别率应达到 99%。

③ 实时性：识别频率达到 10Hz 及以上。

④ 识别距离：非本车运动物体速度在 15km/h 以下，识别距离 30m。

(2) 次要安全感知。

① 感知内容。

(a) 未知障碍物：高度达到 20cm 以上，没有被具体分类的静态物体的统称。

(b) 施工标志：停车场内由于施工临时设置的施工标志，包括施工围栏和锥桶。

(c) 路肩：具有一定高度的路沿。

(d) 隔离栏：为规范道路行驶设置的路侧以及路中的隔离栏。

(e) 会导致安全问题的漏检，如停车桩、车位锁、闸机等。

② 识别率：99.9%。

③ 实时性：识别频率达到 10Hz 及以上。

④ 识别距离：30m。

(3) 功能感知。

① 感知内容：可行驶区域、车道线、停车位、停车桩、车位锁、闸机、停车位内草丛。

② 功能可用性：99.99%。

③ 实时性：识别频率达到 10Hz 及以上。

④ 识别距离：20m。

(4) 体验相关感知。

① 感知内容：当路侧的树木枝叶，草丛局部进入行驶区域时，需正确识别以决定正常

行驶或进行避障操作。

② 识别正确率：漏检和误检均视为检测失败，99.9%。

③ 实时性：识别频率达到10Hz及以上。

④ 识别距离：30m。

2) 车—场协同感知功能

由于车—场协同具有多种功能技术实现方式，按场景可以划分为三类，每一类场景对感知有着不同的功能要求。

(1) 类型一：引导。

场端功能要求。

① 感知内容：空车位，正确识别一个车位是否空置可以停车。

② 识别正确率：99.99%。

③ 实时性：识别频率达到10Hz及以上。

④ 感知范围：停车场内所有需覆盖停车位。

车端功能要求。

车端感知要求与纯车端功能感知要求相同。

(2) 类型二：重点地段增强。

此类场景中，场端可以针对车端比较难以处理的场景、路段进行重点监测，形成对车端信息的重要补充，如可布置在路口增强左转感知范围、布置在电梯口增强行人感知以及其他车端感知盲区等，场端没有覆盖的区域则需要车端自主负责感知。

① 场端功能要求。

(a) 感知内容：空车位，并覆盖除草丛、可行驶区域、地图已经表达的停车桩等信息之外的所有车端感知内容。

(b) 识别率：以车端感知高要求为准。

(c) 实时性：识别频率达到10Hz及以上。

(d) 感知距离：30m。

② 车端功能要求。

车端感知要求与纯车端功能感知要求相同。

(3) 类型三：全场感知。

此类场景中，场端覆盖停车场内所有区域，为车端提供持续的感知信息支持。

① 场端功能要求。

(a) 感知内容：空车位，覆盖除草丛、可行驶区域、地图已经表达的停车桩等信息之外的所有车端感知内容。

(b) 识别率：以车端感知高要求为准，全场范围内要求保持一致。

(c) 实时性：识别频率达到10Hz及以上。

(d) 感知范围：停车场内所有区域。

② 车端功能要求。

车辆需要对车身周围环境进行持续监测，覆盖场端感知覆盖困难的感知内容。

(a) 感知内容：草丛，停车桩，可行驶区域等。
(b) 识别率：每个感知内容与纯车端感知功能要求中对应分类识别率要求一致。
(c) 实时性：识别频率达到 10Hz 及以上。
(d) 感知距离：与纯车端感知功能要求中对应分类识别距离要求一致。

(4) V2X。

V2X 感知需覆盖场端感知的所有内容，功能要求与场端感知功能要求一致，并在此基础上对停车场运营提供以下感知支持。

① 感知内容：红绿灯状态，车位锁状态，闸机状态，机械停车位状态，空车位，充电桩，停车场限位信息等。

② 功能可用性：99.99%。

③ 实时性：识别频率达到 10Hz 及以上。

④ 感知距离：停车场内所有需覆盖区域。

3) AVP 感知位置精度

要求无论车端、场端以及 V2X，要保证自动驾驶功能安全，都需要将感知目标的位置信息提供给自动驾驶系统，在此对感知的位置精度要求如下。

场端和 V2X 的感知位置精度(相对精度)误差应不大于 20cm。

车端，根据车辆与感知目标距离。

① 5m 以内，位置精度大误差不得大于 10%，平均精度误差不得大于 5%。

② 5m 到 15m，位置精度大误差不得大于 12%，平均精度误差不得大于 7%。

③ 15m 到 30m，位置精度大误差不得大于 15%，平均精度误差不得大于 10%。

【本章技术案例 1】

下一代车联网创新研究报告

——中国移动 5G 联合创新中心创新研究报告(2019 年)

车联网是由车内网、车云网、车际网构成的"三网"融合的网络，是汽车、交通、ICT 相互交叉的领域。车内网指利用总线技术建立一个标准化的整车网络，车云网则是车载终端通过蜂窝通信技术与外部移动互联网实现互联互通，车际网是基于标准通信技术构建的动态通信网络。

下一代车联网创新研究报告.pdf

传统车联网主要提供 Telematics 车载信息服务，"三网"保持相对独立状态，并无交集，然而随着车辆智能化的发展，以及通信技术的快速演进，人们对于车联网的需求已逐渐发展到智能化交通管理、智能动态信息服务及车辆的智能化控制等方面。"三网"需紧密协同，逐步融合，实现车与车、车与人、车与路和车与网的全方位网络连接，从而进行智能信息的共享与交换，具备复杂环境感知、智能决策、协同控制等功能，提升汽车智能化、网联化水平，推动自动驾驶和智能交通发展。

一般来说，随着"三网"的融合发展，车联网的服务内容也将逐步丰富，目前产业界普遍将车联网的发展划分为三个阶段，即车载信息服务、辅助驾驶、自动驾驶和智能交通。

1. 下一代车联网概述

下一代车联网主要指以 V2X 为核心，以智能化和网联化为基础的智能辅助驾驶，自动驾驶及智能交通，即车联网的后两个阶段。

辅助驾驶是随着汽车行业的自动化程度不断提升的产物，这一阶段注重于各类高级传感器和智能化技术的应用，并且车辆安全与整个交通系统有关，因此车辆的通信需求不再局限于车载信息服务中车与云之间的通信，而是进一步扩展到车与万物，简称 V2X。这个阶段也是车联网当前所处的发展阶段，是当前产业界的热点领域。

2. V2X 典型场景及 C-V2X 通信技术原理

V2X 是下一代车联网核心技术之一，通过车—车(V2V)、车—路(V2I)、车—人(V2P)、车—云(V2N)等信息交互和共享，使车和周围环境协同与配合，实现智能交通管理控制、车辆智能化控制和智能动态信息服务的一体化网络。

具体来说，V2V 是指通过车载终端获得车辆速度、位置和行车情况等信息，并通过车辆间的通信，满足限速提醒和碰撞预警等业务场景需求。V2I 是指车载设备与路侧基础设施进行通信，用于车速引导、道路紧急信息获取和车辆监控管理等场景。V2P 是指行人和骑行者等群体使用终端设备与车载设备进行通信，实现人行道通行预警和驾驶行为提示等应用。V2N 则是指车载设备与云平台之间的连接和数据交换，可应用于车辆导航、车辆监控、紧急救援和信息娱乐等服务。

从全球来看，V2X 车联网主要无线通信技术包括两种：以美国 IEEE 802.11 标准为基础的 IEEE 802.11p 技术和以移动蜂窝通信技术为基础的 C-V2X 技术(C 是指蜂窝 Cellular，包含 LTE-V2X 和 5G-V2X)。其中，C-V2X 技术与运营商关系紧密，同时也是我国产业主要推进的下一代车联网通信技术，因此，中国移动将基于 C-V2X 技术推进下一代车联网的发展与应用。

C-V2X 是基于 3G/4G/5G 等蜂窝网通信技术演进形成的车用无线通信技术，包含了两种通信接口：一种是车、人、路之间的短距离直接通信接口(PC5)，通过直连、广播、网络调度带来低时延、高容量、高可靠的特性；另一种是终端和基站之间的通信接口(Uu)，可实现长距离和更大范围的可靠通信，在现网基础上引入部分优化特性，降低时延。V2I/V/P 场景均可通过 C-V2X 的 Uu 口网络转发和 PC5 直连通信两种方式实现。

C-V2X 是基于 3GPP 全球统一标准的通信技术，包含 LTE-V2X 和 5G-V2X，且 LTE-V2X 支持向 5G-V2X 平滑演进。LTE-V2X 可支持 L1~L3 级别的车联网业务，包含红绿灯车速引导、交通事故提醒、远程诊断、紧急制动提醒等应用场景。

5G-V2X 相比于 LTE-V2X，将在时延、可靠度、速率、数据包大小等方面有大幅度提高，可支持 L4/L5 级别的自动驾驶业务，包含车辆编队行驶、自动驾驶、远程控制、传感器信息共享等应用场景。

【本章技术案例2】

远程自动驾驶技术

远程智能驾驶是车联网的重要方向之一，具有广阔的应用场景。在复杂环境下，驾驶员远程代替自动驾驶车做出决策，可以提高自动驾驶的安全性和可靠性，实现复杂路况下的行驶，通过引入人为决策，减少了交通事故和人员伤亡；在灾区、高危路段的远程驾驶，可以提高营救效率和通行效率；在矿山、油田等生产区域，远程智能驾驶代替工人完成作业，减少人员伤亡；甚至在自动驾驶车辆出现问题时，驾驶员及时接管，可以消除车辆异常，改变车辆失控状态，避免车辆伤害到行人和其他车辆。

远程驾驶系统充分应用了5G低时延、大带宽和高可靠性的特性，集成5G通信、车—路—云协同、云计算、自动控制等相关技术，对远程智能驾驶的业务场景进行分析，通信的需求如下。

车辆控制和反馈端到端时延少于20ms，部分控制要求达到5ms。

车辆上传视频：H.265/HEV 高清摄像头的传输速率10M/路，2路摄像头的传输带宽要求上行20~25Mbps，下载速度为1Mbps。

智能驾驶系统架构从三个层次进行构建，提供"车端、立体网络、云平台"协同的一体化远程智能驾驶服务，如图5-16所示，车端和云平台之间基于立体网络实时通信传输，实现安全、高效组合，该系统适用于远程驾驶不同场景的管理和生产活动。

图5-16　远程自动驾驶系统架构

车端包括车型和车载设备，其中车型可以为矿卡、宽体车、挖掘机等不同类型；车载硬件包括摄像头、毫米波雷达、激光雷达、定位、车载控制器等基础设施，基础设施实现环境感知和信息传输等，例如毫米波雷达、激光雷达、摄像头等传感设备进行环境感知实现信息融合来完成对障碍物的检测。

立体网络是基于V2X和5G系统构建车与车、车与调度中心的信息传输，作为信息处理的主要节点，5G系统包括基站、核心网、MEC等实现控制数据、状态数据的传输，V2X主要实现车与车之间、车与路之间感知信息的传输，车与路的信息传输有两种模式：V2I\V2N2I，V2I依赖RSU的部署，V2N2I是基于已有的5G空口，由于5G空口性能大幅提升，而路侧网络存在建网模式不清晰问题，V2N2I模式将成为主流。

云平台实现路侧感知信息的采集与融合分析，基于感知到的数据，构建虚拟模型，进行三维模拟仿真，同时面向不同应用场景提供联合决策和协同控制，实现编队、远程驾驶、自动驾驶的业务管理；高精度地图使得车辆的轨迹规划、车辆防碰撞、道路提前可行性分析等功能得以实现；车辆高精度定位需要采用融合的定位方法，以满足不同环境、不同的场景以及不同业务的行为需求；云平台作为应用的总入口，承接各类信息回传和指令下发，需要对网络质量进行全方位监测，实时规划，为业务规划网络路径，提供可靠的保障。

复 习 题

1. 简述自动驾驶基于C-V2X的交通安全类应用场景。
2. 简述自动驾驶基于C-V2X的交通效率类应用场景。
3. 简述自动驾驶基于C-V2X的信息服务类应用场景。
4. 简述前向碰撞预警技术的应用定义、主要场景、系统基本原理、通信方式、基本性能要求和数据交互需求。

第六章 自动驾驶系统安全性

【知识要求】

- ◉ 掌握《自动驾驶汽车框架文件》[联合国世界车辆法规协调论坛(WP.29)发布]的安全愿景、优先考虑的关键问题和原则。
- ◉ 了解功能安全基本概念、预期功能安全(SOTIF)基本概念。
- ◉ 熟悉自动驾驶系统的安全原则、安全能力、最低风险状况和最低风险策略。
- ◉ 了解典型场景：交通阻塞巡航、高速公路巡航、城市巡航、停车场巡航等的安全要素。
- ◉ 了解车联网系统信息安全风险、安全需求、安全架构。

智能汽车的安全性由网络安全、功能安全、预期功能安全三个重要部分组成。

第一节 自动驾驶汽车的安全性

自动驾驶汽车法规制定与协调是联合国世界车辆法规协调论坛(WP.29)的重点优先工作，该项工作受到各缔约方及相关政府、非政府组织的普遍关注。为系统推进自动驾驶相关法规的制定与协调，中国于2018年自动驾驶工作组成立之初，即提案建议制定有关自动驾驶法规协调的规划性文件，确立自动驾驶法规制定的目标、原则和计划，得到相关各方的普遍支持并获得WP.29批准。

2019年6月，在日内瓦举行的联合国WP.29第178次全体会议审议通过了中国、欧盟、日本和美国共同提出的《自动驾驶汽车框架文件》。会议同时决定由中国、德国、美国共同担任"自动驾驶汽车功能要求非正式工作组"的联合主席。

《自动驾驶汽车框架文件》旨在确立L3及更高级别的自动驾驶汽车的安全性和相关原则，并为世界车辆法规协调论坛(WP.29)附属工作组提供工作指导。文件包含了自动驾驶汽车相关的工作准则、安全因素以及世界车辆法规协调论坛(WP.29)就自动驾驶汽车法规制定与协调工作需要优先考虑的关键性、原则性等问题；此外，文件还确立了WP.29的工作重点，并明确了相关成果(交付物)、时间表和工作安排。

1. 安全愿景

WP.29认为，要使自动驾驶汽车发挥其潜能，特别是改善道路运输情况，就必须以一种能保证道路使用者安全性的方式将自动驾驶汽车投放到市场上。如果自动驾驶汽车令使用者困惑、扰乱道路交通秩序或表现不佳，那么该自动驾驶汽车就是失败的。WP.29努力避免出现该结果，建立该框架以帮助持续推出具备安全性和安全防护性的道路车辆，并增进研发和监管人员之间的协作和沟通。

自动驾驶汽车的安全水平指的是"自动驾驶汽车不会造成任何不可承受的风险"，这就意味着自动驾驶汽车系统在自动驾驶模式(ODD/OD)下，不会造成任何本来可以预见和预防的交通伤亡事故。基于这一原则，该框架提出了一系列车辆安全议题，以保证车辆安全。

2. WP.29附属机构优先考虑的关键问题和原则

以下列出的问题和原则将在WP.29及每个相关附属工作组内指导对自动驾驶汽车的讨论和活动。目的是专注于各法规制定机构的共同利益与关注点，提供工作(需要)的通用参数，并提出通用定义和指南。

系统安全：在自动驾驶模式下，自动驾驶汽车应该使驾驶员和其他道路使用者免予不合理的安全风险，并要确保符合道路交通法规。

失效保护响应：自动驾驶汽车应该能够检测车辆故障或何时不再满足设计运行范围/运行范围条件(ODD/OD)。在这种情况下，车辆应该自动(采用最低风险策略)切换到最低风险状态。

人机交互界面(HMI)/操作者信息：在驾驶任务可能需要驾驶者参与的情况下，如(发出)

接管请求,自动驾驶汽车应具备对驾驶者参与的监控(功能),评估驾驶者执行完整驾驶任务的意识和准备状态。当驾驶员对车辆采取不适当控制时,车辆应该要求驾驶员交出驾驶任务。此外,自动驾驶汽车应允许与其他道路使用者进行交互(如车辆运行状态下利用外部人机交互界面等)。

(1) 目标事件探测与响应(OEDR):自动驾驶汽车应可对在其运行范围(OD)内可合理预见的物体/事件进行检测与响应。

(2) 设计适用范围(ODD/OD)(自动驾驶模式):为了评估车辆安全,车辆制造商应记录车辆的 ODD/OD 和在规定的 ODD/OD 内车辆的功能性。ODD/OD 应描述自动驾驶汽车采用自动驾驶模式行驶的具体情况。ODD/OD 应至少包括以下信息:道路类型、地理区域、速度范围、环境条件(天气和日/夜、时间)以及其他的范围约束条件。

(3) 系统安全验证:车辆制造商应该以设计出免予不合理安全风险的自动驾驶系统和保证符合道路交通法规与本文件列出的原则为目标,根据系统工程方法呈现出一个健全的设计和验证过程。设计和验证方法应包括对以下方面的威胁分析和安全风险评估:自动驾驶系统(ADS)、目标事件探测与响应(OEDR),包含上述内容的整车设计,以及更广泛的交通生态系统(如适用)。设计和验证方法应展示出自动驾驶汽车正常运行期间的预期行为能力、避免碰撞的性能以及后备支援的性能。试验方法可以包括模拟组合测试、场地测试和实际道路测试。

(4) 信息安全:基于已建立的网络车辆物理系统最佳实践方案,自动驾驶汽车应免受网络攻击。车辆制造商应表明他们如何将车辆信息安全考虑整合到自动驾驶系统中,这些考虑包括所有的行动、变化、设计选择和相关测试,以及确保数据在强大的文档版本控制环境中是可追溯的。

(5) 软件更新:车辆制造商应确保系统更新可根据需要、以安全的方式进行,并可根据需要应用于售后修理和修改。

(6) 事件数据记录仪(EDR)和自动驾驶汽车数据存储系统(DSSAD):自动驾驶汽车应具有采集和记录与系统状态、故障发生、降级或失效相关必要数据的功能,其采用一种可用来确定任何碰撞发生的原因、自动驾驶系统状态以及驾驶员状态的方式。如何识别 EDR 和 DSSAD 之间的差异尚待确定。

3. WP.29 通过的优先工作中未列出的其他问题

(1) 车辆维护和检查:应利用自动驾驶汽车维护和检查等相关措施,确保在用车辆的安全。此外,鼓励车辆制造商提供可用文件,便于对碰撞后自动驾驶汽车的维护和修理。这些文件将确定能保证自动驾驶汽车在修理后可安全运行的必要装备和过程。

(2) 消费者教育和培训:车辆制造商应制定、记录和维护对于员工、经销商、分销商以及消费者的教育和培训方案,解决自动驾驶汽车与传统汽车在使用和操作方面产生的预期差异问题。

(3) 防撞性和兼容性:鉴于自动驾驶汽车与传统汽车将共同在公共道路上行驶,应该保证自动驾驶汽车与其他车辆发生碰撞时对其乘员进行保护。

(4) 碰撞后自动驾驶汽车行为:发生碰撞后,自动驾驶汽车应该立即返回至安全状态。

可考虑(相关动作)诸如关闭燃油泵，切断动力，将车辆移至路边安全位置，切断电力以及其他相关动作。应启用与操作中心、碰撞通知中心的通信或者启用车辆通信技术。

第二节　功能安全基本概念

一、术语与定义

《道路车辆　功能安全》(GB/T34590—2017)给出了有关功能安全的术语及定义(共91条)。

(1) 分配(allocation)：将要求指定给架构要素。

(2) 异常(anomaly)：与预期(如基于要求、规范、设计文档、用户文档、标准或者经验的预期)偏离的情况。

(3) 架构(architecture)：相关项、功能、系统或要素的结构的表征，用于识别结构模块及其边界和接口，并包括硬件和软件要素的要求分配。

(4) 评估(assessment)：对相关项或要素的特性的检查。

(5) 汽车安全完整性等级(Automotive Safety Integrity Level，ASIL)：四个等级，每一个等级定义了 GB/T34590 中相关项或要素的必要的要求和安全措施，以避免不合理的残余风险，D 代表最高严格等级，A 代表最低严格等级。

(6) ASIL 分解(ASIL decomposition)：将安全要求冗余地分配给充分独立的要素，目的是降低分配给相关要素的冗余安全要求的 ASIL 等级。

(7) 级联失效(cascading failure)：同一个相关项中，一个要素的失效引起另一个或多个要素的失效。

(8) 共因失效(Common Cause Failure，CCF)：一个相关项中，由一个单一特定事件或根本原因引起的两个或多个要素的失效。

(9) 降级(degradation)：通过设计提供失效发生后的安全策略。

(10) 相关失效(dependent failures)：失效同时或相继发生的概率不能表示为每个失效无条件发生概率的简单乘积的失效。

(11) 可探测的故障(detected fault)：在规定的时间内，可通过防止故障变成潜伏故障的安全机制探测到的故障。

(12) 双点失效(dual-point failure)：由两个独立故障的组合引起，且直接导致违背安全目标的失效。

(13) 双点故障(dual-point fault)：与另一个独立故障组合而导致双点失效的一个故障。

(14) 电子/电气系统(electrical and/or electronic system)：电子/电气要素构成的系统，包括可编程电子要素。

(15) 要素(element)：系统、组件（硬件、软件）、硬件元器件或软件单元。

(16) 紧急运行(emergency operation)：按报警和降级概念中所定义的，实现由故障状态过渡到安全状态的降级功能。

(17) 紧急运行时间间隔(emergency operation interval)：用于支持报警和降级概念所需要的紧急运行的特定时间间隔。

(18) 错误(error)：计算的、观测的、测量的值或条件与真实的、规定的、理论上正确的值或条件之间的差异。

(19) 暴露(exposure)：处于某运行场景的状态，在该运行场景下，如果发生所分析的失效模式，可能导致危害。

(20) 外部措施(external measure)：独立于且不同于相关项的措施，以减少或减轻由相关项导致的风险。

(21) 失效(failure)：要素按要求执行功能的能力的终止。

(22) 失效模式(failure mode)：要素或相关项失效的方式。

(23) 失效率(failure rate)：硬件要素的失效概率密度除以幸存概率。

(24) 故障(fault)：可引起要素或相关项失效的异常情况。

(25) 故障模型(fault model)：由故障导致的失效模式的表现。

(26) 故障响应时间(fault reaction time)：从故障探测到进入安全状态的时间间隔。

(27) 功能概念(functional concept)：为了实现预期的表现，对所需的各预期功能及其交互的定义。

(28) 功能安全(functional safety)：不存在由电子电气系统的功能异常表现引起的危害而导致不合理的风险。

(29) 功能安全概念(functional safety concept)：为了实现安全目标，定义功能安全要求及相关信息，并将要求分配到架构要素上，以及定义要素之间的必要交互。

(30) 功能安全要求(functional safety requirement)：定义了独立于具体实现方式的安全行为，或独立于具体实现方式的安全措施，包括安全相关的属性。

(31) 伤害(harm)：对人身健康的物理损害或破坏。

(32) 危害(hazard)：由相关项的功能异常表现而导致的伤害的潜在来源。

(33) 危害分析和风险评估(hazard analysis and risk assessment)：为了避免不合理的风险，对相关项的危害事件进行识别和归类的方法以及定义防止和减轻相关危害的安全目标和ASIL等级的方法。

(34) 危害事件(hazardous event)：危害和运行场景的组合。

(35) 同构冗余(homogeneous redundancy)：对一个要求的多个完全相同的实现。

(36) 独立性(independence)：不存在会导致违反安全要求的两个或多个要素间的相关失效，或从组织上分隔执行活动的各方。

(37) 非相关失效(independent failures)：同时或相继失效的概率可表示为无条件失效概率的简单乘积的失效。

(38) 初始的 ASIL 等级(initial ASIL)：由危害分析和风险评估得出的或由先前 ASIL 分解得出的 ASIL 等级。

(39) 检查(inspection)：为发现异常而依据一个正式的流程对工作成果进行的考查。

(40) 预期功能(intended functionality)：为相关项、系统或要素定义的不包含安全机制的行为。

(41) 相关项(item)：适用于《道路车辆 功能安全》(GB/T 34590—2017)，实现车辆层面功能或部分功能的系统或系统组。

(42) 相关项开发(item development)：实现相关项的完整过程。

(43) 潜伏故障(latent fault)：未被安全机制探测到且在多点故障探测时间间隔内未被驾驶员感知的多点故障。

(44) 生命周期(life cycle)：相关项从概念到报废的全部阶段。

(45) 功能异常表现(malfunctioning behaviour)：失效或与设计意图相悖的相关项非预期表现。

(46) 修改(modification)：经过授权的相关项的变更。

(47) 多点失效(multiple-point failure)：由几个独立的故障组合引发，直接导致违背安全目标的失效。

(48) 多点故障(multiple-point fault)：与其他独立故障组合而导致一个多点失效的单独故障。

(49) 多点故障探测时间间隔(multiple-point fault detection interval)：在可导致一个多点失效前，将多点故障探测出来的时间间隔。

(50) 非功能性危害(non-functional hazard)：由电子电气系统、基于其他技术的安全相关系统或外部措施的不正确功能之外的其他因素导致的危害。

(51) 运行模式(operating mode)：相关项或要素的可感知的功能状态。

(52) 运行时间(operating time)：相关项或要素工作的累积时间。

(53) 运行场景(operational situation)：在车辆生命周期中可发生的场景，例如行驶、驻车、维护。

(54) 乘用车(passenger car)：设计和制造上主要用于载运乘客及其随身行李和/或临时物品的汽车，包括驾驶人座位在内最多不超过9个座位。它也可以牵引一辆中置轴挂车。

(55) 可感知的故障(perceived fault)：在规定的时间间隔内由驾驶员推断出的故障。

(56) 永久性故障(permanent fault)：发生并持续直到被移除或修复的故障。

(57) 阶段(phase)：在《道路车辆 功能安全》(GB/T 34590—2017)特定部分中定义的安全生命周期的阶段。包括：概念；系统层面产品开发；硬件层面产品开发；软件层面产品开发；生产和运行。

(58) 随机硬件失效(random hardware failure)：在硬件要素的生命周期中，非预期发生并服从概率分布的失效。

(59) 合理可预见的事(reasonably foreseeable event)：技术上可能并具有置信度或可测发生概率的事件。

(60) 冗余(redundancy)：对要素而言，存在除了足够实现其所需功能或表示信息的方法之外的方法。

(61) 残余故障(residual fault)：发生在硬件要素中，能导致违背安全目标且未被安全机制覆盖的故障部分。

(62) 残余风险(residual risk)：实施安全措施后剩余的风险。

(63) 评审(review)：根据评审目的，为实现预期的工作成果目标而对工作成果进行的检查。

(64) 风险(risk)：伤害发生的概率及其严重度的组合。

(65) 鲁棒性设计(robust design)：在无效的输入或有压力的环境条件下，具有正确工作的能力的设计。对鲁棒性可理解：对于软件，鲁棒性是指应对异常输入和条件的能力；对于硬件，鲁棒性是指在设计范围和使用寿命内对环境压力的承受能力和稳定能力；在《道路车辆　功能安全》(GB/T 34590—2017)上下文中，鲁棒性是在边界范围内提供安全行为的能力。

(66) 安全故障(safe fault)：不会显著增加违背安全目标的概率的故障。

(67) 安全状态(safe state)：没有不合理风险的相关项的运行模式。示例：预期运行模式；降级运行模式；关闭模式。

(68) 安全(safety)：没有不合理的风险。

(69) 安全活动(safety activity)：在安全生命周期的一个或多个子阶段进行的活动。

(70) 安全架构(safety architecture)：用于实现安全要求的一系列要素以及它们之间的交互。

(71) 安全档案(safety case)：将收集了开发过程中安全活动的工作成果作为证据，证明完整地实现了相关项的安全要求。

(72) 安全目标(safety goal)：最高层面的安全要求，是危害分析和风险评估的结果。

(73) 安全措施(safety measure)：用于避免或控制系统性失效、探测随机硬件失效，控制随机硬件失效或减轻它们的有害影响的活动或技术解决方案。

(74) 安全机制(safety mechanism)：为了达到或保持某种安全状态，由电子电气系统的功能或要素或其他技术来实施的技术解决方案，以探测故障、控制失效。

(75) 安全计划(safety plan)：管理和指导开展项目安全活动的计划，包括日期、节点、任务、可交付成果、职责和资源。

(76) 安全相关要素(safety-related element)：潜在的有助于违背或实现安全目标的要素。

(77) 安全相关功能(safety-related function)：潜在导致违背安全目标的功能。

(78) 安全相关的特殊特性(safety-related special characteristic)：相关项、要素或其生产过程的特性，这些特性的合理可预见偏差可能影响、促使或造成任何潜在的功能安全降低。

(79) 安全确认(safety validation)：基于检查和测试，确认充分实现了安全目标。

(80) 严重度(severity)：对可能发生在潜在危害场景中的一个或多个人员的伤害程度的预估。

(81) 单点失效(single-point failure)：由单点故障引起并直接导致违背安全目标的失效。

(82) 单点故障(single-point fault)：要素中没有被安全机制覆盖，并且直接导致违背安全目标的故障。

(83) 特殊用途车辆(special-purpose vehicle)：由于执行一种专业的或娱乐的功能而需要特殊的车身布置和设备的车辆。例如旅居车、装甲车、救护车、殡仪车、拖挂房车、移动吊车。

(84) 系统(system)：一组至少与一个传感器、一个控制器和一个执行器相关联的要素。相关的传感器或执行器可包含在系统中，也可存在于系统之外。系统中的要素也可能是另一个系统。

(85) 系统性失效(systematic failure)：以确定的方式与某个原因相关的失效，只有对设计或生产流程、操作规程、文档或其他相关因素进行变更后才可能排除这种失效。

(86) 系统性故障(systematic fault)：以确定的方式显现失效的故障，只有通过使用流程或设计措施才有可能防止其发生。

(87) 测试(testing)：通过计划、准备、运行或演练相关项或要素，以验证其满足所定义的要求、探测其异常、对其行为建立信心的过程。

(88) 瞬态故障(transient fault)：发生一次且随后消失的故障。

(89) 不合理的风险(unreasonable risk)：按照现行的安全观念，被判断为在某种环境下不可接受的风险。

(90) 验证(verification)：确定某个阶段或子阶段的要求是否完整且正确的定义或实现。

(91) 验证评审(verification review)：确保开发活动结果满足项目要求和/或技术要求的验证活动。

二、功能安全基本概念

1. 危害分析和风险评估

1) 目的

识别相关项中因故障而引起的危害并对危害进行归类，制定防止危害事件发生或减轻危害程度的安全目标，以避免不合理的风险。

2) 总则

危害分析、风险评估和 ASIL 等级的确定用于确定相关项的安全目标以避免不合理的风险。为此，根据相关项中潜在的危害事件，对相关项进行评估。通过对危害事件进行系统性的评估确定安全目标及分配给它们的 ASIL 等级。ASIL 等级是通过对影响因子：严重度、暴露概率和可控性的预估确定的，影响因子的确定基于相关项的功能行为，因而不一定需要知道相关项的设计细节。

3) 要求和建议

(1) 场景分析及危害识别。

① 场景分析。

应对相关项的故障行为导致一个危害事件发生时所处的运行场景及运行模式进行描述，既要考虑正确使用车辆的情况，也要考虑可预见的不正确使用车辆的情况。

② 危害识别。

(a) 应通过使用足够的技术手段系统地确定危害。

(b) 应以能在整车层面观察到的条件或行为来定义危害。

(c) 危害事件应由运行场景和危害的相关组合确定。
(d) 应识别危害事件的后果。
(e) 如果在"b)危害识别"中所识别出的危害超出《道路车辆 功能安全》(GB/T 34590—2017)的范围,应注明需要采用适当的措施来减轻或控制这些危害并通报给相关责任者。

(2) 危害事件分类。

① 应对在"②危害识别"中识别出的所有的危害事件进行分类,除了超出《道路车辆 功能安全》(GB/T 34590—2017)范围的。

② 对于每一个危害事件,应基于确定的理由来预估潜在伤害的严重度。应根据表 6-1 为严重度指定一个 S0、S1、S2 或 S3 的严重度等级。

注 1:危害事件的风险评估关注的是潜在的处于风险中的每个人受到的伤害情况——包括引起危害事件的车辆的驾驶员或乘客,以及其他潜在的处于风险中的人员,如骑自行车的人员、行人或其他车辆上的人员。简明损伤定级(AIS)的描述可用于界定严重度。

注 2:严重度等级的评估可基于对多个伤害的综合性的考量,相比于只考虑单一伤害的评估结果而言,这样可能会导致一个较高的严重度评估。

注 3:对被评估中的场景,严重度预估需要考虑事件发生的合理顺序(见表 6-1)。

表 6-1 严重度等级

等级	S0	S1	S2	S3
描述	无伤害	轻度和中度伤害	严重的和危及生命的伤害,有存活的可能	危及生命的伤害,存活不确定,致命的伤害

③ 如果经过危害分析,确定相关项的故障行为的后果明显局限于物质损坏,并不涉及对人员的伤害,则该危害的严重度等级可为 S0。如果一个危害的严重度等级为 S0,则无须分配 ASIL 等级。

④ 对于每一个危害事件,应基于确定的理由预估每个运行场景的暴露概率。应按照表 6-2 为暴露概率指定一个 E0、E1、E2、E3 或 E4 的概率等级。

表 6-2 关于运行场景的暴露概率等级

等级	E0	E1	E2	E3	E4
描述	不可能	非常低的概率	低概率	中等概率	高概率

⑤ 当预估暴露概率时,不应考虑装备该相关项的车辆数量。

注:暴露概率的评估是基于假设每个车辆都配备有该相关项进行的。这意味着"因为该相关项未装备在每个车辆上(只有一些车辆装备该相关项),所以暴露概率会降低"的观点是不成立的。

⑥ 暴露概率等级 E0 可用于在危害分析和风险评估过程中所建议的那些认为是几乎不可能发生或难以置信的场景,无须跟进。应记录排除这些场景的理由。如果一个危害的暴露概率等级被指定为 E0,则无须分配 ASIL 等级。

⑦ 对于每一个危害事件,应基于一个确定的理由预估驾驶员或其他潜在处于风险的人员对该危害事件的可控性。应按照表6-3为可控性指定一个C0、C1、C2或C3的可控性等级。

注1:从C1到C3等级,两个相邻C等级间的概率差异是一个数量级。

注2:可控性评估指预估驾驶员或其他潜在处于风险的人员能够充分控制危害事件以避免特定伤害的概率。因此,使用级别分别为C1、C2、和C3的参数C,对避免伤害的可能性进行分类。假设驾驶员在正常的条件下驾驶(如他/她不疲劳),经过相应的驾驶员培训(他/她有驾驶执照)并遵守所有适用的法律法规,包括应有的谨慎以避免为其他交通参与者带来风险。

注3:当危害事件与车辆方向和速度的控制无关时,例如肢体卡在运动部件中,该可控性是对涉险人员能够移出自身,或被该危害场景中的其他人员移出的概率的预估。当考虑可控性时,注意涉险人员可能不熟悉相关项的运行。

注4:当可控性涉及多个交通参与者的行为时,可控性的评估可基于带有故障相关项的车辆的可控性,以及其他参与者的可能的行为。

表6-3 可控性等级

等级	C0	C1	C2	C3
描述	可控	简单可控	一般可控	难以控制或不可控

⑧ 如果相关项失效的危害不影响车辆的安全运行(如一些驾驶员辅助系统),可控性等级可为C0。如果已经有专门法规规定了针对一个既定危害的功能表现,则该危害的可控性等级可为C0,此外,也可通过应用现有的经验认为达到了充分的可控性,通过讨论而定义为C0等级。如果一个危害的可控性等级为C0,则无须分配ASIL等级。

(3) ASIL等级和安全目标的确定。

① 每一个危害事件的ASIL等级应根据表6-4使用"严重度""暴露概率"和"可控性"这三个参数确定。

表6-4 ASIL等级确定

严重度	暴露概率	可控性		
		C1	C2	C3
S1	E1	QM	QM	QM
	E2	QM	QM	QM
	E3	QM	QM	A
	E4	QM	A	B
S2	E1	QM	QM	QM
	E2	QM	QM	A
	E3	QM	A	B
	E4	A	B	C

续表

严重度	暴露概率	可控性		
		C1	C2	C3
S3	E1	QM	QM	A
	E2	QM	A	B
	E3	A	B	C
	E4	B	C	D

② 应确保运行场景列表的详细程度选择不会导致相应安全目标的 ASIL 等级不适当地降低。对一个危害来说，一个非常详细的关于车辆状况、道路条件和环境条件的运行场景列表，可得到关于多个危害事件的详细分类。这可以更容易地评估可控性和严重度。然而，大量的不同运行场景可导致相应地降低各自的暴露等级，从而不恰当地降低相应安全目标的 ASIL 等级。

③ 应为具有 ASIL 等级的每个危害事件确定一个安全目标，该 ASIL 等级从危害分析中得出。如果所确定的安全目标是类似的，可将其合并为一个安全目标。安全目标是相关项最高层面的安全要求。安全目标导出功能安全要求，以避免每个危害事件的不合理风险。安全目标不表述为技术解决方案，而表述为功能目的。

④ 应将为危害事件所确定的 ASIL 等级分配给对应的安全目标。如果将类似的安全目标合并为一个安全目标，按照③，应将最高的 ASIL 等级分配给合并后的安全目标。

⑤ 如果一个安全目标可以通过转移到或保持一个或多个安全状态来实现，则应明确说明对应的安全状态。

⑥ 安全目标连同它们的属性(ASIL 等级)应按照《道路车辆 功能安全 第 8 部分：支持过程》(GB/T 34590.8—2017)第 6 章进行定义。

(4) 验证。

危害分析、风险评估和安全目标应按照《道路车辆 功能安全 第 8 部分：支持过程》(GB/T 34590.8—2017)第 9 章进行验证，以表明其：场景和危害的完备性；与相关项定义的符合性；与相关危害分析和风险评估的一致性；对危害事件覆盖的完备性；所分配的 ASIL 等级与相关危害事件的一致性。

2. 关于 ASIL 剪裁的要求分解

1) 目的

本章提供了将安全要求分解为冗余安全要求的规则和指导，以允许在更细节层面的 ASIL 剪裁。

2) 总则

所开发相关项的安全目标的 ASIL 等级贯穿于整个相关项的开发过程。从安全目标开始，安全要求在开发阶段得出并细化。ASIL 等级作为安全目标的一个属性，由后续每个安全要求继承。功能和技术安全要求向每个架构要素的分配，开始于初步的架构设想，结束于硬件和软件要素。

设计过程中的 ASIL 剪裁方法称为"ASIL 分解"。在分配过程中，可从包括存在充分独立的架构要素等架构决策中获得益处，这提供了机会：通过这些独立的架构要素冗余实现安全要求；分配一个可能更低的 ASIL 等级给这些分解后的安全要求。

如果架构要素不是充分独立的，则冗余要求和架构要素继承初始的 ASIL 等级。

注 1：ASIL 分解是一种 ASIL 剪裁方法，可用于相关项或要素的功能安全要求、技术安全要求、硬件或者软件安全要求。

注 2：作为一项基本原则，ASIL 分解需要安全要求具有冗余性，且分配给充分独立的架构要素。

注 3：使用同构冗余(如通过复制设备或复制软件)的情况下，考虑到硬件和软件的系统性失效，不能降低 ASIL 等级，除非相关失效的分析提供了存在充分独立性或潜在共因指向安全状态的证据。因此，同构冗余因缺少要素间的独立性，通常不足以降低 ASIL 等级。

注 4：通常，ASIL 分解不适用于在多通道架构设计中用来确保通道选择的要素或切换的要素。

通常，ASIL 分解允许将安全要求的 ASIL 等级在几个用来确保同一安全目标的同一安全要求的要素间进行分配。在特定条件下，允许在预期功能及其相应的安全机制间进行 ASIL 分解。

针对随机硬件失效的要求，包括硬件架构度量的评估和由于随机硬件失效导致违背安全目标的评估，参见《道路车辆 功能安全 第 5 部分：产品开发：硬件层面》(GB/T 34590.5—2017)，在 ASIL 分解后仍保持不变。

3. 要素共存的准则

1) 目的

本章提供了以下子要素在同一要素内共存的准则：安全相关的子要素与没有分配 ASIL 等级的子要素；分配了不同 ASIL 等级的安全相关子要素。

2) 总则

通常，当某个要素由几个子要素组成时，依照适用于该要素的最高 ASIL 等级(即分配给要素的安全要求的最高 ASIL 等级)的相应措施开发每个子要素，参见《道路车辆 功能安全 第 4 部分：产品开发：系统层成》(GB/T34590.4—2017)的 7.4.2.3。

在分配了不同 ASIL 等级的子要素共存情况下，或未分配 ASIL 等级的子要素与安全相关的子要素共存情况下，避免将某些子要素的 ASIL 等级提高到要素的 ASIL 等级可能是有益的。为达到该目的，本章为确定要素中子要素的 ASIL 等级提供了指导。本章以要素中某个子要素与其余子要素间的干扰分析为基础。

干扰是由未分配 ASIL 等级的子要素或分配了较低 ASIL 等级的子要素，与分配了较高 ASIL 等级的子要素发生了级联失效，从而导致违背了要素的安全要求，参见《道路车辆 功能安全 第 1 部分：术语》(GB/T 34590.1—2017)中 2.13 和 2.49 的定义。

当确定要素中子要素的 ASIL 等级时，关注级联失效的相关失效分析支持了免予干扰的理由。

4. 相关失效分析

1) 目的

识别出可绕开给定要素间所要求的独立性、绕开免予干扰、使独立性无效或使免予干扰无效,并违背安全要求或安全目标的单一事件或原因。

2) 总则

相关失效分析考虑架构特征,例如,相似的和不相似的冗余要素;由相同的软件或硬件要素实现的不同功能;功能及其相关安全机制;功能的分割或软件要素的分隔;硬件要素间的物理距离,有隔离或无隔离;共同的外部资源。

根据《道路车辆 功能安全 第1部分:术语》(GB/T 34590.1—2017)的定义,独立性受到共因失效和级联失效的威胁,而免予干扰仅受级联失效的威胁。

相关失效可同时显现,或在足够短的时间间隔内产生同时失效的效果。

5. 安全分析

1) 目的

检查相关项及要素的功能、表现及设计中的故障和失效后果。安全分析也提供了关于导致违背安全目标及安全要求的条件和原因的信息。

识别出在先前危害分析和风险评估过程中未被发现的新功能性危害或非功能性危害。

2) 总则

安全分析的范围包括:对安全目标和安全概念的确认;对安全概念和安全要求的验证;对可导致违背安全目标或安全要求的条件及包括故障和失效的原因的识别;对关于故障探测或失效探测的额外要求的识别;对探测故障或失效所需的响应行为/响应措施的制定;对为验证安全目标和安全要求是否得到满足所需的额外要求的识别,包括安全相关的车辆测试。

概念和产品开发阶段中,在恰当的抽象层面执行安全分析。定量分析方法预测了失效的频率,而定性分析方法识别了失效但不预测失效频率。两种分析方法都依赖于对相关的故障类型和故障模型的了解。

定性分析方法包括:系统、设计或过程层面的定性 FMEA;定性 FTA;危害与可操作性分析(HAZOP);定性 ETA。

定量安全分析是对定性安全分析的补充。它们用于验证硬件设计是否符合已定义的硬件架构度量评估目标值和因随机硬件失效导致违背安全目标的评估目标值,参见《道路车辆 功能安全 第5部分:产品开发:硬件层面》(GB/T 34590.5—2017)。定量安全分析还要求掌握硬件要素定量失效率的知识。

定量分析方法包括:定量 FMEA;定量 FTA;定量 ETA;马尔科夫(Markov)模型;可靠性框图。

安全分析的另一种分类原则是基于分析的执行方法给出的:归纳分析方法是由下而上的方法,由已知的原因预见未知的影响;演绎分析方法是由上而下的方法,由已知的影响探寻未知的原因。

【本节知识拓展 1】

GB/T 34590《道路车辆 功能安全》

《道路车辆 功能安全》(GB/T 34590—2017)包括：第 1 部分：术语；第 2 部分：功能安全管理；第 3 部分：概念阶段；第 4 部分：产品开发：系统层面；第 5 部分：产品开发：硬件层面；第 6 部分：产品开发：软件层面；第 7 部分：生产和运行；第 8 部分：支持过程；第 9 部分：以汽车安全完整性等级为导向和以安全为导向的分析；第 10 部分：指南。

自动驾驶安全第一.pdf

《道路车辆 功能安全》(GB/T 34590—2017)框架如图 6-1 所示。

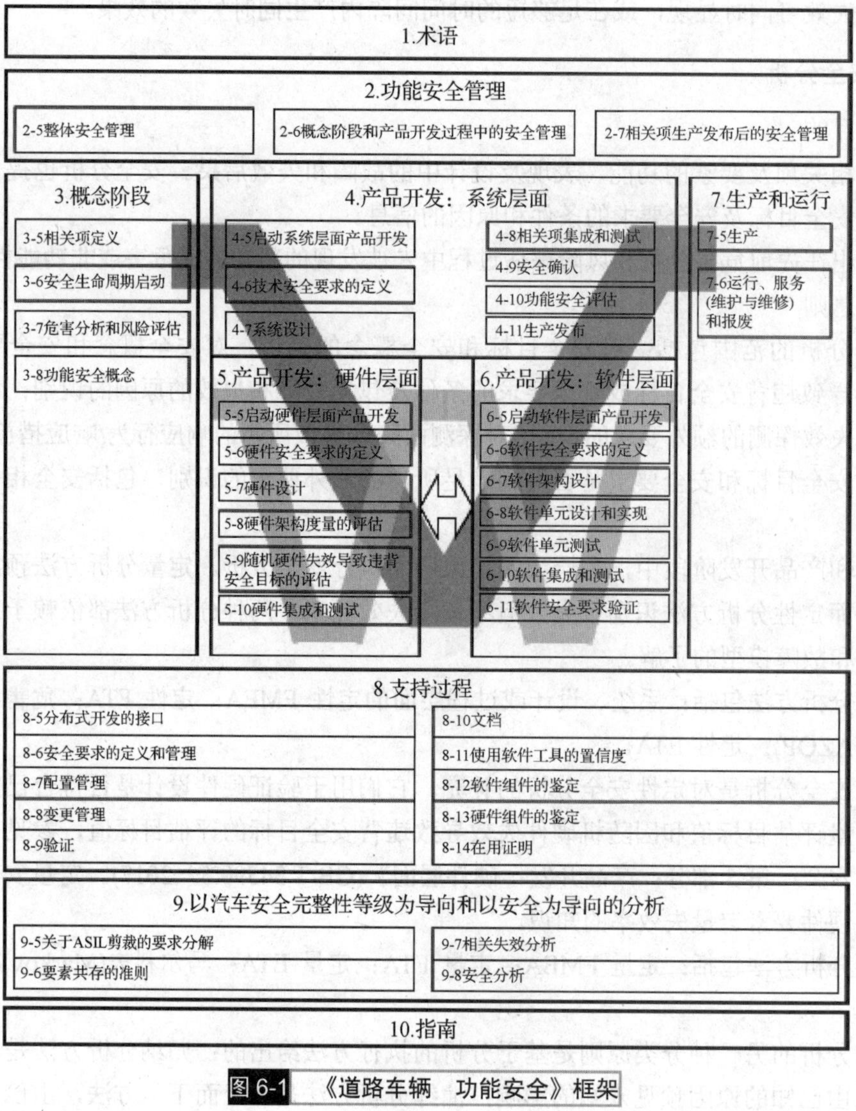

1.术语		
2.功能安全管理		
2-5 整体安全管理	2-6 概念阶段和产品开发过程中的安全管理	2-7 相关项生产发布后的安全管理

3.概念阶段	4.产品开发：系统层面	7.生产和运行
3-5 相关项定义	4-5 启动系统层面产品开发 / 4-8 相关项集成和测试	7-5 生产
3-6 安全生命周期启动	4-6 技术安全要求的定义 / 4-9 安全确认	7-6 运行、服务（维护与维修）和报废
3-7 危害分析和风险评估	4-7 系统设计 / 4-10 功能安全评估 / 4-11 生产发布	
3-8 功能安全概念	5.产品开发：硬件层面 / 6.产品开发：软件层面	

5.产品开发：硬件层面	6.产品开发：软件层面
5-5 启动硬件层面产品开发	6-5 启动软件层面产品开发
5-6 硬件安全要求的定义	6-6 软件安全要求的定义
5-7 硬件设计	6-7 软件架构设计
5-8 硬件架构度量的评估	6-8 软件单元设计和实现
5-9 随机硬件失效导致违背安全目标的评估	6-9 软件单元测试
5-10 硬件集成和测试	6-10 软件集成和测试
	6-11 软件安全要求验证

8.支持过程	
8-5 分布式开发的接口	8-10 文档
8-6 安全要求的定义和管理	8-11 使用软件工具的置信度
8-7 配置管理	8-12 软件组件的鉴定
8-8 变更管理	8-13 硬件组件的鉴定
8-9 验证	8-14 在用证明

9.以汽车安全完整性等级为导向和以安全为导向的分析	
9-5 关于 ASIL 剪裁的要求分解	9-7 相关失效分析
9-6 要素共存的准则	9-8 安全分析

10.指南

图 6-1 《道路车辆 功能安全》框架

【本节知识拓展 2】

预期功能安全(SOTIF)的基本概念

1. 预期功能安全(SOTIF)的定义

ISO/PAS 21448《Road vehicles-Safety of the intended functionality》于 2019 年 1 月正式发布，是目前唯一的 SOTIF 规范。该规范从设计、验证(verification)和确认(validation)等方面，提供了(尤其是在 level 1 和 level 2 中)实现预期功能安全所需的工作指南。

依据 ISO/PAS 21448，SOTIF(Safety Of The Intended Functionality)定义，"The absence of unreasonable risk due to hazards resulting from functional insufficiencies of the intended functionality or by reasonably foreseeable misuse by persons is referred to as the Safety Of The Intended Functionality (SOTIF)"，由于预期功能不足而造成的危险或由于合理预见的人员误用而造成的不合理风险的不存在，被称为预期功能的安全性。

SOTIF 关注点是：由功能不足或者由可合理预见的人员误用所导致的危害和风险。例如，传感系统在暴雨、积雪等天气情况下，本身并未发生故障，但是否仍能执行预期的功能。而功能安全关注于与安全相关的失效(failure)，信息安全关注于与安全相关的威胁(threat)。

2. 场景

SOTIF 在很大程度上基于假设场景(scenarios)来进行分析。ISO/PAS 21448 对场景(scenarios)的定义是 "description of the temporal development between several scenes in a sequence of scenes"，即一系列片段(scenes)中几个片段(scenes)之间的时序发展描述。

ISO/PAS 21448 将场景(scenarios)划分为如图 6-2 所示的 4 个区间，分别为：1 为已知—安全，2 为已知—不安全，3 为未知—不安全和 4 为未知—安全。目的是尽可能缩小位于区间 2 和 3 中的场景(scenarios)比例，即确保场景(scenarios)控制在安全的区间。

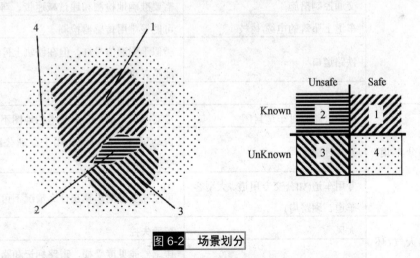

图 6-2　场景划分

一些典型的自动驾驶的假设场景(scenarios)见表 6-5。

表 6-5 假设场景

类别	异常/挑战性驾驶事件	涉及的问题
障碍物	停放车辆	如何确保车辆已停好,而不是临时停车,以及停车后车门是否可以打开
	损坏(抛锚/撞坏)车辆	超车可能会违反其他交通规则,比如跨越白色实线
	行人	保留多少间距?不同类型车辆保留的间隙不同,行人的行为是不可预测的。车辆在人行道上遇到行人时应该减速吗
	路过的骑车人	保留多少间距?不同类型车辆保留的间隙不同,骑车人的行为是不可预测的
	道路积水	难以感知积水的深度,可能导致车辆失控或行人溅水
	路过的动物	对于较小的动物来说,很难决定是否要越过动物或试图停车或转向
	骑马的人	确定适当的速度和超车策略
	坑洞或道路/桥梁坍塌等负面障碍物	可能很难感知到
	其他车辆掉落的货物	采取的措施可能取决于落下的物体的密度/质量,但车辆可能无法确定
	车辆正处于失能状态,如轮胎爆裂、千斤顶正在升起、高大车辆在风中倾覆等	对机器来说,探测和解读提供指示的细微线索是一个挑战
	交通控制措施	需要准确地检测和通过减速带、弯道等
	车道上坠落的电缆/树枝	可能很难用传感器检测
	铁路道口	类似于交通信号灯,但在铁轨上停车的后果可能是灾难性的
	超车	检测迎面而来的车辆很困难
重新划分车道/改道	高速公路临时车道封闭	道路布局可能与车辆参考的地图不同
	暂时性逆行	自动驾驶功能可设计用于高速公路而非双向交通运行
	专用车道(如公交专用道、大型客车道、硬路肩)	可能需要澄清车辆在什么情况下可以进入
恶劣的天气/环境条件	大风	车辆失控
	下雪或车道积雪	传感器能见度受损,道路标记和路缘石模糊,车辆失控

续表

类别	异常/挑战性驾驶事件	涉及的问题
恶劣的天气/环境条件	大雨	传感器能见度受损，道路标记模糊，车辆失控
	冰	车辆失控
	雾/强烈的阳光等	传感器能见度受损
道路礼仪	附近有急救车	如何在遵守道路规则的同时避让
	跨越白线	车辆在什么情况下可以执行此操作
	解读其他道路使用者的手势	难以检测和解释手势、前照灯闪烁等的含义
交通管制	警方或授权人员打算阻止自动驾驶的车辆	自动驾驶的车辆如何识别授权人员，然后解读命令
	两车道合而为一	通常涉及人类司机之间的互动
	并入高速公路	通常涉及人类司机之间的互动
	丁字路口	从自动驾驶的车辆看侧面视野差
	十字路口	侧视视野差，右转陷入僵局
	临时限速	如何确保将位置信息传达给自动驾驶的车辆
	临时交通信号	如何确保将位置信息传达给自动驾驶的车辆
	临时停车标志	自动驾驶的车辆能否识别
	在狭窄路段给迎面驶来的车辆让路	通常需要人类司机之间的沟通来决定谁先通过
	环形路口	检测到正确的车道分配，让路给左侧车辆
	斑马线	礼让等候的行人
	交通信号灯故障	路口礼让行人和优先通行的车辆先行，或人类司机之间沟通

第三节　自动驾驶系统功能安全

一、自动驾驶系统功能安全原则

与人类司机相比，自动驾驶在大多数情况下能提供更好的表现，但自动驾驶并不能完全消除事故或碰撞风险。自动驾驶汽车保障安全性的指导原则如下。

1. 安全操作

(1) 处理系统降级。

如果安全相关功能或系统组件变得危险(如不可用)，则自动驾驶系统应该：

能够补偿系统并将其转换到安全条件或状态(在可接受风险范围内)；

确保有足够的时间，以便将控制权安全地转移到车辆操作员身上。

(2) 失效可运行(仅限于安全相关功能或组件)。

安全关键功能或系统组件的丧失不应导致一个安全相关的情况。

2. 运行设计域

(1) ODD 确认。

一旦识别出限制自动化系统安全功能的系统边界，系统应做出反应以补偿或向车辆操作员发出接管请求，并为接管提供足够的时间。

(2) 典型情况管理。

自动驾驶系统必须考虑 ODD 中通常预期可能发生的情况，并解决可能的风险。

3. 车辆操作员接管请求

激活和退出自动驾驶系统应该要求来自车辆操作员的表明高置信度意图的明确交互。

4. 安保性

在提供自动驾驶系统时，应采取措施保护自动驾驶系统免受安保威胁。

5. 用户责任

为了提高安全性，用户的状态(如警觉状态)必须适合于负责任地执行接管程序。系统应该能够识别用户的状态并让其了解所承担的对应责任。而在自动驾驶服务中，系统还应将安全相关驾驶情况告知相应的操作员。

(1) 责任。

用户必须清楚了解仍然由用户负责的驾驶任务的各个方面。

(2) 模式感知。

自动功能必须确保可以在任何时间明确且无误地识别当前有效的驾驶模式。此外，用户必须明确了解驾驶模式的变更。

6. 车辆接管请求

(1) 最小风险状况。

如果车辆操作员不遵守接管请求，则自动驾驶系统必须执行操作以最小化风险，从而达到最小风险状况。这种操作取决于自动驾驶系统的情况和当前性能。

(2) 接管请求。

车辆接管请求对于车辆操作员来说应易于理解和处理。

7. 车辆操作员与自动驾驶系统的互相依赖

对系统安全的整体评估应考虑到自动化对车辆操作员的影响。即便这些影响出现在自动驾驶时段结束之后，且与行程中的自动驾驶部分有直接关联。

8. 安全评估

应使用验证和确认来确保满足安全目标，以便持续地改善整体安全性。

9. 数据记录

当事件或事故发生的时候,自动驾驶车辆应以符合适用的数据隐私法的方式记录与自动驾驶系统状态有关的相关数据。

10. 被动安全

(1) 碰撞场景。

车辆布局应适应由车辆自动化引起的碰撞场景的变化。

(2) 不同的乘坐位置。

即使通过自动驾驶系统实现了车辆内部空间的新用途,也应确保乘员保护。

11. 交通行为

(1) 路面礼仪。

自动驾驶功能的行为不仅应让周围(易受伤害的)交通参与者易于理解,还需要可预测和管理。

(2) 遵守规则。

自动驾驶系统需要遵守适用的交通规则。上述"用户责任"原则描述了其他的用户责任。

12. 安全层

自动驾驶系统应识别系统限制,尤其是那些会导致无法将控制权安全地转移到车辆操作员的系统限制,并做出应对以尽量减小风险。

二、自动驾驶系统安全能力与要素

为了遵守12条原则,自动驾驶系统必须具备一套安全的、基本的系统属性,亦即能力。这些能力分为:失效安全能力(FS)和失效降级能力(FD)。失效安全能力提供并实现客户价值。失效安全能力可以中断,因为它们的不可用性和安全之间的相关性足够低或者被失效降级能力覆盖。即使在发生故障的情况下,失效降级能力也应在一定的性能水平下执行,以便在特定的时间段内提供一个安全的系统,直到进入一个达到允许系统退出的最低风险状况(MRC)。

表6-6展示了推导出的能力的完备状态,并显示了其到12条原则的可追溯性。

表 6-6 能力的完备状态

	安全操作	安全层	运行设计域(ODD)	交通行为	用户责任	车辆接管请求	车辆操作员接管请求	车辆操作员与ADS的互相依赖	数据记录	安保性	被动安全性	安全评估
FS_1：确定位置			○	○						○		○
FS_2：感知相关物体				○						○		○
FS_3：预测相关对象的未来行为				○						○		○
FS_4：制定无碰撞且合法的驾驶规划				○						○		○
FS_5：正确执行驾驶规划				○						○		○
FS_6：与其他(易受伤害的)道路使用者沟通和互动				○						○		○
FS_7：确定是否达到特定标称性能			○	○						○		○

续表

	安全操作	安全层	运行设计域(ODD)	交通行为	用户责任	车辆接管请求	车辆操作员接管请求	车辆操作员与ADS的互相依赖	数据记录	安保性	被动安全性	安全评估
FD_1：确保车辆操作员的可控性	○				○	○	○	○		○		○
FD_2：检测降级模式是否可用	○									○		○
FD_3：确保安全模式转换和用户认知	○	○			○	○	○	○		○		○
FD_4：应对标称性能不足和其他失效	○	○								○		○
FD_5：在失效时降低系统性能	○	○								○		○
FD_6：在减少的系统限制范围内执行降级模式	○	○	○			○				○		○

将能力分配到"感知—规划—执行"的基本功能后，可继续将需求分配到各个要素，以确保自动驾驶车辆安全运行，如图 6-3 所示。

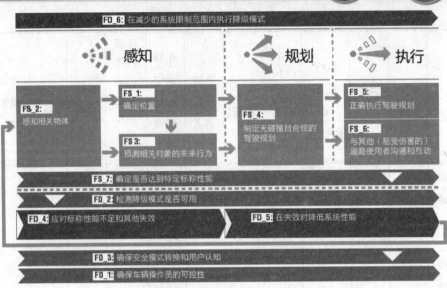

图 6-3　实现标称和降级能力

(1) FS_1：确定位置。

系统应能够确定其与 ODD 相关的位置。车辆应该能够确定其位于(有特定位置的)ODD 之内还是之外。

(2) FS_2：感知自动驾驶车辆附近的相关静态和动态物体。

自动驾驶系统应感知、选择性地预处理，以及正确提供为实现其功能行为而要求的所有实体。应优先考虑存在相关碰撞风险的实体。实体的例子包括动态对象[如(易受伤害的)道路使用者和相应运动的特征]、静态实例(如道路边界、交通引导和通信信号)以及障碍物。

(3) FS_3：预测相关对象的未来行为。

相关环境模型需要通过预测的未来状态进行扩展。目的在于创建环境预测。应能够解读相关对象的意图，以便形成预测未来运动的基础。

(4) FS_4：制定一个无碰撞并且合法的驾驶规划。

为确保制定一个无碰撞并且合法的驾驶规划，应遵守以下规定。

① 与其他对象保持安全的横向和纵向距离。

② 遵守 ODD 范围内所有适用的交通规则。

③ 考虑可能存在遮挡物体的潜在区域。

④ 在未给予通行权的情况下，不通行。

如果在不危及第三方的情况下可以避免碰撞，则在必要情况下可以暂时调整交通规则的优先级。

(5) FS_5：正确执行驾驶规划。

应根据驾驶规划生成用于横向和纵向控制的相应行动信号。

(6) FS_6：与其他(易受伤害的)道路使用者的沟通和互动。

根据 ODD 和用例，要求自动驾驶车辆与其他(易受伤害的)道路使用者进行沟通和互动。

(7) FS_7：确定是否达到特定的标称性能。

自动驾驶系统的任何要素都可能，单独地或与其他要素组合在一起地，导致不利行为。因此，需要各种机制来检测系统的不利标称性能。FD_4 涵盖了对检测到的不良行为做出的反应。

影响标称性能的典型方面包括：不必要的人为因素，包括误用和操纵；预期功能的偏差；技术限制；环境条件；系统与随机失效模式。

(8) FD_1：确保车辆操作员的可控性。

车辆操作员的控制级别根据 SAE J3016 的自动化级别和用例定义而异，因此应该得到保证。

(9) FD_2：检测降级模式是否可用。

应确保检测到降级模式可能的不可用情形。如果降级策略取决于降级原因，则降级原因也应被确认。

(10) FD_3：确保安全模式转换和用户认知。

确保模式转换正确执行，并在必要时由受影响的车辆操作员控制。此外，受影响的车辆操作员应了解当前模式，以及他们对此模式中承担的责任。例如，仅在 ODD 内部允许启动自动模式，并且在离开 ODD 之前或者由于车辆操作员再次接管控制而将其退出。

(11) FD_4：通过降级来应对标称性能不足和其他失效。

由于标称性能能力可能无法使用，以及出现其他失效(如基于硬件的失效等)，所以系统应在明确定义的时间内降级。

(12) FD_5：在应对失效的降级模式下降低系统性能。

应确定降级模式下出现失效时的反应。

(13) FD_6：在减少的系统限制范围内执行降级模式。

降级模式下的自动驾驶系统运行，其即是在新的限制下执行标称能力。可能有多种降级模式。对限制应该做出清晰定义，才能宣称降级模式是安全的。有可能需要避免(让该模式)永远运行下去，而需要为额外的应对方法定义清晰的时间范围。

自动驾驶系统的功能架构参见图 6-4(a)、图 6-4(b)。

实现失效安全和失效降级能力要素包括：环境感知传感器(摄像机、激光雷达、毫米波雷达、超声波雷达、麦克风等)，先验感知传感器(高精度地图、GNSS)、V2X、传感器融合、解释与预测、定位、ADS 模式管理器、本车运动、驾驶规划、交通规则、运动控制、运动执行机构(转向系统、制动系统、动力系统)、带辅助执行器的车身控制、人机交互、用户状态确定、车辆状态、监视器(标称和降级模式)、处理单元、电源、通信网络等。

将能力分配到要素上，如图 6-5 所示，实现了所有能力、所有要素都被分配给至少一个能力，并且所有要素都相互连接。

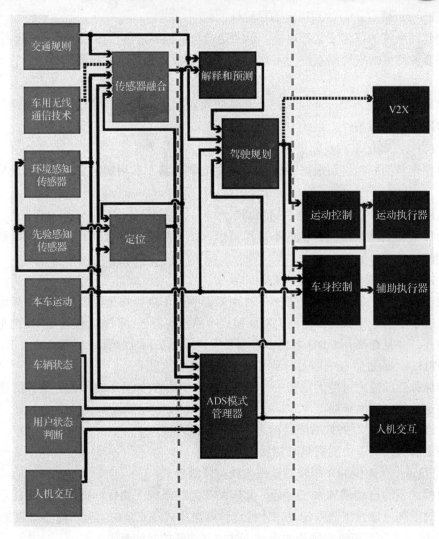

(a)

图 6-4 自动驾驶系统的预期功能的功能架构

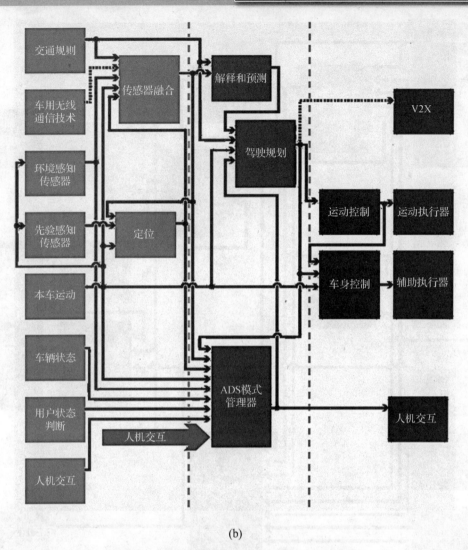

(b)

图 6-4　自动驾驶系统的预期功能的功能架构(续)

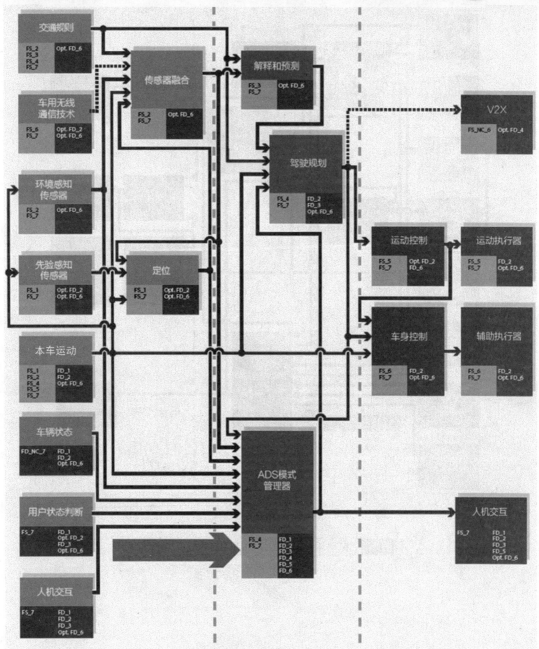

图 6-5 能力要素分配

三、最低风险状况和最低风险策略

最低风险策略(MRM)是系统在最低风险状况(MRC)之间转换的能力。MRC 和 MRM 的概念源于 ISO 26262 的原则，被定义为一个相关项(在失效的情况下)的操作模式，其具有可容忍的风险级别。MRM 是一种到达 MRC(被称为安全状态)的紧急操作。与 MRC 通常只被定义为一个静止状态不同,将定义扩展到包括降级运行和被车辆操作员接管的状态。最终的 MRC 指的是允许自动驾驶系统完全退出的 MRC,例如静止或被车辆操作员接管。图 6-6 对这一基本原理进行了说明。

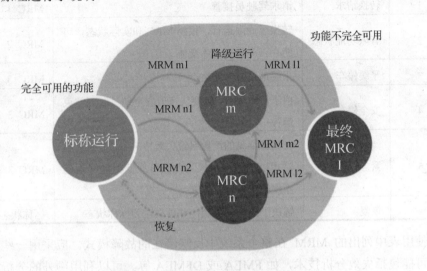

图 6-6 最低风险状况和最低风险策略

MRM 的目的在于在车辆可以支持的功能水平下使车辆达到可容忍的风险水平。由于自动化系统和影响风险的条件的复杂性,可以连续进行多个 MRC 和 MRM。如果并非所有的失效安全能力都可用,系统将处于降级模式,其余的失效降级能力将通过执行适当的最低风险策略达到并保持最低风险状况。降级模式是一个有时间限制的操作域,应尽可能减少其出现的频率。降级模式的可接受时间取决于当前系统中的剩余能力。每降低一个可能伤害频率的数量级都能降低对安全完整性等级的要求。表 6-7 定义了 MRM 安全转换的条件。

表 6-7 最低风险状况

编 号	MRC	定 义	可能的原因
MRC_1	驾驶员接管	驾驶员或操作员完全接管了驾驶任务	已知将至的 ODD 限制; 存在限制或车辆操作员(如果存在)接管车辆; 检测到降级功能不可用(FD_2)
MRC_2	受限运行	车辆仍在受限的能力范围内运行。根据功能定义和剩余功能,可能存在几种受限运行的状况	系统能力受限
MRC_3	结束运行	该状况描述了允许安全地退出该功能的车辆状态	系统严重失效、能力丧失、无驾驶员接管

建议进行以下 MRM,如表 6-8 所示。

表 6-8 提出的 MRM

编 号	MRM	定 义	目标条件
MRM_1	转换请求	请求驾驶员接管	MRC_1 驾驶员接管
MRM_2	有限功能状态	转换至受限运行，根据 MRC 和实际状态，可能存在多种 MRM 变体	MRC_2 有限操作
MRM_3	平缓停车	平缓地过渡到结束运行	MRC_3 操作结束
MRM_4	安全停车	由于严重失效，需要快速但安全地过渡到结束运行	MRC_3 操作结束
MRM_5	紧急停车	在足够罕见的严重系统失效情况下，引入紧急停止以尽量减少风险并且可能使得能够达到操作结束条件	MRC_3 操作结束
恢复	恢复	解决了能力的限制，并再次达到标称状态	标称状态

应使用表中列出的 MRM 在整个系统中反映潜在的故障模式。应采用一些分析方法，其中还可能包括失效分析技术，如 FMEA 或 DFMEA 等。可以利用额外的分析方法对系统的预期用途和误用进行分析。上述分析技术输出的结果定义了每个组件的安全状态，以及这些状态如何激活系统中的 MRC 和 MRM。

四、典型场景安全性分析

1. 最低风险状况和策略

1) L3 交通阻塞巡航(TJP)

(1) 标称功能定义。

系统标称性能定义为系统无故障，并且达到或超过其规定性能指标。

客户可选用的 L3 级交通阻塞巡航系统(TJP)：驾驶员须持有驾照并随时关注路面情况；仅在双向车道被物理隔离的道路上驾驶，通常路上无行人或自行车；最高时速 60km/h，只在前方有车辆的情况下驾驶，并且无变道、无施工现场；仅在白天、无雨、温度高于 0℃ 的环境下驾驶。

(2) 最低风险状况。

① TJP_MRC_1.1：驾驶员接管控制。

② TJP_MRC_3.1：车辆停在车道中[在本例中，TJP 不包含受限运行的(MRC_2)这一最低风险状况]。

③ 最低风险策略。

a. TJP_MRM_1.1：通过发布接管请求和检测接管以移交驾驶任务。

b. TJP_MRM_3.1：降低速度，直至车辆停在车道中。通过制动避免与前方车辆发生碰撞。

2) L3 高速公路巡航(HWP)

(1) 标称功能定义。

客户可选用的 L3 级高速公路巡航系统(HWP)：驾驶员须持有驾照并随时关注路面情况；仅在双向车道被物理隔离的道路上驾驶；最高时速 130km/h，可有前方车辆或无前车，可以变道，允许有施工现场；可以在白天或夜晚，中雨或中雪的环境下驾驶。

(2) 降级模式/最低风险状况。

① HWP_MRC_1.1：驾驶员接管控制。

② HWP_MRC_2.1：车辆在车道中行驶，速度降低至不超过 80km/h。

③ HWP_MRC_3.1：车辆停在车道中。

(3) 最低风险策略。

① HWP_MRM_1.1：向驾驶员发出接管请求。

② HWP_MRM_2.1：速度降低至 80km/h。继续纵向和横向车辆控制(避免碰撞，并保持在车道内)。

③ HWP_MRM_3.1：降低速度，直至车辆停在车道中。继续纵向和横向车辆控制(避免碰撞，并保持在车道内)。

④ HWP_RECOVERY_1：在由于传感器视野下降引发的 HWP_MRC_2.1 的情况下，若所有能力都已恢复(如受影响的传感器得到清洁)，则系统可以恢复到正常运行状态。

图 6-7 描述了一个 HWP 可行的功能架构。为了保障失效模式下的系统可用性，这里引入了相关要素的冗余实现方式，同时相应要素的性能也被适配以满足失效模式的能力要求。

3) L4 城市巡航(UP)

(1) 标称功能定义。

城市区域内适用车队运营的 L4 级城市巡航系统(UP)：用户无须驾照和驾驶能力，也不必关注路面；最高时速 70km/h；设计运行域在没有安全员的情况下非常有限，在有安全员的情况下可适当扩大；必要时允许远程操控。

(2) 降级模式/最低风险状况。

① UP_MRC_2.1：车辆在车道中行驶，速度降低至 15km/h。

② UP_MRC_3.1：车辆停在安全的位置、固定，告知(远程)操作员，并决定采取进一步行动(如拖车等)。

③ UP_MRC_3.2：车辆停在车道中。

注：由于本案例中假设没有驾驶员和远程接管，因此 UP 不包括驾驶员接管(MRC_1)最低风险状况。

(3) 最低风险策略。

① UP_MRM_2.1：速度降低至 15km/h。保持在车道内，并通过制动避免车道碰撞。

② UP_MRM_3.1：速度降低至 15km/h。停入下一个安全区域(非火车轨道或十字路口处)，告知操作员当前的状态和位置。

③ UP_MRM_3.2：立即在当前位置停止。不避免碰撞。

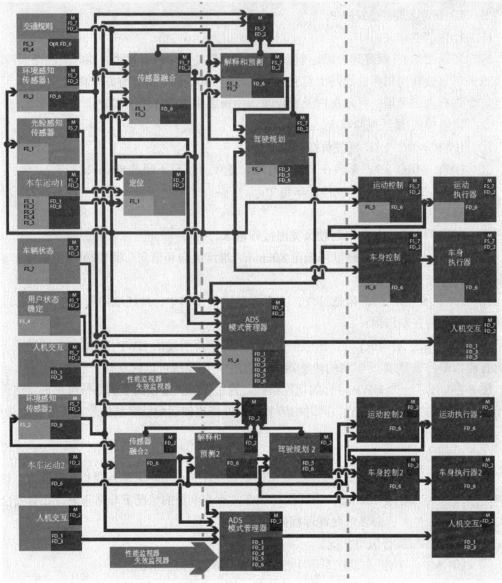

图 6-7 HWP 可行的功能架构

4) L4 停车场巡航(CPP)

(1) 标称功能定义。

适用于客户选用也适用于车队运营的 L4 级停车场巡航系统(CPP)：在认证的停车场或区域内自动驾驶(用户无须驾照，也无须关注路面)；最高时速 10km/h；设计运行域专注于路外停车和物流区域，基础设施需基于需求来扩展(基础设施的搭建可能因远程操控而做必要的改造，但这并不是强制的)。

(2) 降级模式/最低风险状况。

① CPP_MRC_2.1：车辆以爬行速度行驶，并避免碰撞。

② CPP_MRC_3.1：车辆停在安全的位置、固定，告知(远程)操作员，并决定采取进一

步行动(如拖车等)。

(3) 最低风险策略。

① CPP_MRM_2.1：将速度降低至爬行速度，不进入十字路口或坡道。

② CPP_MRM_3.1：停在安全位置，并告知远程操作员(如可用)或汽车使用者。

2. 安全要素

1) FS_1 定位的感知要素

(1) 交通阻塞巡航 L3。

需要通过定位以确定车辆是否在高速公路上。因此，道路类型、分类(如通过视觉传感器)可能就足够了。可以检测高速公路特定的特征，例如交通标志或指示车辆不在高速公路上的特征等。

(2) 高速公路巡航 L3。

定位应确定车辆在地图上的位置。要求横向定位精度比纵向定位精度更高。定位需要将感知能力与地图匹配需求保持一致。例如，地图属性中包含的地标需要通过视觉传感器捕获。此外，GNSS 还可用于确定没有地标的情况下的位置。另外，可能需要有源和无源视觉传感器的融合输出等，以实现精确性和可靠性。

(3) 城市巡航 L4。

要求高精度的横向定位和纵向定位精度，例如，用于确定到十字路口或停止线的剩余距离等。因此，地图上需要有更多的属性。

(4) 停车场巡航 L4。

要求高精度的横向定位和纵向定位精度，例如在狭窄区域下进行停车和操作等。由于车库内的 GNSS 性能不足，所以应根据(室内)高精度地图内可能的具体特征(如人工标记等)与地图匹配来定位。

2) FS_2 感知相关静态和动态物体的感知要素

(1) 交通阻塞巡航 L3。

对本车前方的车辆的检测应保持尽可能高的可靠性。车道标记也是相关的静态对象。即使(易受伤害的)道路使用者被排除在 ODD 之外，传感器也应该能够检测到与 ODD 冲突的情况。

最好采用多样异构的对象检测方法，以便弥补覆盖单个传感器的性能缺点。上层对象融合被认为是一种有意义的方法。

(2) 高速公路巡航 L3。

除了交通阻塞巡航之外，还应以尽可能高的可靠性检测以下相关对象。

① 本车前后距离较远的车辆和相邻车道近距离的车辆。

② 本车前方的障碍物。

③ 道路类型、车道类型。

④ 自由空间检测。

⑤ 远程危害信息。

⑥ 限速等交通标志。

地图可能为检测某些静态对象的唯一信息源。雷达和摄像头传感器可用于检测动态物体，例如本车后面的车辆等。如果 V2X 的可靠性足够，则可以提高检测对象的能力。由于 HWP 的速度范围高于 TJP，前向传感器组的检测范围需要增大，并且需要增加侧向和后向的传感器组。

(3) 城市巡航 L4。

与高速公路巡航相比，这里的情景变得更加复杂和非结构化，例如：

① 物体类型以及运动的自由度[特别是(易受伤害的)道路使用者]。

② 高堵塞概率。

③ 交通标志要素。

其他基础设施要素与布局。

为了检测以上情形，应增强传感器组的能力，例如：

① 360°覆盖率和增加高度。

② 用于弥补个别传感器不足和增加总体性能的额外冗余和多样性。

③ 高度可靠的交通标志检测，例如交通信号灯等；如果环境感知传感器无法实现这一目的，则可以使用 V2X 要素。

(4) 停车场巡航 L4。

参见城市巡航；此外，还可能存在以下挑战。

① 坡道上或附近的物体。

② 本车下面的物体(在车辆刚唤醒而先验信息有限的情况下)。

③ 为了提高感知性能，可以使用 V2X，尤其是存在遮挡的挑战性情景。

3) FS_3 预测将来运动中的解释和预测要素

(1) 交通阻塞巡航 L3。

可以假设对于本车来说，其前方车辆状态将保持不变(除非已发生改变)。

(2) 高速公路巡航 L3。

对当前情景进行解读后，可结合当前世界模型及其预测的进程生成完整的情景描述。对动态对象的意图的解释不仅基于其分类，还应基于当前的驾驶场景来进行，驾驶场景也可以进行分类。例如，其他(易受伤害的)道路使用者在交通拥堵时的未来行为与他们在交通畅通中的行为有很大不同。明确适用的交通法规可以使驾驶场景的分类更加完善。将当前的行驶场景与动态目标的预期行为(如换道概率)进行组合可以有助于我们预测其未来的运动。

作为 FS_2 的输出，感知到的当前世界模型不足以作为创建无碰撞且合法的驾驶规划(FS_4)的输入。相反，应对其进行扩展，以便反映世界模型的不仅当前还有未来的估计状态，以生成对动态驾驶场景的完整描述。必须解释所有相关动态对象的意图，因为这构成了预测未来运动的基础。

(3) 城市巡航 L4。

在这种情况下，解释和预测要素必须考虑新的(易受伤害的)道路使用者。对于该开发示例，(易受伤害的)道路使用者可能具有比交通阻塞巡航或高速公路巡航更复杂的运动行为，TJP 和 HWP 中移动矢量大部分均保持一致并且在相同方向上行进。相比之下，城市巡航示例中的移动矢量可以更加多样化。解释和预测模型应考虑到这一点。

(4) 停车场巡航 L4。

本案例的挑战与城市巡航的挑战相似。

4) FS_5 执行驾驶规划和 FD_6 执行降级模式的执行要素

(1) 交通阻塞巡航 L3。

① 标称功能。

将轨迹转换为纵向和横向车辆运动，速度可达 60km/h。通过给定和正常执行的执行机构，实现从车道、其他物体和自车宽度获得的给定限制内的轨迹。

② 最低风险策略。

TJP_MRM_1.3：根据最后有效的轨迹，立即以固定减速度、横向车辆运动停止车辆。

(2) 高速公路巡航 L3。

① 标称功能。

将轨迹转换为纵向和横向车辆运动，速度可达 130km/h。通过给定和正常执行的执行机构，实现从车道、其他物体和自车宽度获得的给定限制内的轨迹。

② 最低风险策略。

a. HP_MRM_2.1：将轨迹转换为纵向和横向车辆运动，速度可达 80km/h。通过给定和正常执行的执行机构，实现从车道、其他物体和自车宽度获得的给定限制内的轨迹。

b. HP_MRM_3.1：利用可用的执行机构根据最后已知有效轨迹实现车辆停止。存在车辆偏离车道的一定风险，但发生的可能性非常低。这种模式不存在不合理的风险。

(3) 城市巡航 L4。

① 标称功能。

将轨迹转换为纵向和横向车辆运动，速度可达 70 km/h。通过给定和正常执行的执行机构，实现从车道、其他物体、(易受伤害的)道路使用者的安全距离和自车宽度获得的给定限制内的轨迹。

② 最低风险策略。

UP_MRM_2.1：将轨迹转换为纵向和横向车辆运动，速度可达 15km/h。

UP_MRM_2.2：将轨迹转换为纵向和横向车辆运动，速度可达 15km/h。

UP_MRM_2.3：利用可用的执行机构实现具有最后已知有效轨迹的车辆停止。存在车辆离开车道的一定风险，但发生的可能性非常低。这种模式不存在不合理的风险。确保车辆静止。

(4) 停车场巡航 L4。

① 标称功能。

将轨迹转换为纵向和横向车辆运动，速度可达 60km/h。通过给定和正常执行的执行机构，实现从车道、其他物体和自车宽度获得的给定限制内的轨迹。

② 最低风险策略。

利用可用的执行机构实现最后已知的有效轨迹。失效时将转至降级模式。根据其定义，这意味着车辆停在其车道上。

CPP_MRM_3.1：停在安全位置并通知远程操作员(如果有)或汽车用户。

5) FS_7 检测标称性能和 FD_4 对性能不足做出的反应中的 ADS 模式管理器要素

(1) 交通阻塞巡航 L3。

根据输入信息检查激活条件。在此情况下，车辆在高速公路上出现交通拥堵，并且以小于 60km/h 的速度行驶。同时还检查退出条件，以确保车辆已达到失效安全状态或用户已安全地接管控制。ADS 模式管理器根据监视器的输出切换到降级操作。

最低风险策略。

TJP_MRM_1.1 和 TJP_MRM_3.1：一旦驾驶员重新控制车辆或车辆已停止，则退出系统。

(2) 高速公路巡航 L3。

对于交通阻塞巡航，其变化来自 ODD 细节。在此情况下，车辆在高速公路上行驶，行驶速度低于 130km/h。

最低风险策略。

选择适当的 MRM。例如，由于可见性降低导致传感器性能降低，导致 HWP_MRM_2.1。到达 ODD 的边界会导致 HWP_MRM_1.1 或 HWP_MRM_3.1，以确保用户接管或在 ODD 边界安全停止。

(3) 城市巡航 L4。

这可能意味着车辆位于地理围栏区域内。同时还检查退出条件以确保车辆已达到失效安全状态。应为远程操作员操作车辆的这一选项引入额外状态和转换关系。ADS 模式管理器根据监视器的输出切换到降级操作。

最低风险策略。

选择适当的 MRM。例如，定位传感器性能降低导致 UP_MRM_2.2。由于车道堵塞或车道线为实线，无法继续驾驶，则导致 UP_MRM_2.2。一旦检测到追尾碰撞，切换到 UP_MRM_2.3。一旦车辆完全停止，就立即固定车辆。

(4) 停车场巡航 L4。

根据输入信息检查激活条件。在此情况下，车辆处于停车场或物流区域，车辆感知指示出其标称参数，并且不存在驾驶员。同时还检查退出条件以确保车辆已达到失效安全状态或用户已安全地接管车辆的控制。ADS 模式管理器根据监视器的输出切换到降级操作。

最低风险策略：

产品能根据失效提供功能、服务或服务模式。根据失效切换到适当的降级模式。

6) FD_1 确保操作员可控性中的用户状态确定要素

(1) 交通阻塞巡航 L3。

车辆操作员是车辆中的用户。表示用户在请求后立即接管驾驶任务的当前能力。示例包括用户的眼睛是否睁开以及用户是否坐在驾驶员座位上。

(2) 高速公路巡航 L3。
车辆操作员是车辆中的用户。相比交通阻塞巡航,并无新增内容。
(3) 城市巡航 L4。
在此情况下,可能有两类操作员要求考虑。
车辆中的用户:需要指示车辆用户是否正在干扰驾驶功能。
远程操作员:不需要观察远程操作员,因为这些操作员被认为是训练有素的专家。
(4) 停车场巡航 L4。
激活该功能时不需要车载 HMI,因为用户无须采取任何行动。因此,HMI 可用于提供信息。可能还会存在其他两类操作员。
车辆中的用户:需要指示车辆用户是否正在干扰驾驶功能。
远程操作员:不需要观察远程操作员,因为这些操作员被认为是训练有素的专家。

7) FD_1 确保操作员可控性和 FD_6 执行降级模式中的 HMI 要素
(1) 交通阻塞巡航 L3。
HMI 明确向用户显示当前的自动化级别(系统状态)。这对于向用户传达其所具有的自由度和责任是重要的。此外,HMI 还将接管请求传达给用户。
HMI 检测用户何时进行故意操作以激活或退出交通阻塞巡航或接受接管请求。
(2) 高速公路巡航 L3。
无其他要求。
(3) 城市巡航 L4。
HMI 方面指的是导航交互。启动立即停止的交互被视为导航交互。
(4) 停车场巡航 L4。
由于无驾驶员,所以在激活功能时不需要车载 HMI。

8) FS_7 和 FD_2 中的监视器要素
监视器应该监视要素的错误状态。开发示例中监视器之间的主要区别在于要素的数量、要监视的属性以及可能的错误状态的数量。这导致监视器层的接口增加。
(1) 交通阻塞巡航 L3。
监视器应监视前向传感器的性能、驾驶员状态、制动执行器和电源。
(2) 高速公路巡航 L3。
监视器还应监视额外传感器的性能和动态驾驶要素(如转向或制动)。扩大范围意味着需要监视更多的传感器和执行机构。
(3) 城市巡航 L4。
在此情况下,还需要监视能耗状态,以确保更长的操作时间。驾驶员状态确定的监视将不再需要。
(4) 停车场巡航 L4。
在此情况下,还需要监视能耗状态,以确保更长的操作时间。驾驶员状态确定的监视将不再需要。

汽车智能网联技术概论

【本节知识拓展】

自动驾驶安全第一白皮书

——北京百度网讯科技有限公司，2019 年

自动驾驶是现代汽车的关键技术之一。除了提供更广泛的交通便利性外，它还有助于减少驾驶相关的事故数量。在自动驾驶时，自动驾驶车辆的安全性是最重要的因素之一。本出版物旨在对现有有关安全各方面的出版物进行补充说明，更以技术为基础概述开发期间的各项要求，以避免安全相关的危害，从而强调通过设计实现安全的重要性。此外，本出版物还旨在对这些系统的验证和确认进行充分的讨论，而目前现有文献中仍然缺少这一方面的内容。

LTE-V2X 安全技术白皮书.pdf

本出版物旨在为当前寻求全行业自动驾驶标准化的活动做出贡献。这项工作也将有助于为汽车和出行领域的所有公司——从技术创业公司到成熟的 OEM 和关键技术的各级供应商，制定自动驾驶系统安全框架或指南提供更深入的理解。

本出版物的目的是提供有关安全自动驾驶系统开发和验证的一般步骤的概述和指导。出发点源于不同监管出版物(世界各地不同的法律、道德报告等)中对安全指南的定义。这些指南是编制本出版物的基础，是系统设计、各种方法和验证与确认策略的依据。将主要关注超出现有 SAE L1/2 级驾驶辅助系统之外的额外开发需求。另外，信息安全也必须同安全性一起被考虑在内，因为信息安全涉及的是主动攻击的使用需求，而安全性考虑的则是被动攻击。这一差异导致额外的分析工具和技术机制的应用，从而又影响了安全性。因此，两者应协同工作。

本出版物还旨在为解决自动驾驶车辆引入的风险制定指南。该方法包括了所有参与公司达成的共识，而市场上引入的每个具体系统则需基于其做出扩展。本出版物基于出版时最新的自动驾驶技术进行编写。因此，本出版物并不完整，应随着社会认可、技术和立法方面的进展而不断进行重新审查和修订。

本出版物的范围并不包括设计明确的技术解决方案或提出最低、最高的标准，因为自动驾驶系统的定义、其运行设计领域和技术演进等还存在多种可能性。

本出版物由多个互相关联的主题构成，它们相互支撑以实现整体的安全愿景，如图 6-8 所示。

图 6-8 中的屋脊代表了作为出发点和总体目标的正风险平衡。正下方的屋顶代表了自动驾驶的 12 条原则。屋脊和屋顶共同构成了第 1 章。整个屋顶结构由两个支柱支撑，即通过设计实现安全(第 2 章)和验证与确认(第 3 章)。第一个支柱介绍了自动驾驶可靠性的三个领域：预期功能安全(第 2.1.3 节)、功能安全(第 2.1.4 节)和汽车信息安全(第 2.1.5 节)。自动驾驶的能力是从 12 个原则和 3 个可靠性领域中推导出来的。第 2.2 节介绍了实现能力的要素，第 2.3 节介绍了将要素整合在一起的通用架构。开发示例(附录 A)构成了这个支柱的最后一个元素。

第六章 自动驾驶系统安全性

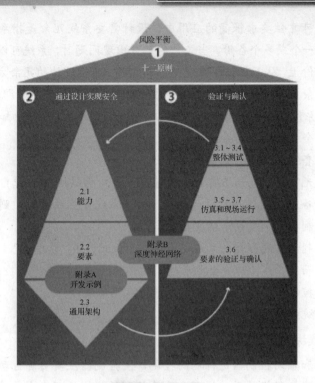

图 6-8 主题构成

第二个支柱首先介绍第 3.1 节至第 3.3 节中的测试与验证方法，然后讨论测试质量(第 3.4 节)和仿真(第 3.5 节)。第 3.6 节介绍了第 2.2 节中涉及的要素的验证和确认。第二根支柱的最后一块包括第 3.7 节中有关现场运行的讨论。然后，这两个支柱通过第 3 章中概述的 V&V 方法连接在一起，该方法将通过设计实现安全和主要 V&V 策略结合起来，以解决本出版物中提出的挑战。最后，附录 B 讨论了使用 DNN 实现自动驾驶中安全相关的要素。

本出版物使用多种方法帮助读者阅读。第 1.3 节所述的 12 条原则的每一个都被赋予了一个象形图，并在随后的章节中用作视觉索引。为了进一步清晰起见，本出版物还使用了以下四个开发示例：L3 级交通阻塞巡航系统，L3 级高速公路巡航系统，L4 级城市巡航系统，L4 级停车场巡航系统。

与人类司机相比，自动驾驶在大多数情况下都能提供更好的表现。但自动驾驶也并不能完全消除事故或碰撞风险。本出版物的目标是提出一种解决自动驾驶车辆引起的风险的通用方法。这一通用方法应被解释为自动驾驶安全性的一个基准，而并非尝试去定义一个完整且安全的具体产品。

【本节技术案例】

自动驾驶系统的冗余

系统冗余是重复配置系统中的一些部件，当系统发生故障时，冗余配置的部件介入并承担故障部件的工作，由此减少系统的故障时间。

在一些对系统可靠性要求很高的应用中，设计需要系统冗余是指系统中一些关键模块或网络在设计上有一个或多个备份，当工作的部分出现问题时，系统可以通过特殊的软件或硬件自动切换到备份上，从而保证了系统不间断工作。通常设计的冗余方式包括CPU冗余、网络冗余、电源冗余。在极端情况下，一些系统会考虑全系统冗余，即还包括I/O冗余。

一般自动驾驶系统的冗余设计包括以下几个部分：电源、定位、感知、控制器、执行器。

电源模块：每个关键的驱动系统都有两个独立的电源系统。

定位模块：两套独立的惯性测量系统(可选)。

感知模块：激光雷达、毫米波雷达和视觉感知多传感器检测(可选)。

控制器模块：备用控制器一直后台运行，当主系统发生故障时，则备用控制器向车辆的执行系统发出控制指令，控制车辆安全停车。

执行器模块：制动系统和转向系统均采用冗余设计。

对于冗余设计而言，其功能安全要求较高的部分主要集中在中央控制及决策执行单元，故主要需要对中央控制单元及决策控制单元进行双冗余设计。

由此相应的系统架构设计如下。

1. 主控制器模块

采用主控制器和辅助控制器进行双向控制，主控制器主要负责自动驾驶基础功能的计算与处理，包含对感知数据的后端处理，决策控制的模块处理，生成后端执行器能够执行的车辆数据(如纵向加减速度、转向角度等)。此外，主控制器还会接收来自各级传感器回传的车辆执行数据，分析其执行的程度，通过反馈回调将减小发送数据的误差。此外，由于自动驾驶系统功能需要考虑在系统失效时对系统当时的数据状态，以便在售后事故处理过程中进行原因分析，故主控制器还要实现数据记录相关功能。

2. 辅助控制器模块

当自动驾驶主控制器模块由于自身原因失效而无法继续控制整车时，需要启动辅助控制器模块接管进行车辆的安全控制，其设计逻辑是与主控制器实现直接的实时通信，在辅助控制器内部构建安全校验模块，当该模块校验的主控制器失效或通信中断时，启动辅助控制器开始进行安全控制，一般的安全控制策略包括如下内容。

(1) 继续接收高精度地图及摄像头发出的道路环境信息，计算并发送一定的转角控制本车换道转向至车道最边缘。

(2) 继续接收前雷达和角雷达发出的障碍物信息，并控制车辆在最终道边以一定的减速度进行安全停车，停车后自动拉起电子手刹，打起双闪灯提示后车。

(3) 当检测到主控制器失效的同时，通过仪表发出相应的报警提示信息进行报警，提示驾驶员立即接管车辆控制。

3. 执行器模块

对于执行器冗余控制来说主要是进行安全冗余控制，一般情况下加速控制对安全不产生积极控制影响，而安全控制主要集中在制动控制及转向控制逻辑中。故为了实现执行器的辅助安全控制，就需要进行制动及转向的双冗余控制。

1) 制动控制单元

制动控制的冗余控制包括通过主制动器对轮岗压力进行增压、保压、减压控制。该控制逻辑与传统辅助驾驶控制系统 ADAS 保持一致，差异表现在对该控制器的要求制动执行端的响应速度和性能比 ADAS 提升一个等级。

对于辅助制动单元而言，当主制动控制单元失效时，启动辅助制动控制器实现主动建压，而无须驾驶员踩下制动踏板。这不仅有助于缩短制动距离，还能在碰撞无法避免时降低撞击速度和对当事人的伤害风险。

2) 转向控制单元

一般的转向控制器 EPS 功能安全等级为 ASILD 级(诸多级别中故障最严重的级别)，由此可看出其在失效率方面的严格要求。用于 ADAS 的基本思考针对目前的 EPS，安全目标主要考虑两种故障模式被划分为 ASIL-D 级别，主要包括转向的失控、转向器的锁止。这种危险可能源于电控单元 ECU 的故障，或电机及转向系统的机械故障。故转向冗余设计中，需要考虑确保电机不能锁死，保证司机能正常转向。由此，对转向系统设置双冗余是提升自动驾驶功能安全的保证因素。

4. 双电源驱动系统

除了自动驾驶系统的自身硬件和软件算法是否满足相应的功能安全要求外，从车辆供电系统这个角度来分析，目前绝大多数传统车辆只有单路主电源的供电系统，当这些车辆单路供电网络因故障无法提供电源时，整车电气负载包括自动驾驶系统就无法正常工作，而对此时正处于自动驾驶模式的车辆，就存在失去控制的风险。对比人工驾驶，自动驾驶在解放驾驶员手脚和眼睛的同时，也对车辆在自动驾驶下的安全性提出了更高的要求。比如在车辆驾驶安全和自动驾驶电气负载失去电源供电时，整个自动驾驶系统就无法正常运行，那么车辆在自动驾驶模式下就存在安全隐患。为了提醒驾驶员立即接管驾驶任务并确保接管期间的驾驶安全，需要有备用电源对这些负载进行供电，确保车辆驾驶安全。

第四节 车联网系统信息安全

基于 LTE-V2X 车联网系统在网络通信、业务应用、车载终端、路侧设备等各个方面采取有效的安全机制，保证车联网业务数据的通信安全和用户隐私信息的安全。

一、LTE-V2X 车联网系统安全风险

LTE-V2X 车联网系统包含云、管、端等方面，系统架构如图 6-9 所示。LTE-V2X 车联网系统面临的安全风险主要在网络通信、业务应用、车载终端、路侧设备等方面。

1. 网络通信

1) 蜂窝通信接口

蜂窝通信接口场景下，LTE-V2X 车联网系统继承了传统 LTE 网络系统面临的安全风险，

主要有假冒终端、伪基站、信令/数据窃听、信令/数据篡改/重放等。在未经保护的情况下，非法终端可以假冒合法终端的身份接入运营商的蜂窝网络，占用网络资源，获取网络服务。同时，假冒合法终端身份，发送伪造的网络信令或业务数据信息，影响系统的正常运行。

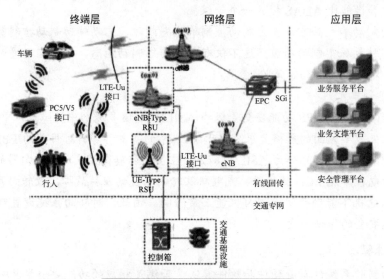

图 6-9 LTE-V2X 车联网系统示意图

攻击者部署虚假的 LTE 网络基站并通过发射较强的无线信号吸引终端选择并接入，造成网络数据连接中断，直接危害车联网业务安全。

利用 LTE-Uu 接口的开放性以及网络传输链路上的漏洞，攻击者可以窃听车联网终端与网络间未经保护直接传输的网络信令/业务数据，获取有价值的用户信息，例如短消息、车辆标识、状态、位置等，造成用户隐私泄露；攻击者可以发起中间人攻击，篡改车联网终端与网络间未保护直接传输的网络信令/业务数据，或者重新发送过期的网络信令/业务数据，导致网络服务中断或者业务数据错误，出现异常的行为及结果，危害 LTE-V2X 车联网业务安全。

2) 直连通信接口

不论是基站集中式调度模式(Mode 3)还是终端分布式调度模式(Mode 4)，直连传输的用户数据均在专用频段上通过 PC5 接口广播发送，因此短距离直连通信场景下 LTE-V2X 车联网系统在用户面会面临虚假信息、假冒终端、信息篡改/重放、隐私泄露等安全风险。

利用 PC5 无线接口的开放性，攻击者可以通过合法的终端及用户身份接入系统并且对外恶意发布虚假信息；攻击者可以利用非法终端假冒合法车联网终端身份，接入直连通信系统，并发送伪造的业务信息；攻击者可以篡改或者重放合法用户发送的业务信息，这些都将影响车联网业务的正常运行，严重危害周边车辆及行人的道路交通安全。此外，利用 PC5 无线接口的开放性，攻击者可以监听获取广播发送的用户标识、位置等敏感信息，进而造成用户身份、位置等隐私信息泄露。严重时，用户车辆可能被非法跟踪，直接威胁着用户的人身安全。

除了用户面数据交互，Mode 3 模式下车联网终端及 UE 型路侧设备还需接收 LTE eNB

基站下发的无线资源调度指令。因此，在 Mode 3 模式下 V2X 系统同样面临伪基站、信令窃听、信令篡改/重放等安全风险。

2. 业务应用

LTE-V2X 业务应用包括基于云平台的业务应用以及基于 PC5/V5 接口的直连通信业务应用。V5 接口是为适应接入网(AN)范围内多种传输媒介、多种接入业务配置而提出的，作为一种标准化的、完全开放的接口，用于交换设备和接入网设备之间的配合。

基于云平台的应用以蜂窝通信为基础，在流程、机制等方面与移动互联网通信模式相同，自然继承了"云、管、端"模式现有的安全风险，包括假冒用户、假冒业务服务器、非授权访问、数据安全等。在未经认证的情况下，攻击者可以假冒车联网合法用户身份接入业务服务器，获取业务服务；非法业务提供商可以假冒车联网合法业务提供商身份部署虚假业务服务器，骗取终端用户登录，获得用户信息。在未经访问控制的情况下，非法用户可以随意访问系统业务数据，调用系统业务功能，使系统面临信息泄露及功能滥用的风险。业务数据在传输、存储、处理等过程中面临篡改、泄露等安全风险。

直连通信应用以网络层 PC5 广播通道为基础，在应用层通过 V5 接口实现，该场景下主要面临假冒用户、消息篡改/伪造/重放、隐私泄露、消息风暴等安全风险。利用 PC5/V5 无线接口的开放性，攻击者可以假冒合法用户身份发布虚假的、伪造的业务信息，篡改、重放真实业务信息，造成业务信息失真，严重影响车联网业务安全；同时，攻击者可以在 V5 接口上窃听传输的业务信息，获取用户身份、位置、业务参数等敏感数据，造成用户隐私泄露；此外，攻击者还可通过大量发送垃圾信息的方式形成消息风暴，使终端处理资源耗尽，导致业务服务中断。

3. 车载终端

车载终端承载了大量功能，除了传统的导航能力，近年来更是集成了移动办公、车辆控制、辅助驾驶等功能。功能的高度集成也使得车载终端更容易成为黑客攻击的目标，造成信息泄露、车辆失控等重大安全问题。因此车载终端面临比传统终端更大的安全风险。

1) 接口层面安全风险

车载终端可能存在多个物理访问接口，在车辆的供应链、销售运输、维修维护等环节中，攻击者可能通过暴露的物理访问接口植入有问题的硬件或升级有恶意的程序，对车载终端进行入侵和控制。另外，车载终端通常有多个无线连接访问接口，攻击者可以通过无线接入方式对车载终端进行欺骗、入侵和控制，如通过卫星或基站定位信号、雷达信号进行欺骗，无钥匙进入系统入侵等。

2) 设备层面安全风险

(1) 访问控制风险：当车载终端内、车载终端与其他车载系统间缺乏适当的访问控制和隔离措施时，会使车辆整体安全性降低。

(2) 固件逆向风险：攻击者可能通过调试口提取系统固件进行逆向分析。设备的硬件结构、调试引脚、WiFi 系统、串口通信、MCU(Micro-Controller Unit)固件、CAN 总线数据、

T-BOX 指纹特征等均可能被逆向分析，进而利用分析结果对终端系统进行进一步攻击。

(3) 不安全升级风险：黑客可能引导系统加载未授权代码并执行，达到篡改系统、植入后门、关闭安全功能等目的。

(4) 权限滥用风险：应用软件可能获得敏感系统资源并实施恶意行为(如 GPS 跟踪，后台录音等)，给行车安全和用户信息保护带来了很大的安全隐患。

(5) 系统漏洞暴露风险：如果系统版本升级不及时，已知漏洞未及时修复，黑客可能通过已有的漏洞利用代码或者工具能够对终端系统进行攻击。例如，黑客可能利用漏洞关闭安全功能，发送大量伪造的数据包，对车载终端进行拒绝服务攻击。

(6) 应用软件风险：车载终端上很多软件来自外部，可能缺少良好的编码规范，存在安全漏洞。不安全的软件一旦安装到设备上，很容易被黑客控制。

(7) 数据篡改和泄露风险：关键系统服务和应用内的数据对辅助驾驶和用户对车况判断非常关键。数据被篡改可能导致导航位置错误、行车路径错误、车附属传感内容错误，车载应用的相关内容不正确。内容数据的泄露同样会造成诸多安全问题和隐患。

4. 路侧设备

路侧设备是 LTE-V2X 车联网系统的核心单元，它的安全关系到车辆、行人和道路交通的整体安全。它所面临的主要安全风险如下。

1) 非法接入

RSU 通常通过有线接口与交通基础设施及业务云平台交互。黑客可以利用这些接口接入 RSU 设备，非法访问设备资源并对其进行操作和控制，从而造成覆盖区域内交通信息混乱。攻击者甚至还能通过被入侵或篡改的路侧设备发起反向攻击，入侵整个交通专用网络及应用系统，在更大范围内危害整个系统的安全。

2) 运行环境风险

与车载终端类似，RSU 中也会驻留和运行多种应用、提供多种服务，也会出现敏感操作和数据被篡改、被伪造和被非法调用的风险。

3) 设备漏洞

路侧设备及其附件(智能交通摄像头等终端)可能存在安全漏洞，导致路侧设备被远程控制、入侵或篡改。

4) 远程升级风险

通过非法的远程固件升级可以修改系统的关键代码，破坏系统的完整性。黑客可通过加载未授权的代码并执行来篡改系统、关闭安全功能，导致路侧设备被远程控制、入侵或篡改。

5) 部署维护风险

路侧设备固定在部署位置后，可能由于部署人员的失误，或交通事故、风、雨等自然原因导致调试端口或通信接口暴露或者部署位置变动，降低了路侧设备物理安全防御能力，使破坏和控制成为可能。

二、LTE-V2X 车联网系统安全需求

1. 网络通信

LTE-V2X 网络通信安全包含蜂窝通信接口通信安全和直连通信接口通信安全,在系统设计时应满足以下安全需求。

蜂窝通信接入过程中,终端与服务网络之间应支持双向认证,确认对方身份的合法性。

蜂窝通信过程中,终端与服务网络应对 LTE 网络信令支持加密、完整性以及抗重放保护,对用户数据支持加密保护,确保传输过程中信息不被窃听、伪造、篡改、重放。

直连通信过程中,系统应支持对消息来源的认证,保证消息的合法性;支持对消息的完整性及抗重放保护,确保消息在传输时不被伪造、篡改、重放;应根据需要支持对消息的机密性保护,确保消息在传输时不被窃听,防止用户敏感信息泄露。

直连通信过程中,系统应支持对真实身份标识及位置信息的隐藏,防止用户隐私泄露。

2. 业务应用

基于云平台的业务应用与移动互联网"云、管、端"的业务交互模式相同,故其安全需求与现有网络业务应用层安全需求基本一致,需确保业务接入者及服务者身份的真实性,业务内容访问的合法性,数据存储、传输的机密性及完整性,平台操作维护管理的有效性,并做好日志审计,确保可追溯性。

基于直连通信的业务应用具有新的特点,需要满足传输带宽、处理实时性等各方面要求,由此要求安全附加信息尽量精简,运算处理时间尽量压缩,以满足车联网业务快速响应的特点。在业务消息的传输过程中,系统还应做到以下方面。

(1) 支持数据源的认证,保证数据源头的合法性,防止假冒终端或伪造的数据信息。

(2) 应支持对消息的完整性及抗重放保护,防止消息被篡改、重放;根据需要可支持消息的机密性,保证消息在传输时不被窃听,防止用户私密信息泄露。

(3) 应支持对终端真实身份标识及位置信息的隐藏,防止用户隐私泄露。

3. 车载终端和路侧设备

车载终端和 UE 型 RSU 具有很多共同的安全需求,其内容涉及硬件设计、系统权限管理、运行环境安全、资源安全管理等方面,主要安全需求如下。

(1) 车载终端和 UE 型路侧设备应注意有线和无线接口的安全防护。设备应具有完备的接入用户权限管理体系,对登录用户做可信验证并且合理分配用户权限,根据不同用户权限进行不同操作处理。另外,关键芯片的型号及具体管脚功能,敏感数据的通信线路应尽量隐蔽。

(2) 车载终端和 UE 型路侧设备应具备对敏感数据的存储和运算进行隔离的能力。

(3) 车载终端和 UE 型路侧设备应支持系统启动验证功能,固件升级验证功能,程序更新和完整性验证功能以及环境自检功能,确保基础运行环境的安全。

(4) 车载终端和 UE 型路侧设备应支持访问控制和权限管理功能，确保系统接口、应用程序、数据不被越权访问和调用。

(5) 车载终端和 UE 型路侧设备应具有安全信息采集能力和基于云端的安全管理能力。设备可通过安全信息采集与分析发现漏洞与潜在威胁，同时上报云端，由云端平台修补相应漏洞，并通知其他终端防止威胁扩散。

(6) 车载终端和 UE 型路侧设备应具有入侵检测和防御能力。设备可通过分析车内应用的特点制定检测和防御规则，检测和隔离恶意消息。对于可能的恶意消息，可进一步上报给云端平台进行分析和处理。

除了上述共同的安全需求外，UE 型 RSU 还应支持物理安全防护能力、防拆卸或拆卸报警能力、部署位置变动的报警能力等。eNB 型 RSU 形态与 eNB 类似，应参考现有 eNB 设备安全技术要求及安全防护要求进行安全保护。

三、LTE-V2X 车联网系统安全架构

1. 蜂窝通信场景系统安全架构

为了支持基于 LTE-Uu 接口的车联网业务需求，3GPP 标准组织参照邻近通信业务的系统方案在现有 LTE 网络的基础之上引入了 V2X 控制功能网元，对车联网终端及业务进行管控，并对上层业务提供方提供服务支撑，满足业务需要。在此网络架构下，LTE-V2X 车联网系统安全架构如图 6-10 所示。此处以车载终端为例表示终端设备，除此之外，它还可以是 UE 型 RSU 或者行人便携终端。

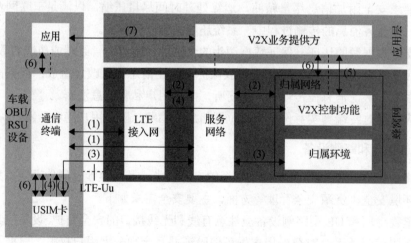

注：漫游场景下，V2X 控制功能可作为 Proxy 位于服务网络

图 6-10 LTE-V2X 蜂窝通信场景系统安全架构示意图

蜂窝通信场景下，LTE-V2X 车联网系统安全架构包含以下七个安全域。

(1) 网络接入安全：车联网终端接入 LTE 网络的信令及数据安全，如图 6-10 中(1)所示，包括接入层安全和非接入层安全。

(2) 网络域安全：LTE 系统网元之间信令及数据交互的安全，如图 6-10 中(2)所示，包括 LTE 接入网与服务网络之间，服务网络与归属网络之间的安全交互。

(3) 认证及密钥管理：车联网终端与 LTE 网络的接入认证以及密钥管理，如图 6-10 中(3)所示。

(4) 车联业务接入安全：车联网终端与 V2X 控制功能之间的安全，如图 6-10 中(4)所示。

(5) 车联业务能力开放安全：V2X 控制功能与 LTE-V2X 业务提供方之间的安全，如图 6-10 中(5)所示。

(6) 网络安全能力开放：LTE 系统向应用层开放网络层安全能力，提供双向身份认证及密钥协商服务，如图 6-10 中(6)所示。

(7) 应用层安全：车联网终端应用和 LTE-V2X 业务提供方之间在应用层提供的数据通信安全和用户隐私安全，如图 6-10 中(7)所示。

2. 直连通信场景系统安全架构

直连通信场景下 LTE-V2X 车联网系统安全架构如图 6-11 所示。其中 RSU 设备可以通过有线接口与交通信号控制系统及业务云平台交互。

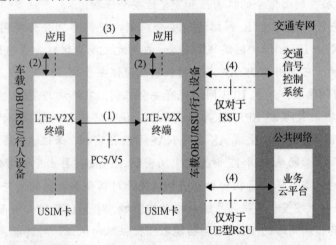

图 6-11 LTE-V2X 直连通信场景系统安全架构示意图

直连通信场景下，LTE-V2X 车联网系统安全架构包含以下四个安全域。

(1) 网络层安全：车联网终端在网络层提供的数据通信安全和用户隐私安全，如图 6-11 中(1)所示。

(2) 安全能力支撑：网络层向应用层提供的安全能力支撑，保护用户隐私信息，如图 6-11 中(2)所示。

(3) 应用层安全：车联网终端在应用层提供的数据通信安全和用户隐私安全，如图 6-11 中(3)所示。

(4) 外部网络域安全：RSU 设备与其他网络域设备之间的接入及数据交互安全，如图 6-11 中(4)所示，是 LTE-V2X 车联网与其他系统之间的安全边界。

【本节知识拓展】

车联网系统安全机制

——LTE-V2X 安全技术，IMT 2020-(5G)推进组，2019 年 7 月

1. 网络层安全机制

1) 蜂窝通信场景

对应于 LTE-V2X 蜂窝通信场景系统安全架构示意图(见图 6-10)，LTE-V2X 车联网系统在网络层包含安全域(1)至(6)，负责网络接入、数据传输的安全以及对外的安全能力开放。目前所采取的安全机制如下。

汽车电子网络安全标准化白皮书(2018 年版).pdf

(1) 网络接入安全：继承 LTE 网络现有安全机制，采用接入层(AS)和非接入层(NAS)两层安全体系保障传输安全。接入层安全负责终端与 LTE 基站(eNB)之间的安全，包括对 AS 层控制面信令的机密性和完整性安全保护，以及对用户面数据的机密性安全保护。非接入层安全负责车联网终端与 LTE 核心网移动性管理实体(MME)之间的安全，包括 NAS 层控制面信令的机密性和完整性安全保护。

(2) 网络域安全：继承 LTE 网络现有安全机制，将网络划分为不同的安全域，使用 NDS/IP 的方式(IKE + IPsec)保护网络域的安全，在网元之间提供双向身份认证、机密性、完整性和抗重放保护。它使用 NDS/AF 定义的机制实现证书管理。

(3) 认证及密钥管理：继承 LTE 网络现有安全机制，在终端与 LTE 核心网间基于运营商安全凭据(如根密钥 K)实现 EPS-AKA 双向认证，保证终端和网络身份的合法性。同时，基于 LTE 分层密钥架构体系，生成 AS 层及 NAS 层会话密钥，保证 AS 层和 NAS 层的数据传输安全。终端及核心网从密钥 K 衍生出中间密钥 Kasme，再由中间密钥 Kasme 衍生出 AS 层和 NAS 层的完整性保护密钥和加密密钥，用于对信令和数据的完整性保护和加密。

(4) 车联业务接入安全：车联网系统新增的安全域，对于 LTE 核心网而言属于应用层安全。它在终端与其归属网络的 V2X 控制功能之间提供双向认证，对终端身份提供机密性保护；在终端与 V2X 控制功能之间对配置数据提供传输时的完整性保护、机密性保护和抗重放保护。它包括 UICC 配置传输安全和终端数据传输安全。

UICC 配置传输安全的基本机制如下。终端部署应用后，UICC 上保存的配置参数可能需要更新以反映系统配置的更改。这时可采用 UICC OTA 机制对更新的配置数据进行传输保护。

终端数据传输安全根据消息发起方的不同在机制流程上有所区别。对于终端发起的消息，可通过 GBA(Generic Bootstrapping Architecture)机制在终端与 V2X 控制功能之间进行双向认证并协商会话密钥，以此为基础建立 PSK TLS 安全连接。对于网络侧发起的消息，需根据不同情况进行不同处理。如果终端与 V2X 控制功能之间在先前消息交互时建立的 PSK TLS 安全连接仍然存在，则使用已有的 PSK TLS 会话完成消息的安全传输；否则，需使用

GBA Push 机制在终端与 V2X 控制功能之间进行双向认证并协商会话密钥，以此为基础重新建立 PSK TLS 安全连接。

(5) 车联业务能力开放安全：车联网系统新增的安全域，保证对上层应用提供 LTE-V2X 业务能力开放过程中的接入及数据传输安全。它可采取类似于网络域安全的方法来保护，在不同安全域之间采用 IPSec、TLS 等安全机制为业务提供双向认证、加密、完整性保护和抗重放的安全保障。

(6) 网络安全能力开放：继承 LTE 网络现有 GBA、GBA Push 等安全机制，利用 LTE 网络在终端侧 USIM 卡以及核心网中已有的密钥信息对终端进行身份认证并且为应用层协商会话密钥。LTE-V2X 业务提供方可利用网络层开放的安全能力在应用层建立安全的通信通道，保证业务数据传输的安全，降低对于应用层安全机制的依赖。

2) 直连通信场景

对应于 LTE-V2X 直连通信场景系统安全架构示意图(见图 6-11)，LTE-V2X 车联网系统在网络层包含安全域(1)、(2)和(4)，负责基于 PC5 接口数据传输的安全以及对上层应用的安全能力支撑。目前采取如下安全机制。

(1) 网络层安全：根据 3GPP 组织的定义，终端在网络层不采取任何机制对 PC5 接口上广播发送的直连通信数据进行安全保护，数据的传输安全完全在应用层 V5 接口保障。网络层仅提供标识更新机制对用户隐私进行保护。终端通过随机动态改变源端用户层二标识和源 IP 地址，防止用户身份标识信息在 PC5 广播通信的过程中遭到泄露，被攻击者跟踪。

(2) 安全能力支撑：网络层向应用层提供安全能力支撑，采取用户标识跨层同步机制确保源端用户层二标识、源 IP 地址与应用层标识同步更新，防止由于网络层与应用层用户身份标识更新的不同步，导致用户标识关联信息被攻击者获取，用户隐私信息遭到泄露。

(3) 外部网络域安全：采取类似于网络域安全的方法来保护。在 RSU 设备与其他网络域设备之间通过物理隔离防护的方法保证传输链路的物理安全，或者通过建立 IPSec、TLS 等安全通信通道的方法，为跨网络域数据及信息交互提供双向认证、加密、完整性保护和抗重放的安全保障。

2. 应用层安全机制

LTE-V2X 车联网业务应用安全包含基于云平台的和基于直连通信的两个部分。

基于云平台的 LTE-V2X 车联网业务应用与传统移动互联网应用类似，可采取现有安全机制在软硬件、系统等方面做好防护，同时可将应用层安全机制作为蜂窝通信场景的附加安全解决方案，确保业务数据传输时的安全。

1) 直连通信安全

为了实现 OBU、RSU 等 V2X 设备间的安全认证和安全通信，LTE-V2X 车联网系统使用基于公钥证书的 PKI 机制确保设备间的安全认证和安全通信，采用数字签名等技术手段实现 V2V/V2I/V2P 直连通信安全。密码算法应采用国家密码管理局批准的国密算法，数字证书应符合国家标准或者行业标准的技术要求。

如图 6-12 所示，以 V2I 通信为例给出了典型的 V5 接口安全通信过程，具体如下。

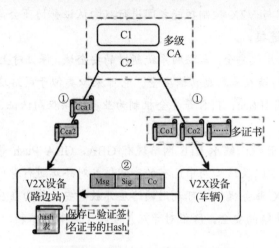

图 6-12 安全的直连通信流程图

CA 证书管理系统以安全的方式向 OBU 终端颁发公钥证书(安全消息证书 Co1、Co2、……)用于签发 PC5/V5 直连通信消息,向 RSU 下发 CA 公钥证书(Cca1、Cca2)用于验证 OBU 公钥证书的真实性。为了保护用户隐私,CA 管理系统可以一次下发多个采用假名方式标识的公钥证书供 OBU 终端随机使用。

OBU 终端使用公钥证书(Co)对应的私钥对业务消息内容进行数字签名,之后将业务消息内容、消息签名值以及所使用的公钥证书/证书链组建成完整 PC5/V5 直连通信消息在接口上广播发送。

接收到 PC5/V5 直连通信消息后,RSU 使用 CA 公钥证书(Cca1、Cca2)验证消息中携带的 OBU 公钥证书或证书链,然后利用 OBU 公钥证书里的公钥验证消息签名,以检查消息的完整性。

成功验证 OBU 公钥证书(Co)后,RSU 可将该证书的 Hash 值保存在本地,后续可通过 Hash 值验证该证书,从而减少证书验证所需的密码运算开销。

2) CA 基础设施构建

为了能够对基于数字证书的应用层安全机制提供有效支撑,LTE-V2X 车联网系统需要建立一套完整的 CA 管理系统,实现证书颁发、证书撤销、终端安全信息收集、数据管理、异常分析等一系列与安全相关的功能,确保 V2X 业务的安全。

3) 系统框架

CA 管理系统需要管理车载终端设备、路侧设备以及包括制造工厂、注册机构、授权机构和服务机构在内的与 LTE-V2X 车联网业务相关的各个部门,其总体框架如图 6-13 所示。

制造工厂负责 LTE-V2X 车联网系统相关设备的生产,如车载终端设备、路侧设备、后台系统所使用的安全设备等。

注册机构负责车载设备及路侧设备的认证,只有经过相关注册机构的认证,这些设备才能在系统中使用。LTE-V2X 车联网系统中注册机构为颁发注册证书的 CA。

第六章 自动驾驶系统安全性

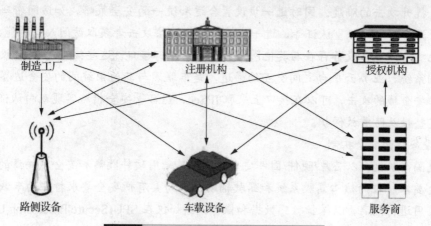

图 6-13 LTE-V2X 安全基础设施总体框架

授权机构负责车载设备及路侧设备的授权，只有经过相关授权机构的授权，这些设备才能在系统中播发或接收授权许可的消息。LTE-V2X 车联网系统中授权机构为颁发安全消息证书的安全消息 CA 和颁发服务消息证书的服务消息 CA。

根据 LTE-V2X 车联网业务管理模式的不同，注册机构和授权机构可以是同一个管理部门负责，也可以由不同的管理部门负责。

4) 基本工作流程

LTE-V2X 车联网 CA 管理系统的基本工作流程如下。

(1) 注册机构对 LTE-V2X 车联网设备和服务机构的资格进行认证，并向通过认证的实体颁发注册(认证)证书。

(2) LTE-V2X 车联网设备利用注册证书向授权机构申请 LTE-V2X 车联网系统的功能授权。

(3) 授权机构根据 LTE-V2X 车联网设备的认证证书向其颁发授权证书，授权证书中描述了该设备所能执行的功能和安全操作。

(4) LTE-V2X 车联网设备利用授权证书及其对应的公私钥对收发的消息进行签名、验签或加解密等安全操作。

3. 终端和路侧设备安全机制

车载终端和路侧设备安全是 LTE-V2X 车联网安全的关键环节。对车载终端的攻击轻则可能导致车辆故障或者被盗，致使用户财产受损，重则可能导致车毁人亡的重大交通事故。对路侧设备的攻击会对车联网系统整体造成影响，严重时可能造成交通系统混乱。

针对车载终端和 UE 型路侧设备的共同点，可以从接口层面和设备层面两个方面保证其安全性。

1) 接口层面安全机制

车载终端和 UE 型路侧设备的关键芯片要尽量采用无管脚暴露的封装形式，商用产品要禁用调试接口。

车载终端和 UE 型路侧设备需要进行访问控制，检查访问者是否具备合法的令牌、口令或证书,提升攻击的难度。同时进一步设置合适和统一的安全策略,如访问密码复杂度,对关键资源访问采用双重认证等,进一步提升防御非法攻击者获取访问入口的能力。

除此之外,RSU 设备存在与其他网络域设备的外部接口。这些接口是 RSU 设备与交通信号控制系统、业务云平台之间交互的通道,是车联网与其他系统间的安全边界。为了防止网络跨安全域的攻击,可以在接口上采取 IPSec、TLS 等安全措施实现双向认证、数据机密性、完整性及防重放保护。

2) 设备层面安全机制

系统隔离机制:以芯片/硬件/固件安全为基础,采用硬件隔离和安全域隔离的方式将具有高安全要求特征的核心驾驶系统和驾驶辅助应用与具有低安全要求特征的车载娱乐系统和娱乐应用进行隔离,以保护敏感数据和操作。例如仅在 SPU(Secure Processing Unit,安全处理器)/TEE(Trusted Execution Environment,可信执行环境)/SE(Secure Element,安全单元)中进行密码运算及敏感操作。

安全启动和安全升级机制:采用对软件包进行数字签名的技术,通过校验系统和应用软件的数字签名确定软件包是否合法,从而保证系统只能引导合法的系统和应用。

安全存储和传输机制:为上层应用提供基于软件或硬件的加解密服务,保护敏感数据。提供加密和签名服务,保证发送消息的机密性和完整性。

另外,UE 型与 eNB 型路侧设备还需要具备保证部署环境安全的机制,例如对位置和工作状态进行监控,预警部署环境威胁,对设备外壳进行防拆解改造,通过防拆解电路报警机制加强抵御物理攻击的能力。eNB 型 RSU 还应结合现有 eNB 设备安全技术机制及安全防护机制进行安全保护。

4. 安全运营和管理

车联网系统涉及的处理、管控环节众多,虽然可以在网络、应用、终端、数据、车辆等各方面采取主动安全机制预防来自各方的攻击,然而,不可避免地仍会存在潜在的安全漏洞,安全事件也仍会发生。为了进一步增强车联网系统发现和应对安全事件的能力,车联网还应加强安全运营及管控,增强系统的安全防御能力。

车联网安全运营及管理体系是一套完整的系统安全解决方案,基本结构如图 6-14 所示。它从采集、检测、发现、评估、调查和响应等环节对车联网安全事件进行全生命周期的监测和管理。车联网安全运营管理体系能够收集和存储来自每个节点的安全事件和安全问题,并且通过对安全事件的高级分析,关联解析出单个节点无法分析出的安全威胁,提升安全威胁事件预警的准确率,并以可视化的方式呈现,从而综合提升 LTE-V2X 车联网安全的管控能力。

车联网安全运营及管理体系包含以下三个层次。

1) 数据采集层

数据采集层主要负责车联网安全事件及 V2X 应用异常行为的采集。该层收集各类安全事件,包括:入侵检测和防御(IDPS)事件、车内各模块的安全事件、OEM 和需提供集成商(OEM&SI)提供的安全事件和其他途径获取的安全事件,并上报到安全运营管理平台。该平台将收集和存储上报的大量相关安全信息。

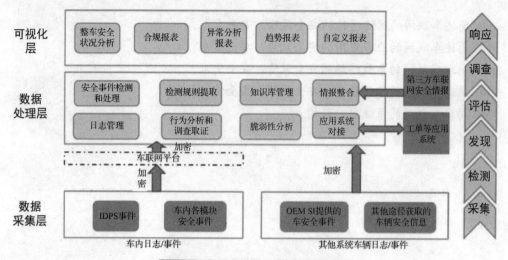

图 6-14 车联网安全运营及管理体系

2) 数据处理层

数据处理层主要负责车联网安全事件的分析和处理。除了从数据采集层收集信息外，该层还会从第三方收集车联网安全情报，然后进行分析、去重，并结合历史威胁以及威胁情报，降低事件的误报率，通过安全事件处理机制，派发工单，对安全事件进行处理。

3) 可视化层

可视化层主要负责车联网威胁和风险的可视化呈现，这部分给运营人员呈现一个威胁可读、可视、可感知的平台，对历史安全事件进行留存，便于事件调查、分析和取证。

复 习 题

1. WP.29 发布的《自动驾驶汽车框架文件》的安全愿景是什么？
2. 简述 WP.29 发布的《自动驾驶汽车框架文件》优先考虑的关键问题和原则。
3. 什么是功能安全？
4. 简述自动驾驶系统的功能安全 12 条原则。
5. 什么是失效安全能力和失效降级能力？
6. 什么是最低风险状况和最低风险策略？
7. 简述交通阻塞巡航场景的标称功能定义、最低风险状况、最低风险策略；简析其安全要素。
8. 简述高速公路巡航场景的标称功能定义、最低风险状况、最低风险策略；简析其安全要素。
9. 简述城市巡航场景的标称功能定义、最低风险状况、最低风险策略；简析其安全要素。

10. 简述停车场巡航场景的标称功能定义、最低风险状况、最低风险策略；简析其安全要素。
11. 简述车联网的网络通信的安全风险、安全需求。
12. 简述车联网的业务应用的安全风险、安全需求。
13. 简述车联网的车载终端的安全风险、安全需求。
14. 简述车联网的路侧设备的安全风险、安全需求。
15. 简述车联网的系统安全架构。

第七章 自动驾驶技术测试

【知识要求】

- 了解自动驾驶车辆模拟测试技术的基本方法、评价方法。
- 熟悉自动驾驶车辆道路测试规范。
- 掌握自动驾驶车辆场地测试项目、通过条件与测试规程。
- 了解《车辆智能管理标准体系建设指南》。

自动驾驶车辆研发与产业化过程可分成五个阶段：实验室测试阶段，封闭测试场测试阶段，开放道路测试阶段，开放区域测试阶段，规模部署阶段。

实验室测试阶段：指在软件仿真、硬件仿真、车辆仿真等实验室内的研发测试阶段。

封闭测试场测试阶段：指在具备多种交通场景与动静态模拟交通流下的受控场地内的研发测试阶段。重点要解决自动驾驶车辆进入开放道路测试阶段前的自动驾驶能力评估问题，其评估结果是进入开放道路测试及开放区域测试阶段的重要依据。

开放道路测试阶段：指在有社会车流、人流参与的受限(限制时间、限制路段)实际道路上的研发测试阶段。重点要增强自动驾驶车辆实际道路下的场景适应性，提高其自动驾驶能力。其评估结果也是进入开放区域测试阶段的重要依据。

开放区域测试阶段：指在有社会车流、人流参与的具备实际运行意义区域内的研发与运行测试阶段。重点解决自动驾驶车辆的产品形态与商业模式问题。

规模部署阶段：指规模化运营与销售。在此之前，需要按照相关测试评价标准完成检测认证。

实验室测试阶段与规模部署阶段，主要以测试主体为主。封闭测试场(场)、开放道路测试(路)、开放区域测试(区)三个阶段需要政策、标准、环境等方面的突破与支撑，是自动驾驶快速实现产业化落地的重要环节。

第一节　自动驾驶技术仿真测试概述

一、自动驾驶仿真技术和方法

1. 仿真技术的基本概念

自动驾驶仿真技术是计算机仿真技术在汽车领域的应用，仿真系统进行分析和研究的一个基础性和关键性的问题就是将系统模型化，通过数学建模的方式将真实世界进行数字化还原和泛化，建立正确、可靠、有效的仿真模型是保证仿真结果具有高可信度的关键和前提。

自动驾驶汽车是通过搭载先进的车载传感器、控制器和数据处理器、执行机构等装置，借助车联网、5G 和 V2X 等现代移动通信与网络技术实现交通参与物彼此间信息的互换与共享，从而具备在复杂行驶环境下的传感感知、决策规划、控制执行等功能。驾驶系统基于环境感知技术对车辆周围环境进行感知，并根据感知所获得的信息，通过车载中心计算机自主地控制车辆的转向和速度，使车辆能够安全可靠地行驶，并到达预定目的地。

自动驾驶的关键技术是环境感知技术和车辆控制技术。其中环境感知技术是自动驾驶汽车行驶的基础，车辆控制技术是自动驾驶汽车行驶的核心，包括决策规划和控制执行两个环节。自动驾驶的整个流程归结起来有三个部分：①通过雷达、激光雷达、摄像头、车载网联系统等对外界的环境进行感知识别；②在融合多方面感知信息的基础上，通过智能算法学习外界场景信息，预测场景中交通参与者的轨迹，规划车辆运行轨迹，实现车辆拟人化控制融入交通流；③跟踪决策规划的轨迹目标，控制车辆的油门、刹车和转向等驾驶动作，调节车辆行驶速度、位置和方向等状态，以保证汽车的安全性、操纵性和稳定性。无论是环境感知技术，还是车辆控制技术，自动驾驶都需要大量的算法支持，而算法研发是个不断迭代的过程，在算法不成熟的条件下，为了配合自动驾驶汽车的功能和性能开发，必须遵循从纯模型的仿真到半实物的仿真，再到封闭场地和道路测试，并最终走向开放场地和道路测试这一开发流程。

仿真技术的基本原理是在仿真场景内，将真实控制器变成算法，结合传感器仿真等技术，完成对算法的测试和验证。NVIDIA 较为详细地解释了一种基于端到端深度学习原理的仿真测试，其主要过程如下。

(1) 架构：设计深度卷积神经网络(CNN)，包括标准化层，卷积层，全连接层，输入为道路影像图片，输出为方向盘控制角度。

(2) 训练：仿真器根据之前准备好的由前视摄像头拍摄的道路影像，每一帧图片对应的人类司机操控方向盘的旋转角度作为真实参考值，用于校正 CNN 的输出角度，利用这些数据对 CNN 进行训练，使输出角度和真实角度的平均平方误差达到最小。

(3) 数据处理：对于每一帧图片，随机移动、翻转、扭曲、遮挡、改变亮度等，并相应改变方向盘的真实角度，用于模拟汽车的不同位置和环境，以期达到正态分布的仿真情境。

(4) 测试：训练好的 CNN 可以实时通过图像输出方向盘角度，可以直观地看出汽车在仿真器道路上的行驶状态。

2. 自动驾驶仿真平台

一个完整的自动驾驶仿真平台，需要包括静态场景还原、动态案例仿真、传感器仿真、车辆动力学仿真、并行加速计算等功能，并能够较为容易地接入自动驾驶感知和决策控制系统，如图 7-1 所示。算法与仿真平台紧密结合，形成一个闭环，达到持续迭代和优化的状态。

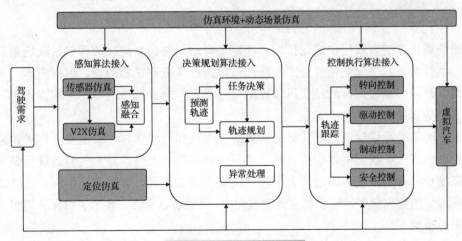

图 7-1　自动驾驶仿真平台

仿真环境与动态案例仿真，构成了复杂多变的交通场景仿真。仿真环境的构建有很多方案，一种方案是可以采集实际环境信息及已有的高精度地图构建静态场景，通过采集激光点云数据，建立高精度地图，构建环境模型，并通过自动化工具链完成厘米级道路还原。静态场景数据编辑和自动生成技术，可基于实体场景完成真实道路自动化还原，也可以对道路周围树木及信号灯等标识根据不同拓扑结构进行自动的排布组合，生成更多的衍生虚拟场景。另一种方案是人为创建所需的环境，可以只包括那些简单的典型道路和场景，也可以把复杂的立交桥、隧道、各种障碍物、车道线和交通标志包括进来，用于不同的仿真测试和训练目的。

动态场景仿真可以用实际道路上采集的海量真实数据，经过算法抽取，结合已有的高精度地图，做动态场景重建；也可以对多元类型数据进行整合与加工，通过算法构建逼近真实的智能体行为模型，可实现差异化动态场景的快速搭建。除此之外，随机交通流的生成可模拟复杂的交通环境，通过设置交通车辆、行人、非机动车的密度，根据统计学的比例自动生成，提升了整个场景搭建的速度。图 7-2 展示了通过虚拟场景结合车流与行人智能体，构建出的环岛交通场景。

图 7-2　交通场景仿真

交通场景仿真的参数化和泛化技术，决定了自动驾驶仿真测试历程和工况场景几乎是无限的，不管是正常工况还是危险工况，都可以进行重复测试和验证，这样更容易发现和定位问题。开放仿真接口，通过代码来控制交通场景，对于通过机器学习和强化学习来做算法训练也是非常有必要的。

对于自动驾驶算法验证，尤其是感知算法，天气和气候仿真也很重要，这对传感器的有效工作影响重大。我们可以在仿真环境里，设置不同的天气，对天气参数进行调节，比如太阳高度角，雾的浓度，雨滴的大小等，模拟出极端天气，训练智能车应对这些情况，然后将训练好的数据模型运用于真实驾驶过程中。如图 7-3 所示，展示了仿真环境里太阳逆光的效果的模拟。

传感器仿真，即环境感知传感器的建模能力需要对传感器物理原理的大量先验知识和经验。

为满足自动驾驶的复杂需求，Waymo 开发传感器矩阵，可实现 360°全景探查及监控。这类多层级传感器套件可以无缝协同工作，绘制出清晰的 3D 全景图像，显示行人、自行车、来往车辆、交通指示灯、建筑物和其他道路特征等动态及静态目标。

图 7-3　天气仿真

Lidar(激光雷达)系统，使用激光进行检测和测距，可全天候工作，每秒可发射数百万个 360°全景激光脉冲，测量发射到表面并返回车辆所需的时间。Waymo 的系统包括内部开发的三种不同类型的激光雷达：短程激光雷达、高分辨率的中程激光雷达、新一代功能强大的长距离激光雷达。

视觉(摄像头)系统，Waymo 的视觉系统由多套高分辨率摄像头组成，以便在长距离、日光和低亮度等多种情境下完成协作。同时具有 360°全景视野，相较之下，人类的视野却只有 120°。Waymo 视觉系统分辨率高，可探查不同的颜色，因而能帮助系统识别交通指示灯、施工区、校车和应急车辆的闪光灯等。

雷达系统，雷达利用毫米波来感知物体及其运动，这类波长可以穿透雨滴等目标物，从而使得雷达在雨、雾、雪等天气中都发挥作用。Waymo 的雷达系统具有连续的 360°视野，可追踪前后方和两侧过路车辆的行驶速度。

辅助传感器(Supplemental Sensors)，Waymo 还提供了部分辅助传感器，包括音频检测系统，该系统可以听到数百英尺远的警车和急救车辆所发出的警报声。

从仿真角度来讲，不管是哪种传感器，理论上都可以从三个不同的层级仿真，第一个是对物理信号进行仿真，第二个是对原始信号进行仿真，第三个是对传感器目标进行仿真。物理信号仿真，就是直接仿真传感器接收到的信号，如摄像头：直接仿真摄像头检测到的光学信号；雷达：直接仿真声波和电磁波信号。原始信号仿真，是把传感器探测的单元拆掉，因为控制电控嵌入式系统中有专门的数字处理芯片，可以直接仿真数字处理芯片的输入单元。最后一层传感器目标仿真。做传感器感知和决策，如果是分为两个不同层级的芯片来做，那么可以将传感器检测的理想目标直接仿真到决策层算法输入端。这种目标级输入信号一般是 CAN 总线输入信号或者其他通信协议格式输入信号。比如，差分 GPS 和 IMU 可以通过串口通信来仿真。

车辆动力学仿真。传统的商业仿真软件在这个领域已经非常成熟，一般将车辆模型参数化，包括：车体模型参数化、轮胎模型参数化、制动系统模型参数化、转向系统模型参数化、动力系统模型参数化、传动系统模型参数化、空气动力学模型参数化、硬件I/O接口模型参数化，根据实际测试车辆的动力学配置合适参数。使用这些复杂车辆参数，可以保证车辆的仿真精度更高，使被控对象更接近于真实的对象。同时它还有一个较好的作用是，在制作自动驾驶系统开发时可能涉及一些转向、制动、线控系统开发，这种系统也需要被控对象模型。有了这些被控对象模型后，就可以把真实的线控制动、线控转向系统和自动驾驶系统集成到大系统中共同做仿真测试，这样测试的目的和意义主要是独立验证整个线控系统，同时还可以验证自动驾驶系统与线控系统的交互。

在有了丰富的交通场景库，准确的传感器仿真模型和车辆动力学仿真模型后，如何通过仿真平台加速自动驾驶算法测试和验证的迭代周期，这一问题可以通过纯软件方式的并行计算架构实现。并行计算或称平行计算是相对于串行计算来说的，它是一种一次可执行多个指令的算法，目的是提高计算速度，以及通过扩大问题求解规模，以解决大型而复杂的计算问题。所谓并行计算可分为时间上的并行和空间上的并行。时间上的并行就是指流水线技术，而空间上的并行则是指用多个处理器并发的执行计算。并行计算(Parallel Computing)是指同时使用多种计算资源解决计算问题的过程，是提高计算机系统计算速度和处理能力的一种有效手段。它的基本思想是用多个处理器来协同求解同一问题，即将被求解的问题分解成若干个部分，各部分均由一个独立的处理机来并行计算。并行计算系统既可以是专门设计的、含有多个处理器的超级计算机，也可以是以某种方式互联的若干台的独立计算机构成的集群。通过并行计算集群完成数据的处理，再将处理的结果返回给用户。

二、自动驾驶的仿真测试评价

自动驾驶车辆势必要在相同运行设计域内应对人类驾驶员每天会遇到的各类驾驶情境，这意味着自动驾驶系统需要证明其具有适用的技能，或"行为能力"，这对既定位置及运行条件而言，是不可或缺的条件。业界已经充分认识其重要性，也在努力推动着评价标准的建立，但是仍未就如何在现实世界中测试它们的安全性和其他性能达成一致。由于时间和成本的限制，无法进行充分的道路测试，因此普遍共识是需要基于仿真的测试评价。对于这样的评价，仿真中包含的场景应代表被测功能的预期实际使用场景，利用仿真环境的高可复现性和执行性，自动驾驶算法可以得到较为客观的测试结果。

如图7-4所示为自动驾驶仿真测试的评价体系，主要针对的是自动驾驶整体算法的测试和评估。在算法接入仿真平台后，测试的关键部分是交通场景仿真，即系统预期运行环境的条件模型。环境条件通常概述于"场景"中，包括但不限于道路属性(车道数、坡度、出口、路障、道路条件等)、交通属性(其他交通参与者的数量和速度、其他驾驶员的可能模型)和总体环境条件(能见度、天气条件等)。这些条件模型的组合形态既包括实际交通中经常出现的"标准工况"，也包括对于安全性评价，导致事故的"危险工况"，以及两者相结合的"复杂交通流"，不管哪种模型，测试场景标准化都尤为关键。

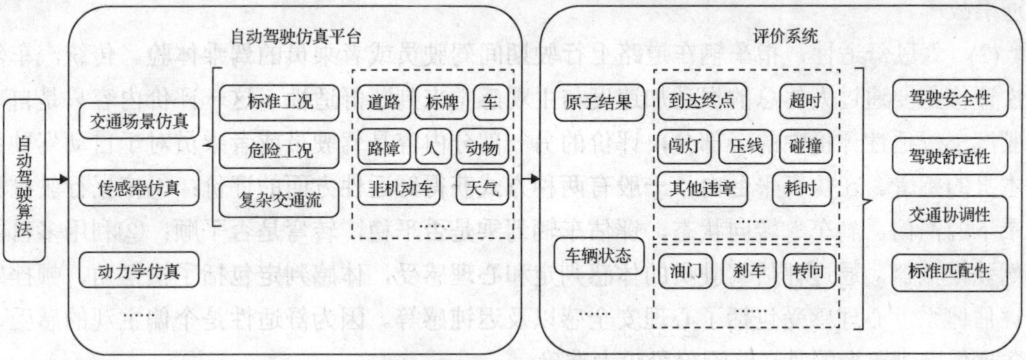

图 7-4 仿真测试评价体系

场景可以应用到标准的整个开发过程中以得到各中间产物,从概念阶段到产品开发,再到系统验证和测试。在整个开发周期中,要求在不同抽象级别上对所用场景有一致性表述,就此可以将场景划分为三个抽象级别:功能场景(Functional scenarios)、逻辑场景(Logical scenarios) 和具体场景(Concrete scenarios)。功能场景是场景表述的最抽象级别,是通过语义描述的操作场景,通过语言场景符号来描述域内的实体以及实体间的关系,首先需要制定一个术语表,这个术语表包括不同实体的术语和这些实体的关系短语。为了生成一致的功能场景,术语表的所有术语必须是明确的,其来源可以是实际的标准和法规,如道路交通规则。功能场景的详细程度取决于实际的开发阶段和正在开发的项目。逻辑场景以状态空间呈现操作场景。通过定义状态空间内变量的参数范围,可以表达实体特征和实体间的关系。参数范围可以选择用概率分布来确定。此外,不同参数的关系可以通过相关性或数值条件来确定。逻辑场景应包含该场景的形式标记。具体场景以状态空间详细描述了操作场景。通过确定状态空间中每个参数的具体值来明确描述实体和实体间的关系。对于每一个具有连续取值范围的逻辑场景,都可以派生出任意数量的具体场景。为保证生成具体场景的效率,应选择有代表性的离散值进行组合。只有具体场景可以直接转化为测试用例。要将具体场景转换成测试用例,需要增加被测对象的预期行为表现,以及对相关测试设施的需求,而被测对象的预期行为则可以从操作场景、逻辑场景或项目定义中导出。

标准化交通场景确定之后,自动驾驶算法接入仿真平台即开始测试,可以记录下自动驾驶车辆从起点出发之后所有的细微表现,如是否闯红灯,压实线,是否发生碰撞,是否到达终点,甚至全程的油门、刹车、转向状态都会被记录下来。自动驾驶的测试评价源于这些结果和车辆状态。

仿真平台测试评价体系还在不断深化和完善中,在标准化交通场景的帮助下,可以从驾驶安全性、驾驶舒适性、交通协调性和标准匹配性四个视角去评价。

(1) 驾驶安全性,指车辆在道路上的行驶决策和行为。自动驾驶车辆也需要遵守交通规则,必须在各种驾驶情境(不论该情境是预期内还是预期外的)为用户提供导航,确保驾驶安全性。在仿真平台内,我们很容易得到关于安全性的评价。首先是对自动驾驶模块运行可靠性的判定,类似模块是否会发生软件的致命错误、内存泄漏和数据延迟等;其次是对自动驾驶基础功能的评价,类似于是否按照道路指示标志行车,是否冲撞行人,是否发生交通事故等。

(2) 驾驶舒适性，指车辆在道路上行驶期间驾驶员或者乘员的驾乘体验。传统汽车舒适性评价主要通过人体总的振动加速度与主观感觉来判断舒适性，这一评价内容只是自动驾驶汽车舒适性评价中的一部分，评价的另一部分内容是驾驶员或者乘员对于自动驾驶系统本身的感受。在仿真平台内，一般有两种方式获得舒适性方面的评价：①依据行驶过程记录下的油门、刹车、转向状态，评估车辆驾乘是否平稳，转弯是否平顺；②利用多自由度驾驶模拟器，通过评估驾驶员的体感判定和心理感受，体感判定包括了横摆角、顿挫感等评估体系，心理感受包括了心理安全感以及迟钝感等。因为舒适性是个偏主观的感受，这条评价准则更多的是在路测阶段较为准确。

(3) 交通协调性，指车辆在道路上行驶时相对其他交通参与者的交通移动表现。人类驾驶员会根据其他的交通参与者的行为方式来判断、选择自己该用什么样的行为方式。自动驾驶汽车也是需要判断它周边车辆的意图做出规划和决策的。比如跟车，一般人类驾驶员如果发现前车很慢，而左侧车道无车时，经常会选择变道超车，而自动驾驶汽车有可能就一直保持安全距离跟车，从而影响它后面的其他车辆。从驾驶安全性和舒适性上，自动驾驶汽车选择的行为方式可能没有问题，但从协调性角度看，并非最佳选择。在仿真平台内，对交通协调性的评价方法是比较困难的，虽然我们会记录下来每次交通场景下，自动驾驶算法的规划和决策，但只能从外部交通参与者或全局视角去分析评价它。协调性的提升，需要靠算法不断地自我强化学习。

(4) 标准匹配性，指按不同国家的法律法规，对自动驾驶行为做出评价。在仿真平台内，因为我们输出的是原始结果，通过不同的排列组合和条件筛选，可以从不同维度，按不同行业标准，对自动驾驶算法做出评价。

【本节知识拓展】

自动驾驶仿真技术蓝皮书

——《2019中国自动驾驶仿真技术研究报告》

自动驾驶系统的计算机仿真是自动驾驶车辆测试和试验的基础关键技术，也是未来行业定义自动驾驶车辆相关开发与准入技术标准的基础工具。计算机仿真测试与真实物理测试互为补充，缺一不可。

《2019中国自动驾驶仿真技术蓝皮书》是一部全面介绍中国自动驾驶仿真测试发展现状的工具书。由多家学术研究单位与企业，通过详细收集并整理当前行业现状，结合自动驾驶仿真领域多位行业专家意见汇编而成。蓝皮书内容涵盖仿真测试的意义、测试方法和作用、搭建技术方案、软件现状、虚拟场景数据库、数据集、示范区测试方式介绍、仿真测试标准介绍、挑战及发展趋势等部分，旨在为从事自动驾驶系统仿真与测试评价工作的管理人员及科研人员提供及时详细的技术参考。

自动驾驶仿真技术蓝皮书.pdf

联合发布机构：清华大学苏州汽车研究院，广汽研究院智能网联技术研发中心，中国汽车技术研究中心智能汽车研究室暨汽车软件测评中心、江苏省智能网联汽车创新中心、北京智能车联产业创新中心、奇点汽车、当家移动绿色互联网技术集团有限公司(51VR)。

计算机仿真与虚拟测试技术在自动驾驶研发过程中将发挥越来越重要的作用，并将推动自动驾驶技术早日实现商业化。未来具备信息高度共享化的智能网联汽车与车联网技术从根本上组成了一个信息物理系统，仿真软件也将在信息模型与物理模型两个维度进行综合仿真，对全系统进行完整的仿真。从模型到软件，从软件到硬件，从部件到系统，各层次都需要不断深入地构建智能网联汽车的知识模型，组成完整的知识技术体系。交通系统是人—车—路相互作用的系统，自动驾驶系统仿真技术的重点发展方向是提供接近真实的复杂动态环境，尤其对机动车、非机动车、行人等交通参与者的高度动态交互行为，对天气与天光变化的仿真，并把上述动态交通要素按照不同的复杂程度进行重新组合。

自动驾驶汽车将在一个漫长的周期内逐步替代传统汽车，必然形成传统汽车与自动驾驶汽车混行的局面，研究人机交互将成为仿真技术研究的一个方向。智慧交通与车联网技术使得自动驾驶的汽车与数字智能化道路进行有机融合，研究在交通系统下的车辆行为也是仿真技术的另一发展方向。未来，需要对自动驾驶车辆进行更多维度的测试与评价。首先可以对车辆驾驶的自治性进行评价。对车辆本身在一定外界条件下的行驶能力进行测试评价。其次可以对车辆参与交通的协调性做出测试与评定。根据其他的交通参与者的行为方式选择自身用何种行为进行交互性回应。这些测试与评价需要仿真技术提供更高维度的虚拟场景与评价体系。

未来，自动驾驶仿真技术会始终服务于法律法规。通过仿真评估交通事故的法律责任，对交通行为进行管理和监管，对交通规则进行技术评估。自动驾驶仿真技术将服务于产品认证，通过仿真方法提供一个科学而全面的产品测试和审查方法。自动驾驶仿真技术还将协助建立一个全国范围的通用型数据库，其包含自动驾驶汽车工作的典型工况和边缘案例，数据信息可与其他国家和地区共享，帮助行业进行跨地区的交叉认可，最终达到自动驾驶系统的技术普适性。

对于此次蓝皮书的意义，成波教授表示："国内自动驾驶仿真行业尚处于起步阶段，但正在打破国外仿真软件长期垄断的状况，此次蓝皮书的发布正是对中国原创仿真软件崛起的一个阶段性总结。"

【本节技术案例】

自动驾驶测试数据集：KITTI 简介

自动驾驶的功能安全性、可靠性验证以及如何符合国际标准 ISO 26262 的要求，成为智能汽车从研发到产业化的主要阻碍。相对于社会和客户对自动驾驶功能安全性及事故率的极高要求，摆在各大车企面前的是上亿公里的道路测试需求。如何加速和简化这一测试验证流程成为各大车企产业化自动驾驶技术的主要挑战。在这些前提和市场需求下，不管是传统的仿真软件还是新兴的仿真平台，都逐渐推出了 XiL(X in the Loop, X 代表任何参与开发过程的测试类型)的概念，也就是上文我们曾经提及的自动驾驶测试阶段，从纯模型的仿真到半实物的仿真，到整车在环，到最终路测。该技术通过对自动驾驶硬件模型化、自动驾驶环境数字化、自动驾驶场景参数化等手段，使自动驾驶系统的虚拟测试验证成为可能。结合现代强大的现实虚拟还原技术，绝大多数的自动驾驶系统测试可以被搬到计算机虚拟世界中进行，并加速进行，从而节省了海量验证测试的时间和测试构建成本。

在自动驾驶算法迭代初期，对于原理和软件系统验证的 SiL(Software in the Loop)占据较为重要的地位。自动驾驶作为人工智能在汽车行业的应用领域，需要大量的数据集来训练机器学习算法，主要是感知识别算法。目前，全球主流的自动驾驶测试数据集包括 Cityscapes、Imagenet(ILSVRC)、COCO、PASCAL VOC、CIFAR、MNIST、KITTI、LFW 等。

KITTI 是由德国卡尔斯鲁厄理工学院和丰田芝加哥技术研究院于 2012 年联合创办，是目前国际上最大的自动驾驶场景下的计算机视觉算法评测数据集，也是目前全球公认的自动驾驶领域最权威的测试数据集。KITTI 用于评测 3D 目标(机动车、非机动车、行人等)检测、3D 目标跟踪、道路分割等计算机视觉技术在车载环境下的性能。KITTI 包含市区、乡村和高速公路等场景采集的真实图像数据，每张图像中多达 15 辆车和 30 个行人，还有各种程度的遮挡。

整个数据集由 389 对立体图像和光流图，39.2km 视觉测距序列以及超过 200k 3D 标注物体的图像组成，以 10Hz 的频率采样及同步。对于 3D 物体检测，label 由 car、van、truck、pedestrian、pedestrian(sitting)、cyclist、tram 以及 misc 组成。

采集车的双目摄像头基线长 54cm，车载计算机为英特尔至强的 X5650 CPU，RAID 5 4TB 硬盘。采集时间是 2011 年的 9 月底和 10 月初，总共大约 5 天。图 7-5 为 Kitti 的数据采集车。

图 7-5 Kitti 的数据采集车

主要传感器型号见表 7-1。

表 7-1 主要传感器型号

名称	型号	数量	简介
Inertial Navigation System (GPS/IMU)	OXTS RT 3003	1	GPS 导航与惯性传感器(IMU)
Lidar	Velodyne HDL-64E	1	三维数据采集
Grayscale cameras	1.4 Megapixels: Point Grey Flea 2 (FL2-14S3M-C)	2	灰度相机
Color cameras	1.4 Megapixels: Point Grey Flea 2 (FL2-14S3C-C)	2	彩色相机
Varifocal lenses	4～8 mm: Edmund Optics NT59-917	4	变焦距透镜

数据集主要内容如下。

(1) Stereo/Optical Flow 数据集：数据集由图片对组成。一个 Stereo 图片对是两个摄像机在不同的位置同时拍摄，Optical Flow 图片对是同一摄像机在相邻的时间点拍摄。训练数据集：194 对，测试数据集有 195 对，大约 50%的像素有确定的偏移量数据，如图 7-6 所示。

图 7-6 Stereo/Optical Flow 数据集

(2) 视觉里程测量数据集：由 22 个 Stereo 图片对序列组成，一个 40000 多帧，覆盖 39.2km 路程，如图 7-7 所示。

图 7-7 视觉里程测量数据集

(3) 三维物体检测数据集：手工标注，包含轿车、厢式车、卡车、行人、骑行者、电车等类别，用三维框标注物体的大小和朝向，有多种遮挡情况，并且一张图片有多个物体，如图 7-8 所示。

图 7-8 三维物体检测数据集

(4) 物体追踪数据集：手工标注，包含21个训练序列和29个测试序列，追踪目标是行人、轿车，如图 7-9 所示。

图 7-9　物体追踪数据集

(5) 路面和车道检测数据集：手工标注，包含未标明车道、标明双向单车道、标明双向多车道，289 张训练图片，290 张测试图片，ground truth 包括路面(所有车道)和本车道，如图 7-10 所示。

图 7-10　路面和车道检测数据集

(资料来源：申泽邦等. 无人驾驶原理与实践[M]. 北京：机械工业出版社，2019.)

第二节　自动驾驶车辆道路测试规范

道路测试是开展智能汽车技术研发和应用不可或缺的重要环节。车辆在各种道路交通状况和使用场景下都能够安全、可靠、高效地运行，自动驾驶功能需要进行大量的测试验证，经历复杂的演进过程。智能汽车在正式推向市场之前，必须在真实交通环境中进行充分的测试，全面验证自动驾驶功能，实现与道路、设施及其他交通参与者的协调。目前，大部分国家要求智能汽车在上公共道路或特定路段进行测试之前需要进行充分的封闭场地试验，部分国家需要测试车辆经过第三方的测试评价。2018 年 4 月，工业和信息化部、公安部、交通运输部三部委联合发布《智能网联汽车道路测试管理规范(试行)》，管理规范要求测试车辆应在封闭道路、场地等特定区域进行充分的实车测试，并由国家或省市认可的从事汽车相关业务的第三方检测机构进行检测验证，测试车辆必须通过封闭测试区的测试并且申请路测牌照后才能在指定道路和区域行驶。

一、测试主体、测试驾驶人及测试车辆

1. 测试主体

测试主体是指提出智能网联汽车道路测试申请、组织测试并承担相应责任的单位，应符合下列条件。

(1) 在中华人民共和国境内登记注册的独立法人单位。

(2) 具备汽车及零部件制造、技术研发或试验检测等智能网联汽车相关业务能力。
(3) 对智能网联汽车测试时可能造成的人身和财产损失，具备足够的民事赔偿能力。
(4) 具有智能网联汽车自动驾驶功能测试评价规程。
(5) 具备对测试车辆进行实时远程监控的能力。
(6) 具备对测试车辆事件进行记录、分析和重现的能力。
(7) 法律、法规、规章规定的其他条件。

2. 测试驾驶人

测试驾驶人是指经测试主体授权，负责测试并在出现紧急情况时对测试车辆实施应急措施的驾驶人，应符合下列条件。
(1) 与测试主体签订有劳动合同或劳务合同。
(2) 取得相应准驾车型驾驶证并具有三年以上驾驶经历。
(3) 最近连续三个记分周期内无满分记录。
(4) 最近一年内无超速50%以上、违反交通信号灯通行等严重交通违法行为记录。
(5) 无饮酒后驾驶或者醉酒驾驶机动车记录，无服用国家管制的精神药品或者麻醉药品记录。
(6) 无致人死亡或者重伤的交通事故责任记录。
(7) 经测试主体自动驾驶培训，熟悉自动驾驶测试规程，掌握自动驾驶测试操作方法，具备紧急状态下应急处置能力。
(8) 法律、法规、规章规定的其他条件。

3. 测试车辆

测试车辆是指申请用于道路测试的智能网联汽车，包括乘用车、商用车辆，不包括低速汽车、摩托车，应符合以下条件。
(1) 未办理过机动车注册登记。
(2) 满足对应车辆类型除耐久性以外的强制性检验项目要求；对因实现自动驾驶功能而无法满足强制性检验要求的个别项目，测试主体需证明其未降低车辆安全性能。
(3) 具备人工操作和自动驾驶两种模式，且能够以安全、快速、简单的方式实现模式转换并有相应的提示，保证在任何情况下都能将车辆即时转换为人工操作模式。
(4) 具备车辆状态记录、存储及在线监控功能，能实时回传下列第①、②、③项信息，并自动记录和存储下列各项信息在车辆事故或失效状况发生前至少90s的数据，数据存储时间不少于三年。
① 车辆控制模式。
② 车辆位置。
③ 车辆速度、加速度等运动状态。
④ 环境感知与响应状态。
⑤ 车辆灯光、信号实时状态。
⑥ 车辆外部360°视频监控情况。

⑦ 反映测试驾驶人和人机交互状态的车内视频及语音监控情况。
⑧ 车辆接收的远程控制指令(如有)。
⑨ 车辆故障情况(如有)。

(5) 测试车辆应在封闭道路、场地等特定区域进行充分的实车测试，符合国家行业相关标准，省、市级政府发布的测试要求以及测试主体的测试评价规程，具备进行道路测试的条件。

(6) 测试车辆自动驾驶功能应由国家或省市认可的从事汽车相关业务的第三方检测机构进行检测验证，检测验证项目包括但不限于表 7-3 所列的项目。

二、测试申请及审核

省、市级政府相关主管部门在辖区内道路选择若干典型路段用于智能网联汽车道路测试并向社会公布。

测试主体向拟开展测试路段所在地的省、市级政府相关主管部门提出道路测试申请。申请材料应至少包括以下内容。

(1) 测试主体、测试驾驶人和测试车辆的基本情况。

(2) 属国产机动车的，应当提供机动车整车出厂合格证，但未进入公告车型的应当提供出厂合格证明和国家认可的第三方检测实验室出具的相应车型强制性检验报告；属进口机动车的，应当提供进口机动车辆强制性产品认证证书、随车检验单和货物进口证明书。

(3) 自动驾驶功能说明及其未降低车辆安全性能的证明。

(4) 机动车安全技术检验合格证明。

(5) 测试主体在封闭道路、场地等特定区域进行实车测试的证明材料。

(6) 获得国家或省市认可的从事汽车相关业务的第三方检测机构出具的自动驾驶功能委托检验报告。

(7) 测试方案，包括测试路段、测试时间、测试项目、测试规程、风险分析及应对措施。

(8) 交通事故责任强制险凭证，以及每车不低于 500 万元人民币的交通事故责任保险凭证或不少于 500 万元人民币的自动驾驶道路测试事故赔偿保函。

省、市级政府相关主管部门负责组织受理、审核测试申请，为审核通过的测试车辆逐一出具智能网联汽车道路测试通知书，定期报工业和信息化部、公安部和交通运输部备案并向社会公布。

测试通知书应当注明测试主体、车辆识别代号、测试驾驶人姓名及身份证号、测试时间、测试路段等信息。其中，测试时间原则上不超过 18 个月。

如需变更测试通知书基本信息的，由测试主体提交变更说明及相应证明材料，省、市级政府相关主管部门审核通过后出具变更后的测试通知书。

测试主体凭测试通知书及《机动车登记规定》所要求的证明、凭证，向测试通知书载明的公安机关交通管理部门申领试验用机动车的临时行驶车号牌。

临时行驶车号牌规定的行驶区域应当根据测试通知书载明的测试路段合理限定，临时行驶车号牌有效期不应当超过测试通知书载明的测试时间。

已申领临时行驶车号牌的测试车辆，如需在其他省、市进行测试，测试主体还应申请相应省、市的测试通知书，并重新申领临时行驶车号牌。但是，相应省、市级政府准许持其他省、市核发的测试通知书、临时行驶车号牌在本行政区域指定道路测试的除外。

三、测试管理

测试车辆应当遵守临时行驶车号牌管理相关规定。未取得临时行驶车号牌，不得上路行驶。

测试主体、测试驾驶人均应遵守道路交通安全法律法规，严格依据测试通知书载明的测试时间、测试路段和测试项目开展测试工作，并随车携带测试通知书、测试方案备查。

测试车辆车身应以醒目的颜色标示"自动驾驶测试"字样，提醒周边车辆注意。

测试驾驶人应始终处于测试车辆的驾驶座位上、始终监控车辆运行状态及周围环境，随时准备接管车辆。

当测试驾驶人发现车辆处于不适合自动驾驶的状态或系统提示需要人工操作时，应及时接管车辆。

测试过程中，测试车辆不得搭载与测试无关的人员或货物。

测试过程中，除测试通知书载明的测试路段外，不得使用自动驾驶模式行驶；测试车辆从停放点到测试路段的转场，应使用人工操作模式行驶。

测试主体应每 6 个月向出具测试通知书的省、市级政府相关主管部门提交阶段性测试报告，并在测试结束后 1 个月内提交测试总结报告。

省、市级政府相关主管部门于每年 6 月、12 月向工业和信息化部、公安部和交通运输部报告辖区内智能网联汽车道路测试情况。

测试车辆在测试期间发生下列情形之一的，省、市级政府相关主管部门应当撤销测试通知书。

(1) 省、市级政府相关主管部门认为测试活动具有重大安全风险的。

(2) 测试车辆有违反交通信号灯通行、逆行或者依照道路交通安全法律法规可以处暂扣、吊销机动车驾驶证或拘留处罚等的严重交通违法行为的。

(3) 发生交通事故造成人员重伤、死亡或车辆毁损等严重情形，测试车辆方负主要以上责任的。

省、市级政府相关主管部门撤销测试通知书时应当一并收回临时行驶车号牌，并转交临时行驶车号牌核发地公安交管部门；未收回的，书面告知核发地公安交管部门公告牌证作废。

四、交通违法和事故处理

在测试期间发生交通违法行为的，由公安机关交通管理部门按照现行道路交通安全法律法规对测试驾驶人进行处理。

在测试期间发生交通事故，应当按照道路交通安全法律法规认定当事人的责任，并依照有关法律法规及司法解释确定损害赔偿责任。构成犯罪的，依法追究刑事责任。

测试车辆在道路测试期间发生事故时，当事人应保护现场并立即报警。

造成人员重伤或死亡、车辆损毁的，测试主体应在 24 小时内将事故情况上报省、市级政府相关主管部门；省、市级政府相关主管部门应在 3 个工作日内上报工业和信息化部、公安部和交通运输部。

测试主体应在事故责任认定后 5 个工作日内，以书面方式将事故原因、责任认定结果及完整的事故分析报告等相关材料上报省、市级政府相关主管部门；省、市级政府相关主管部门应在 5 个工作日内上报工业和信息化部、公安部和交通运输部。

智能汽车自动驾驶功能检测项目见表 7-2。

表 7-2 智能汽车自动驾驶功能检测项目

序 号	测试项目	序 号	测试项目
1	交通标志和标线的识别及响应	8	超车
2	交通信号灯识别及响应*	9	并道
3	前方车辆行驶状态识别及响应	10	交叉路口通行*
4	障碍物识别及响应	11	环形路口通行*
5	行人和非机动车识别及避让*	12	自动紧急制动
6	跟车行驶	13	人工操作接管
7	靠路边停车	14	联网通信*

注：1. 标注*的项目为选测项目。

2. 企业声明车辆具有标注*项目的自动驾驶功能或者测试路段涉及相应场景的，应进行相关项目的检测。

【本节知识拓展】

《国家车联网产业标准体系建设指南(车辆智能管理)》

工业和信息化部、公安部、国家标准化管理委员会联合发布通知，正式印发《国家车联网产业标准体系建设指南(车辆智能管理)》(以下简称《车辆智能管理标准体系建设指南》)。《车辆智能管理标准体系建设指南》是《国家车联网产业标准体系建设指南》的第 6 部分，主要针对车联网环境下的车辆智能管理工作需求，构建适应我国道路交通管理体制和技术、产业发展需要的标准体系。

车辆智能管理.pdf

1.《车辆智能管理标准体系建设指南》制定背景

车联网产业是汽车、电子、信息通信、道路交通运输等行业深度融合的新型产业形态。发展车联网产业，有利于提升汽车网联化、智能化水平，实现自动驾驶，发展智能交通，保障道路交通安全畅通。

为发挥技术标准的规范和促进作用，工业和信息化部、公安部、交通运输部、国家标准化管理委员会等部门组织编制了《国家车联网产业标准体系建设指南》系列文件，包括总体要求、智能网联汽车、信息通信、电子产品和服务、智能交通、车辆智能管理等部分。其中，总体要求、智能网联汽车、信息通信、电子产品和服务4个部分已分别于2017年12月、2018年6月发布。

2019年，公安部针对智能网联汽车道路运行管理及车辆协同管控与服务等领域实际需求，组织公安部交通管理科学研究所、全国道路交通管理标委会等相关单位开展了车辆智能管理部分编写工作。经组织专家论证、征求车联网产业发展专委会成员单位意见、面向全社会公开征集意见后，于2020年4月24日，由三部门正式联合发布。

近年来，公安部高度关注和重视自动驾驶、车联网等技术的发展，积极支持各项技术的创新应用，指导推动各地公安交通管理部门开展相关新技术的创新应用。2018年，公安部联合工业和信息化部、交通运输部联合发布《智能网联汽车道路测试管理规范(试行)》，规范了智能网联汽车道路测试管理。在公安部、工业和信息化部、江苏省交管部门指导下，公安部交通管理科学研究所在无锡市建立了智能交通综合测试基地，专门用于智能网联汽车的安全测试；并在无锡市政府的支持下，基于LTE-V2X实现了175km^{2}范围内，汽车与240多个路口信号机、车联网信息平台、互联网服务平台的信息交互。

2. 《车辆智能管理标准体系建设指南》主要作用

《车辆智能管理标准体系建设指南》旨在有目的、有计划、有重点地指导车辆智能管理标准化工作，对保障智能网联汽车上道路测试、行驶时的交通安全起到基础支撑和引领作用。《车辆智能管理标准体系建设指南》聚焦国家交通强国、科技强国、数字中国、智慧社会战略，发挥标准的基础性和引导性作用，满足车联网环境下的车辆智能管理工作需求，加快推进现代科技与交通管理的深度融合，将促进车联网技术和产业发展。

《车辆智能管理标准体系建设指南》是国家车联网产业标准体系的重要组成部分，指导智能网联汽车登记管理、身份认证与安全、道路运行管理及车路协同管控与服务等领域标准化工作，有利于推动公安交通管理领域车联网技术应用与发展，提升我国智能网联汽车与智慧交通水平，与《国家车联网产业标准体系建设指南》其他部分共同形成统一、协调的国家车联网产业标准体系架构。

3. 《车辆智能管理标准体系建设指南》整体架构及主要内容

《车辆智能管理标准体系建设指南》在《国家车联网产业标准体系建设指南(总体要求)》提出的总体框架下，以推动车联网技术在公安交通管理领域应用、保障车联网智能网联汽车运行安全为核心，提出了构建包括智能网联汽车登记管理、身份认证与安全、道路运行管理、车路协同管控与服务等方面标准在内的标准体系，列出了标准明细。

车辆智能管理标准体系主要包括基础标准、智能网联汽车登记管理、身份认证与安全、智能网联汽车运行管理、车路协同管控与服务标准5部分(见图7-11)，共列标准66项，并将根据发展需求，不定期进行更新完善。

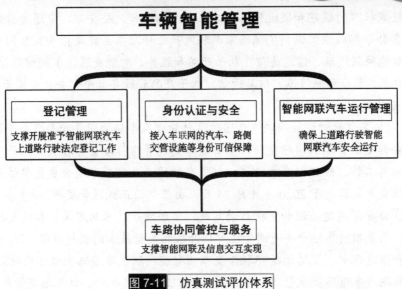

图 7-11 仿真测试评价体系

基础类标准为其他各部分标准的制定与修订提供支持，主要包括术语和定义、分类和编码、符号等方面标准。

智能网联汽车登记管理类标准支撑智能网联汽车运行安全测试、公安交通管理部门开展智能网联汽车登记、在用车定期安全技术检验等安全管理工作，包括运行安全要求、运行安全测试要求等方面标准。开展登记管理是智能网联汽车运行安全测试和上道路行驶的基本前提。

身份认证与安全类标准主要支撑智能网联汽车和道路交通管理系统、设施之间身份互认，主要包括智能网联汽车身份与安全、道路交通管理设施身份与安全、身份认证平台及电子证件等方面标准。在车联网环境中，车辆及其驾驶人、道路交通管理设施具有数字身份并对其进行验证是确保信息交互及安全的关键环节。

智能网联汽车运行管理类标准主要支撑公安交通管理部门依法对上道路行驶智能网联汽车进行管理，主要包括交通秩序管理、交通事故处理和实时运行管理等方面标准。针对智能网联汽车开展道路通行秩序管理、道路交通事故处理等道路运行管理工作是车辆智能管理的核心所在。

车路协同管控与服务类标准主要支撑车联网环境下道路交通管理设施信息交互及基于道路交通管理相关信息系统提供信息服务。车路协同管控与服务工作是支撑车联网技术在道路交通管理领域应用的根本保障。

4.《车辆智能管理标准体系建设指南》贯彻实施

目前，公安部已组织全国道路交通管理标准化技术委员会等单位先期开展智能网联汽车运行安全测试、道路交通管理设施信息交互等车辆智能管理标准的预研和立项申报工作。

公安部将进一步落实国家车联网产业发展专项委员会工作精神，联合相关部门，加强对产业发展的规范和引导，营造有利于产业发展的环境。

到2022年年底，计划完成基础性技术研究，制定并修订智能网联汽车登记管理、身份认证与安全等领域重点标准20项以上,为开展车联网环境下的智能网联汽车道路测试、车联网城市级验证示范等工作提供支持;到2025年,系统形成能够支撑车联网环境下车辆智能管理的标准体系,制定并修订道路交通运行管理、车路协同管控与服务等业务领域重点标准60项以上,推进公安交通管理领域车联网技术应用与发展,全面提升我国道路交通安全、畅通水平。

第三节 自动驾驶车辆场地测试规程

一、检测项目

智能汽车自动驾驶功能场地检测项目、测试场景见表7-3。

表7-3 智能汽车自动驾驶功能检测项目及测试场景

序 号	检测项目	测试场景
1	交通标志和标线的识别及响应	限速标志识别及响应
		停车让行标志标线识别及响应
		车道线识别及响应
		人行横道线识别及响应
2	交通信号灯识别及响应	机动车信号灯识别及响应
		方向指示信号灯识别及响应
3	前方车辆行驶状态识别及响应	车辆驶入识别及响应
		对向车辆借道本车车道行驶识别及响应
4	障碍物识别及响应	障碍物测试
		误作用测试
5	行人和非机动车识别及避让	行人横穿马路
		行人沿道路行走
		两轮车横穿马路
		两轮车沿道路骑行
6	跟车行驶	稳定跟车行驶
		停—走功能
7	靠路边停车	靠路边应急停车
		最右车道内靠边停车
8	超车	超车
9	并道	邻近车道无车并道
		邻近车道有车并道
		前方车道减少

续表

序 号	检测项目	测试场景
10	交叉路口通行	直行车辆冲突通行
		右转车辆冲突通行
		左转车辆冲突通行
11	环形路口通行	环形路口通行
12	自动紧急制动	前车静止
		前车制动
		行人横穿
13	人工操作接管	人工操作接管
14	联网通信	长直路段车车通信
		长直路段车路通信
		十字交叉口车车通信
		编队行驶测试

二、测试通过条件

(1) 除自动紧急制动和人工操作接管的测试场景外，所有测试都应在测试车辆自动驾驶状态完成，并满足以下通过条件。

① 测试车辆应按照规定进行每个场景的测试，并满足其要求。

② 测试车辆应在一次测试申请中通过所有规定的必选项目和选测项目的测试。

③ 测试期间不应对软硬件进行任何变更调整。

(2) 此外，还应满足下列条件。

① 除避险工况外，自动驾驶测试车辆不应违反交通规则。

② 自动驾驶测试车辆应能正常使用灯光、雨刷器等功能。

③ 自动驾驶测试车辆发生故障时应及时发出警告提醒。

④ 自动驾驶测试车辆行驶方向控制准确，无方向摆动或偏离。

三、测试规程

1. 交通标志和标线的识别及响应

本检测项目旨在测试自动驾驶系统对交通标志和标线的识别和响应，评价测试车辆遵守交通法规的能力。

本检测项目应进行限速标志、停车让行标志标线、车道线和人行横道线四类标志标线场景的测试。

1) 限速标志识别及响应

(1) 测试场景。

测试道路为至少包含一条车道的长直道,并于该路段设置限速标志牌,测试车辆以高于限速标志牌的车速驶向该标志牌,如图7-12所示。

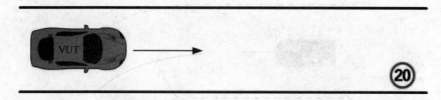

图7-12 限速标志识别及响应测试场景示意图

(2) 测试方法。

测试车辆在自动驾驶模式下,在距离限速标志100m前达到限速标志所示速度的1.2倍,并匀速沿车道中间驶向限速标志。

(3) 要求。

测试车辆到达限速标志时,车速应不高于限速标志所示速度。

2) 停车让行标志标线识别及响应

(1) 测试场景。

测试道路为至少包含一条车道的长直道,并于该路段设置停车让行标志牌和停车让行线,测试车辆匀速驶向停车让行线,如图7-13所示。

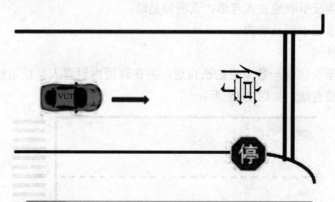

图7-13 停车让行标志标线识别及响应测试场景示意图

(2) 测试方法。

测试车辆在自动驾驶模式下,在距离停车让行线100m前达到30km/h的车速,并匀速沿车道中间驶向停车让行线。测试中,停车让行线前无车辆、行人等。

(3) 要求。

① 测试车辆应在停止让行线前停车。

② 测试车辆的停止时间应不超过3s。

3) 车道线识别及响应

(1) 测试场景。

测试道路为一条长直道和半径不大于 500m 弯道的组合，弯道长度应大于 100 m，两侧车道线应为白色虚线或实线，如图 7-14 所示。

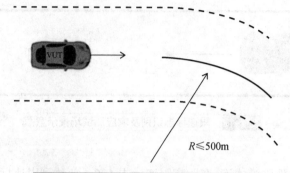

图 7-14 车道线识别及响应测试场景示意图

(2) 测试方法。

测试车辆在自动驾驶模式下，在进入弯道 100m 前达到 30km/h 的车速并匀速沿车道中间行驶；如果最高自动驾驶速度高于 60km/h，则测试速度设置为 60km/h。

(3) 要求。

① 测试车辆应始终保持在测试车道线内行驶，方向控制准确，不偏离正确行驶方向。

② 测试车辆的车轮不得碰轧车道边线内侧。

③ 测试车辆应平顺地驶入弯道，无明显晃动。

4) 人行横道线识别及响应

(1) 测试场景。

测试道路为至少包含一条车道的长直道，并在路段内设置人行横道线，测试车辆沿测试道路驶向人行横道线，如图 7-15 所示。

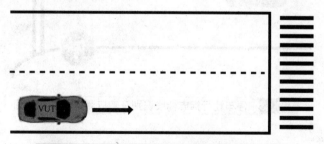

图 7-15 人行横道线识别及响应测试场景示意图

(2) 测试方法。

测试车辆在自动驾驶模式下，在距离停止线 100m 前达到 40km/h 的车速，并匀速沿车道中间驶向停止线。测试中，人行横道线上无行人、非机动车等。

(3) 要求。

① 测试车辆应能减速慢行通过人行横道线。

② 测试车辆允许短时间停于停止线前方,但停止时间不能超过3s。

2. 交通信号灯识别及响应

本检测项目旨在测试自动驾驶系统对交通信号灯的识别和响应,评价测试车辆遵守交通信号灯指示的能力。

本检测项目应进行机动车信号灯、方向指示信号灯(若测试路段包含)场景测试。

1) 机动车信号灯识别及响应

(1) 测试场景。

测试道路为至少包含一条车道的长直道并在路段内设置机动车信号灯,信号灯类型可根据实际测试路段情况选择,如图7-16所示。

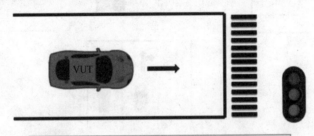

图7-16 机动车信号灯识别及响应测试场景示意图

(2) 测试方法。

测试车辆在自动驾驶模式下,在距离停止线100m前达到30km/h的车速,并匀速沿车道中间驶向机动车信号灯。机动车信号灯初始状态为红色,待测试车辆停稳后,机动车信号灯由红灯变为绿灯。

(3) 要求。

① 测试车辆应在红灯期间停车等待,且不越过停止线。

② 当机动车信号灯由红灯变为绿灯后,测试车辆应及时起步通行,且启动时间不得超过5s。

2) 方向指示信号灯识别及响应(若测试路段包含)

(1) 测试场景。

测试道路为至少包含双向两车道的十字交叉路口。路口设置方向指示信号灯。测试车辆匀速驶向信号灯,如图7-17所示。

(2) 测试方法。

测试车辆在自动驾驶模式下,在距离停止线100m前达到30km/h的车速,沿车道中间驶向方向指示信号灯。测试车辆行驶方向对应方向指示信号灯初始状态为红色,待测试车辆停稳后,信号灯由红灯变为绿灯。该场景各方向指示信号灯识别和响应能力应分别测试。

(3) 要求。

① 测试车辆应在红灯期间停车等待,且不越过停止线。

② 当机动车信号灯由红灯变为绿灯后,测试车辆应及时起步通行,且启动时间不得超过5s。

③ 测试车辆在进行左转或右转时，应能正确开启对应的转向灯。

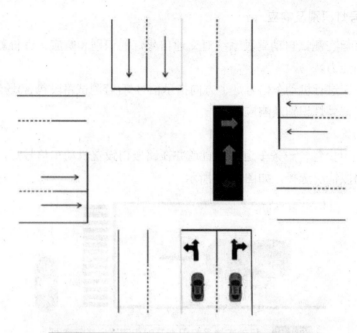

图 7-17 方向指示信号灯识别及响应测试场景示意图

3. 前方车辆行驶状态识别及响应

本检测项目旨在测试自动驾驶系统对前方车辆行驶状态的识别和响应，评价测试车辆对前方车辆的感知、行为预测和响应能力。

本检测项目应进行车辆驶入和对向车辆借道行驶两项场景测试。

1) 车辆驶入识别及响应

(1) 测试场景。

测试道路为至少包含两条车道的长直道，中间车道线为白色虚线。测试车辆和目标车辆在各自车道。

匀速行驶，在测试车辆接近目标车辆过程中，目标车辆驶入测试车辆所在车道，如图 7-18 所示。

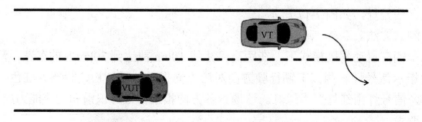

图 7-18 目标车辆驶入识别及响应测试场景示意图

(2) 测试方法。

测试车辆在自动驾驶模式下以 30km/h 的速度沿车道中间匀速行驶，目标车辆以 20km/h

的速度沿相邻车道中间匀速同向行驶。当两车时距不大于 1.5s 时，目标车辆切入测试车辆所在车道。

(3) 要求。

① 测试车辆应能根据目标车辆切入的距离和速度，自适应调整自身车速。

② 测试车辆应与目标车辆保持安全距离不发生碰撞。

③ 测试车辆应在目标车辆切入后能稳定跟随目标车辆行驶。

2) 对向车辆借道本车车道行驶识别及响应

(1) 测试场景。

测试道路为至少包含双向两条车道的长直道，中间车道线为黄色虚线。测试车辆沿车道中间匀速行驶，同时对向目标车辆压黄色虚线匀速行驶，如图 7-19 所示。

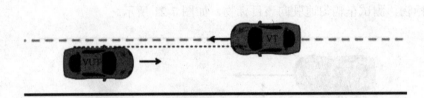

图 7-19 对向车辆借道行驶识别及响应测试场景示意图

(2) 测试方法。

测试车辆在自动驾驶模式下以 30km/h 匀速行驶，对向目标车辆压黄色虚线以相同速度接近测试车辆，两车稳定行驶后的初始纵向距离不小于 100m，横向重叠率不小于 10%。

(3) 要求。

测试车辆应在测试中在本车道内进行避让，与目标车辆不发生碰撞。

4. 障碍物识别及响应

本检测项目旨在测试自动驾驶系统对障碍物的识别和响应，评价测试车辆对前方障碍物的感知、决策及执行能力。

本检测项目应进行障碍物和误作用两项场景测试。

1) 障碍物测试

(1) 测试场景。

测试道路为至少包含一条车道的长直道，在车道中间分别放置锥形交通路标(推荐尺寸：50cm×35cm)和隔离栏(推荐尺寸：70cm×200cm)，测试车辆匀速驶向前方障碍物，如图 7-20 所示。

(2) 测试方法。

测试车辆在自动驾驶模式下，在距离前方障碍物 100m 前达到 30km/h 的车速，并匀速沿车道中间驶向前方障碍物。障碍物为测试道路内垂直于道路方向并排分开放置的 3 个锥形交通路标或 1 个隔离栏。测试应分别进行。

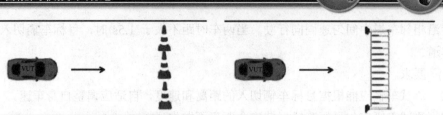

图 7-20　障碍物测试场景示意图

(3) 要求。

测试车辆应能通过制动、转向或组合方式避免与上述障碍物发生碰撞。

2) 误作用测试

(1) 测试场景。

测试道路为至少包含一条车道的长直道,在车道中间放置井盖、铁板或减速带中的任意一种目标物,测试车辆匀速驶向该目标物,如图 7-21 所示。

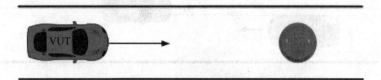

图 7-21　误作用测试场景示意图

(2) 测试方法。

测试车辆在自动驾驶模式下,在距离前方目标物 100m 前达到 30km/h 的车速,并匀速沿车道中间驶向该目标物。

(3) 要求。

测试车辆能够碾压或避让通过以上目标物,不得直接制动停车。

5. 行人和非机动车识别及避让

本检测项目旨在测试自动驾驶系统对行人和非机动车的识别和响应,评价测试车辆对前方行人和非机动车的感知、行为预测和响应能力。

本检测项目应进行行人横穿马路、行人沿道路行走、两轮车横穿马路和两轮车沿道路骑行四项场景测试。

1) 行人横穿马路

(1) 测试场景。

测试道路为至少包含两条车道的长直道,并在路段内设置人行横道线。测试车辆匀速驶向人行横道线,同时行人沿人行横道线横穿马路,两者存在碰撞风险,如图 7-22 所示。

(2) 测试方法。

测试车辆在自动驾驶模式下,以 30km/h 的速度匀速行驶,当测试车辆到达人行横道线所需时间为 3.5s 时,行人自车辆左侧路侧开始起步,以 5～6.5km/h 的速度通过人行横道线。

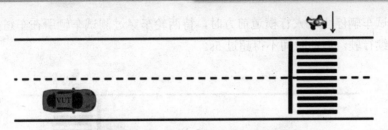

图 7-22　行人横穿马路测试场景示意图

(3) 要求。

① 测试车辆应能提前减速并保证行人安全通过车辆所在车道。

② 测试车辆停止于人行横道前方时，待行人穿过测试车辆所在车道后，车辆应能自动启动继续行驶，启动时间不得超过 5s。

2) 行人沿道路行走

(1) 测试场景。

测试道路为至少包含两条车道的长直道，中间车道线为白色虚线。测试车辆沿车道中间匀速行驶，同时行人于车辆正前方沿车道向前行走，如图 7-23 所示。

图 7-23　行人沿道路行走测试场景示意图

(2) 测试方法。

测试车辆在自动驾驶模式下，在距离行人 100m 前达到 30km/h 的车速，并匀速沿车道中间驶向行人。行人速度为 5km/h。

(3) 要求。

测试车辆应能通过制动、转向或组合方式避让行人。

3) 两轮车横穿马路

(1) 测试场景。

测试道路为至少包含两条车道的长直道，并在路段内设置人行横道线。测试车辆匀速驶向人行横道线，同时两轮车正沿人行横道线横穿马路，两者存在碰撞风险，如图 7-24 所示。

(2) 测试方法。

测试车辆在自动驾驶模式下，以 30km/h 的速度匀速行驶，当测试车辆到达人行横道线所需时间为 1.5s 时，两轮车以 15km/h 的速度由车辆左侧路侧开始横穿马路。

(3) 要求。

① 测试车辆应能提前减速并保证两轮车安全通过车辆所在车道。

② 测试车辆停止于人行横道前方时，待两轮车穿过测试车辆所在车道后，车辆应能自动启动继续行驶，启动时间不得超过5s。

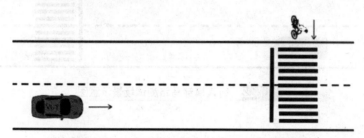

图 7-24　两轮车横穿马路测试场景示意图

4) 两轮车沿道路骑行

(1) 测试场景。

测试道路为至少包含两条车道的长直道，中间车道线为白色虚线。测试车辆沿车道中间匀速行驶，同时两轮车于车辆正前方沿车道向前行驶，如图 7-25 所示。

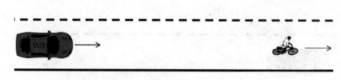

图 7-25　两轮车沿道路骑行测试场景示意图

(2) 测试方法。

测试车辆在自动驾驶模式下，在距离两轮车 100m 前达到 30km/h 的车速，并匀速沿车道中间驶向两轮车。两轮车速度为 20km/h。

(3) 要求。

测试车辆应能通过制动、转向或组合方式避让两轮车。

【本节知识拓展 1】

智能网联汽车测试场设计技术要求

智能网联汽车测试场设计总体要求如下。

(1) 智能网联汽车测试场设计应以满足基础自动驾驶功能测试为主，同时结合多种道路类型设计需求，辅以道路网联环境和配套服务基础设施。

(2) 智能网联汽车测试场设计应根据实际场地规模大小和投资预算等，并结合测试场的设计应用需求，选择适用的自动驾驶功能和道路类型。

智能网联汽车测试场设计
技术要求(报批稿).pdf

(3) 智能网联汽车测试场设计应结合当地的道路环境和交通特点，进行差异化的测试场道路建设，满足智能网联汽车差异化的测试需求。

(4) 智能网联汽车测试场设计应根据测试道路的类型，规划和建设相应的交通标志和标线，满足智能网联汽车交通标志和标线识别及响应的测试需求。

(5) 智能网联汽车测试场设计宜参照 CJJ 45 等相关标准设置夜间照明路灯，满足夜间相关测试需求。

(6) 智能网联汽车测试场道路设计应满足公路工程和道路设计相关国家标准和行业标准，允许在不影响本文件规定的自动驾驶功能测试的前提下根据测试场实际场地条件进行相应调整。

(7) 智能网联汽车测试场在设计时，不同类型测试道路的连接和规划应充分考虑场景测试连续性原则，以满足未来技术发展对于封闭场地场景链的测试需求。

(8) 智能网联汽车测试场在设计时宜预留可定制化的测试区域，通过柔性化设计，方便能够根据不同的测试需求搭建不同的测试场景。

(9) 智能网联汽车测试场应与公共道路进行物理隔离并设有门禁系统，确保测试场运营安全。

标准中详细给出了：基础测试道路技术要求，一般测试道路技术要求，道路网联环境要求，配套服务设施要求。

【本节知识拓展2】

智能汽车国家级测试示范区案例分析

近年来，我国政府高度重视智能汽车产业发展，已将智能汽车列入十大重点发展领域之一。2018 年 12 月，工业和信息化部印发了《车联网(智能网联汽车)产业发展行动计划》，发展行动计划目标在 2020 年实现车联网(智能网联汽车)产业跨行业融合取得突破，具备高级别自动驾驶功能的智能网联汽车实现特定场景规模应用，车联网综合应用体系基本构建，用户渗透率大幅提高，智能道路基础设施水平明显提升，汽车智能化已经成为我国产业发展的战略方向。

智能网联汽车测试示范区的建设和运营对于我国智能网联汽车的发展至关重要。近年来，测试示范区建设初具成效，测试体系初步形成，中央及地方相关主管部门陆续出台政策规划，在项目支持、测试示范区建设与应用等方面营造良好的生态环境。道路测试是自动驾驶车辆积累测试数据、不断提升自动驾驶能力的有效手段，是自动驾驶车辆最终上路运行的必经阶段。封闭场地测试作为自动驾驶测试验证的重要环节，是自动驾驶车辆道路测试的前提条件，开放道路测试将进一步为智能网联汽车技术落地和场景应用提供真实的测试环境。

目前封闭测试区中工信部等部委支持推进的有 11 个国家级测试示范区。

复 习 题

1. 简述拟真环境与动态案例仿真的含义。
2. 申请道路测试的自动驾驶车辆应符合哪些条件？
3. 自动驾驶车辆申请道路测试应提交哪些材料？
4. 简述自动驾驶车辆场地测试项目——交通标志和标线的识别及响应：通过条件与测试规程。
5. 简述自动驾驶车辆场地测试项目——交通信号灯识别及响应：通过条件与测试规程。
6. 简述自动驾驶车辆场地测试项目——前方车辆行驶状态识别及响应：通过条件与测试规程。
7. 简述自动驾驶车辆场地测试项目——障碍物识别及响应：通过条件与测试规程。
8. 简述自动驾驶车辆场地测试项目——行人和非机动车识别及避让：通过条件与测试规程。

参 考 文 献

[1] 智能网联汽车信息物理系统参考架构 1.0，国家智能网联汽车创新中心，2019 年 10 月.
[2] 自动驾驶研究报告(前沿版)，清华—中国工程院知识智能联合研究中心，2018 年.
[3] 中国移动 5G 联合创新中心创新研究报告——下一代车联网创新研究报告(2019 年).
[4] 李克强. 智能网联汽车(ICV)技术的发展现状及趋势[J]. 汽车安全与节能学报，2017.
[5] 申泽邦等. 无人驾驶原理与实践[M]. 北京：机械工业出版社，2019.
[6] 中华人民共和国国家标准，驾驶自动化分级汽车驾驶自动化分级，国家市场监督管理总局、中国国家标准化管理委员会发布，2020 年 3 月.
[7] 网联式自动驾驶技术路线图，欧洲道路交通研究咨询委员会(ERTRAC)网联和自动驾驶工作组，2019 年 3 月 8 日.
[8] 智能网联引领汽车产业变革，成波，清华大学苏州汽车技术研究院，2019 年 1 月.
[9] 中华人民共和国国家标准，道路车辆先进驾驶辅助系统(ADAS)术语及定义，2019 年.
[10] MEC 与 C-V2X 融合应用场景白皮书，IMT-2020(5G)推进组，2019 年 1 月.
[11] 中华人民共和国国家推荐标准 标准智能运输系统 智能驾驶电子地图数据模型与交换格式 第 1 部分：高速公路，国家市场监督管理总局、中国国家标准化管理委员会发布，2019 年.
[12] 车辆高精度定位白皮书，IMT-2020(5G)推进组，2019 年 10 月.
[13] 基于车路协同的高等级自动驾驶数据交互内容，中国汽车工程学会发布，中国智能网联汽车产业创新联盟(CAICV)，2020 年 7 月.
[14] 李妙然，邹德伟. 智能网联汽车技术概论[M]. 北京：机械工业出版社，2019.
[15] 智能驾驶功能软件平台设计规范 第一部分：系统架构，国汽(北京)智能网联汽车研究院有限公司等，2020 年 7 月.
[16] 合作式智能运输系统 车用通信系统 应用层及应用数据交互标准，中国汽车工程学会标准：T/CSAE 53—2017.
[17] C-V2X 产业化路径和时间表研究白皮书，中国智能网联汽车产业创新联盟，IMT-2020(5G)推进组 C-V2X 工作组，中国智能交通产业联盟，中国智慧交通管理产业联盟，2019 年 10 月.
[18] 车联网白皮书(C-V2X 分册)，中国信息通讯研究院，国泰君安证券股份有限公司，2019 年 12 月.
[19] 自动驾驶安全第一白皮书，北京百度网讯科技有限公司，2019 年.
[20] LTE-V2X 安全技术，IMT-2020-(5G)推进组，2019 年 7 月.
[21] 自动驾驶汽车框架文件，世界车辆法规协调论坛(WP.29)[汽标委智能网联汽车分标委(SAC/TC114/SC34)翻译]，2019 年 6 月.
[22] GB/T 34590—2017《道路车辆 功能安全》，中华人民共和国国家推荐标准，中华人民共和国国家质量监督检验检疫总局、中国国家标准化管理委员会发布.
[23] 中国智能网联汽车产业创新联盟，全国汽标委智能网联汽车分技术委员会联合发布《智能网联汽车自动驾驶功能测试规程(试行)》，2018 年 8 月 3 日.
[24] 中国自动驾驶仿真技术研究报告，清华大学苏州汽车研究院等，2019 年.
[25] 智能网联汽车道路测试管理规范(试行)，工信部联装〔2018〕66 号，2018 年 4 月 11 日.